JN052030

TOEIC® L&Rテスト
全パートを
ひとつひとつわかりやすく。

メディアビーコン 著

Gakken

はじめに

本書は、TOEIC® Listening & Reading テスト（以下、TOEIC L&R テスト）で600 ～ 730 点を目指す方のための、TOEIC L&R テスト総合対策本です。

「はじめてテストを受けるけど、**何からやっていいかわからない…**」
「受けたことはあるけど、**いまいち解き方がわかってない…**」

本書を手に取ってくださった皆さんの中には、このように悩んでいらっしゃる方も多いのではないでしょうか。

我々メディアビーコンは日々 TOEIC L&R テストを研究しており、公開テストも毎回受験して常に情報をアップデートし続けています。そんな我々の知見を活かし、上に挙げたような悩みを抱えるあなたでも安心できるよう、**TOEIC L&R テストの重要な攻略ポイントをぎゅっと凝縮させて**本書を仕上げました。600 ～ 730 点を獲得するためには、すべて完璧にする必要はありません。まずは本書で、スコアアップにつながるポイントをしっかり押さえて、**目標スコア獲得に必要なTOEIC の基礎力**をつけてください。

本書は、視覚的にわかりやすい図解やイラストを見ながら攻略ポイントを学習し、そのあとに問題を解いて実践する、という流れを繰り返す形で構成されています。**ひとつひとつステップを踏みながら学習する**ことができるので、途中でつまずくことなく、定着度も最大限に高めることができます。英語そのものやTOEIC L&R テストに対して苦手意識のあるあなたでも、楽しく取り組んでいただけるような 1 冊です。

あなたが本書を使って目標スコアを達成し、あなたにとってより豊かな人生を実現できることを心より願っています。

メディアビーコン

音声の活用法

　本書のリスニングセクションの EXERCISE と実戦テストの音声は次の4通りの聞き方ができます。みなさんご自身のスタイルに合わせて活用してください。

❶ 二次元コードで聞く

各ページの二次元コードを読み取ることで、インターネットに接続されたスマートフォンやタブレットで再生できます。（通信料はお客様のご負担になります。）

❷ スマホのアプリで聞く

音声再生アプリ「my-oto-mo（マイオトモ）」に対応しています。右の二次元コードや URL からダウンロードしてください。

https://gakken-ep.jp/extra/myotomo/

アプリは無料ですが、通信料はお客様のご負担になります。パソコンからはご利用になれません。

❸ パソコンにダウンロードして聞く

下記 URL のページ下部のタイトル一覧から、『TOEIC L&R テスト全パートをひとつひとつわかりやすく。』を選択すると、MP3 音声ファイルをダウンロードできます。

https://gakken-ep.jp/extra/myotomo/

ダウンロード音声の
トラック番号

🎧 001

❹ AI 英語教材「abceed」で聞く

本書は AI 英語教材「abceed」にも対応しています。スマートフォンやタブレット、PC で「音声再生」を無料でご利用いただけます。

○スマートフォン、タブレットの場合はアプリをダウンロードいただきます。
　右の二次元コードからご利用を開始いただけます。

○ abceed の「教材」から書籍名で検索をしてご利用ください。

https://www.abceed.com

※その他の注意事項はダウンロードサイトをご参照ください。

※お客様のネット環境およびスマートフォンやタブレット端末の環境により、音声の再生やアプリの利用ができない場合、当社は責任を負いかねます。また、スマートフォンやタブレットやプレイヤーの使用方法、音声ファイルのインストールおよび解凍、転送方法などの技術的なお問い合わせにはご対応できません。

※また、abceed は株式会社 Globee の商品です。abceed に関するお問い合わせは株式会社 Globee までお願いします。本サービスは予告なく終了することがあります。

本書の使い方

　本書はTOEIC® Listening & Reading テスト（以下、TOEIC L&R テスト）をはじめて受験する方に向けた総合対策本です。600～730点を獲得するための攻略ポイントをひとつひとつ解説していきます。

1 パートの基礎知識を確認しよう！

　攻略ポイントを学習する前に、パートごとの問題形式や解答の流れを確認しておきましょう。実際のTOEIC L&R テストを受験する際に必要な基本情報をチェックします。

① 問題形式
問題数や解答時間、試験内容など、各パートに関する詳しい情報が載っています。

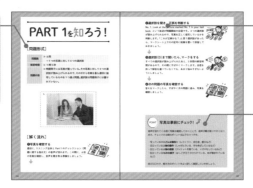

② 解く流れ
実際にどのような流れで問題を解いていくのかを説明しています。

③ POINT
各パートの攻略法に関して役立つ情報を紹介しています。

2 各LESSONで攻略ポイントを理解しよう！

　問題タイプごとに、スコアアップにつながる攻略ポイントを解説しています。最初に攻略ポイントを学び、「EXERCISE」で練習問題を解く、という流れで各LESSONが構成されています。

① 解説
左ページに、問題タイプや攻略ポイントについての解説があります。イラスト付きで例や語句が掲載されているので、イメージで頭に残りやすくなっています。

② EXERCISE
左ページで学んだ攻略ポイントをもとに、問題を解いてみましょう。トレーニング用として、実際のTOEIC L&R テストとは異なる形式の問題もあります。

3 実戦テストで実力試し！

　それぞれのパートの終わりに、「実戦テスト」があります。各LESSONで学習した攻略ポイントを踏まえて問題を解き、定着度を確認しましょう。実際のTOEIC L&R テストの形式で出題されているので、受験前の実力試しとして使えます。

4 別冊の解答&解説をチェック！

　「EXERCISE」と「実戦テスト」の解答と解説は、別冊に掲載しています。答え合わせをするだけではなく、しっかりと解説を読み、正解の根拠や考え方も確認しましょう。英文で意味がわからなかった箇所は、和訳や「重要語句」のコーナーで意味を確認してみてください。

①問題の再掲載

本冊のEXERCISE、実戦テストの問題を別冊にも再掲載しています。本冊に戻らなくても、別冊だけでしっかりと問題を復習することができます。

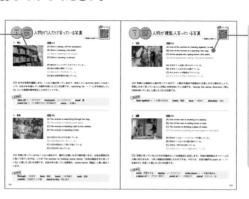

②解答・解説

本冊の問題の解答とくわしい解説を掲載しています。Part 1、2、3 & 4では、ページ上部の二次元コードをスマートフォンで読み込めば、音声を聞くこともできます。

CONTENTS

TOEIC® Listening & Readingテスト
受験パーフェクトガイド

TOEIC をはじめて受験する方はもちろん、受験したことのある方も、まずは TOEIC について知ることが大切です。ここでは TOEIC という試験の概要、申し込み方法、受験当日までの流れなどを説明していきます。

TOEICって何？

●英語のコミュニケーション能力を測る試験

TOEICとは、**Test of English for International Communication**の略で、英語でのコミュニケーション能力を測る試験です。アメリカの機関ETS（Educational Testing Service）が作成しています。試験はすべて英語で行われ、試験内容は日常会話からビジネスシーンまで、さまざまな場面での英語の理解力が試されます。テスト結果は、合格・不合格で判断するのではなく、**「990満点中何点」** というスコアで評価されます。

●大きく分けて３種類

TOEICには①英語を「読む力」「聞く力」を測るTOEIC Listening & Reading テスト、②「話す力」「書く力」を測るTOEIC Speaking & Writing テスト、③「話す力」のみを測るTOEIC Speaking テストがあります。本書は①の**TOEIC Listening & Reading テスト**の対策本です。

また、TOEICの入門的なテストであるTOEIC Bridge テストには①TOEIC Bridge Listening & Reading テスト、②TOEIC Bridge Speaking & Writing テストの２種類があります。

どうやって申し込むの？

●まずは公開テスト・IPテストのどちらかを確認

TOEIC Listening & Reading テストには **「公開テスト」** と **「IPテスト」** があります。

「公開テスト」は個人で申し込みをして、指定された会場でほかの受験者と一緒に試験を行います。

「IPテスト」はInstitutional Program（団体特別受験制度）のことで、学校や企業側が主催で開催する形式です。同じ学校や企業に所属している人たちと一緒に指定された会場に行くパターンと、オンラインで自宅などで受験をするパターンがあります。IPテストの申し込みについては、所属する学校や企業に確認してください。

●公開テストはインターネットで申し込む

公開テストは、**TOEIC公式サイト**（https://www.iibc-global.org/toeic.html）から申し込みをします。初めて受験する方は会員登録（無料）が必要なので、サイトの指示に従ってアカウントを作成しましょう。申し込みの受付は試験日の約2カ月前から始まります。

公開テストは基本的に月に1回、日曜日の午前と午後に分かれてテストが実施されます。申し込み時に、午前か午後かどちらかを選びましょう。ただし、例外的に土曜日の場合や、月に2回実施されることもあるので、詳しくはTOEIC公式サイトの年間テスト日程を参照してください。

試験会場については、申し込みをする際に受験する都道府県や地域を選びます。ただし、**選べるのは都道府県や地域のみで試験会場の指定はできません。** また、TOEICは毎回すべての都道府県で実施されているわけではないので、TOEIC公式サイトの受験地別テスト日程を参照してください。

どんな問題が出てくるの？

　TOEIC L&R テストは、リスニングとリーディングの２つのセクションに分かれています。リスニングが約45分、リーディングが75分、合計で約２時間の試験です。Part １〜7のように７つのパートに分かれており、それぞれ形式の異なる問題が出題されます。以下はそのパートごとの試験内容です。

●リスニングセクション：約45分、100問

Part 1　写真描写問題（６問）●詳しくはP.16
　問題冊子に写真が載っているので、その写真を描写している英文を放送文から聞き取ります。４つの選択肢の中で最も適切に説明している選択肢を１つ選ぶ問題です。

Part 2　応答問題（25問）●詳しくはP.28
　放送文から、質問または発言が流れるので、３つの選択肢の中から、応答として最も適切な選択肢を１つ選びます。問題冊子に選択肢は書かれていないので、放送文から聞き取りましょう。

Part 3　会話問題（39問）●詳しくはP.48
　放送文から、２人または３人の会話が流れます。その会話の内容に関する３つの設問に対して、４つの選択肢の中から１つ最適な答えを選ぶ問題です。設問文と選択肢は問題冊子に印刷されてあります。

Part 4 説明文問題 (30問) ●詳しくはP.50

1人が話しているトークの内容を聞き、その内容に関する3つの設問に対して、4つの選択肢の中から1つ最適な答えを選ぶ問題です。設問文と選択肢は問題冊子に印刷されてあります。

71. Why does the speaker mention the lunch wagon?

    (A) The cafeteria is going to be closed.
    (B) It changed its hours.
    (C) Someone asked about it.
    (D) Its menu has recently changed.

72. What will happen at 10:30 in the morning?

    (A) The south wing temporarily closes before lunchtime.
    (B) The factory starts business for the day.
    (C) The lunch wagon changes its menu from one to another.
    (D) The cafeteria offers a free mid-morning coffee service.

73. What does the speaker recommend for someone who wants other items?

    (A) Eat in the factory cafeteria
    (B) Place a special order
    (C) Come to the lunch wagon early

74. What type of business is this association?

    (A) A roadside service
    (B) A telephone-answering service
    (C) An auto dealer
    (D) An Internet provider

75. What is the caller requested to have in hand?

    (A) Credit card information
    (B) An application to register
    (C) A driver's license
    (D) Membership information

76. What should the caller do if instructions are not understood?

    (A) Press 0
    (B) Press 1
    (C) Press 2
    (D) Press 3

●リーディングセクション：75分、100問

Part 5 短文穴埋め問題 (30問) ●詳しくはP.80

空所を含む英文を読み、空所に入る最も適切な語句を4つの選択肢から1つ選ぶ問題。主に文法の知識や語彙が問われます。

101. Much of Jane's free time has been devoted to ------- care of her sick father.

    (A) take
    (B) took
    (C) taking
    (D) taken

102. Our new computer system, installed this morning, allows

103. We would like to inform you that new voting laws have ------- since the last election.

    (A) to introduce
    (B) introduced
    (C) been introduced
    (D) introduce

104. Please present your invitation card to the receptionist as you

Part 6 長文穴埋め問題 (16問) ●詳しくはP.104

Eメールや手紙、メモなどの文書を読み、その文書内の空所に入る最も適切なものを4つの選択肢から選ぶ問題。選択肢は語句または文の場合があります。文法の知識や語彙に加えて、文脈の理解力も問われます。

Questions 135-138 refer to the following notice.

Regional Department of Transportation
Travel Advisory

Beginning this spring, there will be a renovation of the Kalen City Bridge.
------- .
135.
When possible, commuters should consider making use of alternative routes that ------- by this
136.
project.

In addition, ------- should check traffic conditions online before beginning journeys.
137.

We will try to ------- this task as soon as possible, but work most likely will continue until the end

Part 7　読解問題（54問）●詳しくはP.120

Eメールや手紙、メモ、広告、記事などの
さまざまな文書を読み、その内容に関する設
問に対して最も適切なものを4つの選択肢か
ら選ぶ問題。また、文書内に適切な内容の1
文を選択する設問も出題されます。

　Part 7は、文書が1つだけの問題もあれ
ば、2つや3つなど複数の文書を参照して解
く問題もあります。

（1）1つの文書の問題（29問）

　1つの文書を読み、それに関する複数の設問に答える問題。2〜4つの設問が10セット
出題されます。

（2）複数の文書の問題（25問）

　2つの文書を読んで5つの設問に答える問題が2セット、3つの文書を読んで5つの設
問に答える問題が3セット出題されます。

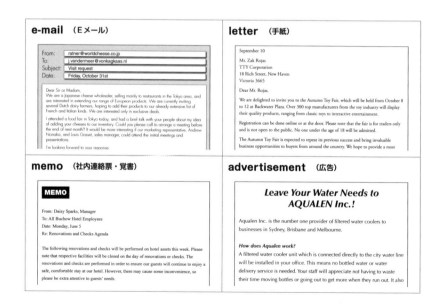

公開テスト当日までの注意点

受験票が届いたらこれをチェック！

　公開テストの受験票は、受験日の約2週間前に届きます。受験票が届いたら、以下の準備をしましょう。

（1）証明写真を撮影し、受験票に貼り付ける
（2）署名欄に記入する

　受験票に証明写真がなければ受験はできません。当日ギリギリに準備するのではなく、時間に余裕を持って証明写真の撮影をしておきましょう。

テスト前日の準備

●持ち物
・受験票
　（証明写真を貼り付けて、署名をしたもの）
・写真付きの本人確認書類
　（運転免許証、学生証、パスポートなど）
・筆記用具
　（HBの鉛筆かシャープペンシル、消しゴム）
・腕時計
　※試験会場には時計が無い場合があるので必須
　　です。また、時計としてウェアブル端末を使
　　用することは禁止されています。

●受験会場の確認
　試験会場は受験票に記載されています。地図や最寄り駅が書かれていますが、自宅から会場までの交通機関や道をインターネットで確認しておきましょう。

テスト当日の流れ

当日の流れを確認して、事前にシミュレーションしておきましょう。

◷午前の部　9：25 〜 9：55
◷午後の部　14：05 〜 14：35
■会場に到着→受付→教室へ

会場に入ると、入り口付近に教室が受験番号ごとに割り振られた掲示が貼り出されているので、指定された教室に向かいましょう。

受付は、各教室の前にいる係員に受験票と写真付きの本人確認書類を見せます。

教室に入ると、席にそれぞれの受験番号が割り振られているので、自分の受験番号のある席を探して座ります。この時間に解答用紙の必要事項を記入し、アンケートの回答を済ませておきましょう。

◷午前の部　9：55頃〜 10：20
◷午後の部　14：35頃〜 15：00
■試験説明などのアナウンス→本人確認
　→問題冊子の配布

試験官による受験案内のあと、CDによる受験の注意事項のアナウンスが流れます。リスニング問題の音チェックがあるので、音声が聞こえづらい場合は、試験官に伝えましょう。

試験官が席を回り、受験票の回収と本人確認を行います。全員の確認が終わり次第、問題冊子が配布されます。

🕐午前の部　10：20
🕐午後の部　15：00
■試験開始
　試験開始のアナウンスが流れたら、問題冊子のシールを切ります。リスニングの説明が流れたあと、解答を始めましょう。問題用紙への書き込みはしてはいけません。

🕚午前の部　11：05頃
🕒午後の部　15：45頃
■リスニング終了→リーディングへ進む
　リスニングが終わり次第、リーディングの問題に移ります。リスニングが終わるまでリーディングの問題を解くことは禁止されているので注意しましょう。

🕛午前の部　12：20頃
🕔午後の部　17：00頃
■試験終了
　試験官から試験終了のアナウンスが伝えられます。解答用紙と問題冊子が回収されたら、試験官の指示に従って退室します。

PART 1を知ろう!

【問題形式】

問題数	▶ 6問 →1つの写真に対して4つの選択肢
解答時間	▶ 1問5秒
問題内容	▶ 問題冊子には写真が載っている。その写真に対して4つの選択肢が読み上げられるので、その中から写真を最も適切に描写しているものを1つ選ぶ問題。選択肢は問題冊子には書かれていない。

【解く流れ】

❶写真を確認する

最初に、リスニング全体と Part 1 のディレクション（問題に関する指示文）の音声が流れます。この間に、6枚の写真を確認し、音声を聞き取る準備をしましょう。

❷選択肢を聞き、正誤を判断する

No. 1. Look at the picture marked No. 1 in your test book. という放送が問題開始の合図です。4つの選択肢が読み上げられるので、写真を正しく描写しているかを判断します。「これが正解かな？」と思う選択肢があったら、マークシート上でその記号に鉛筆を置いて保留しておきましょう。

❸選択肢（D）まで聞いたら、マークをする

すべての選択肢が読み上げられたあと、5秒間の解答時間があるので、その間にすばやくマークします。自信を持って解答を選べていなくても、あまり悩みすぎないようにしましょう。

❹次の問題の写真を確認する

答えをマークしたら、すばやく次の問題に進み、写真を確認しましょう。

 POINT　**写真は事前にチェック！**

音声が流れてくる前に写真を確認しておくことで、音声が聞き取りやすくなります。チェックする際のポイントは以下の4つです。

- ・写っているのは**どんな場所**か（レストラン、待合室、屋外など）
- ・目立っている**人物の動作**（しゃがんでいる、手を伸ばしているなど）
- ・目立っている**人物の服装**（ジャケットを着ている、メガネをしているなど）
- ・目立っている**ものの様子**（はしごが立てかけられている、本が積まれているなど）

各LESSONで、解き方のポイントをより詳しく確認していきましょう。

人物が1人だけ写っている写真

写真に人物が1人だけ写っているときは、**その人が何をしているのかを聞き取ること**が一番大切です。「ものに手を伸ばしている」「指さしている」など、選択肢の音声を聞く前に人物の動作を確認し、選択肢の動詞部分と照らし合わせながら聞きます。

よく出る動作

reaching for〜
〜に手を伸ばしている

pointing at〜
〜を指さしている

passing by〜
〜のそばを通っている

sweeping
(ほうきなどで)〜を掃いている

「何をしているのか」わかれば〇K!

「〜している」という動詞部分が合っていても、そのあとに続く言葉が写真の様子と**異なるパターン**もあります。動作のあとに続く「もの」や動作が行われている「場所」にも注意して聞き取りましょう。

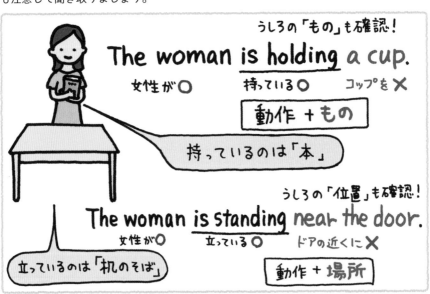

うしろの「もの」も確認!

The woman is holding a cup.
女性が〇　　持っている〇　　コップを✕

動作 ＋もの

持っているのは「本」

うしろの「位置」も確認!

The woman is standing near the door.
女性が〇　　立っている〇　　ドアの近くに✕

立っているのは「机のそば」

動作 ＋ 場所

Tips　Part 1では、似た意味の動詞の使い分けも攻略ポイントの1つです。特に、wear「〜を着ている」とput on「〜を着る」は頻出なので要注意。例えば、人物がコートを「着ている状態」であればwear、コートに「腕を通している最中」であればput onを使います。wearは状態、put onは動作、と覚えましょう。

EXERCISE

→答えは別冊2ページ
答え合わせが終わったら、音声に合わせて英文を音読しましょう。

✎ 下の英文をヒントに音声を聞いて、写真の描写に合うものを (A)(B)(C)(D) の中から1つ選びましょう。

1

(A) She's (　　　　　　) off her backpack.

(B) She's (　　　　　　) the shelf.

(C) She's (　　　　　　) for a book.

(D) She's (　　　　　　) a phone.

Ⓐ Ⓑ Ⓒ Ⓓ

✎ 音声を聞いて、写真の描写に合うものを (A)(B)(C)(D) の中から1つ選びましょう。

2

Ⓐ Ⓑ Ⓒ Ⓓ

PART 1 LESSON 02 人物が複数人写っている写真

写真に複数の人物が写っていたら、まずはそれぞれの人物の**共通点**を探しましょう。写真に写っている何人かは<u>同じ動作</u>をしている可能性が高いです。

Some people や They、The women/men など複数人を表す主語が聞こえたら、それは人々の共通点を説明する選択肢です。

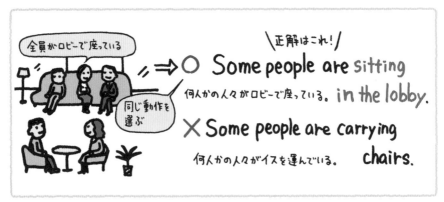

写真に写っている全員が必ずしも同じ動作をしているわけではありません。**相違点**も正解を導くポイントになります。One of the women/men や The woman/man など1人の人物を表す主語が聞こえたら、男性か女性かということもヒントに、人々の<u>違う動作</u>に注目しましょう。

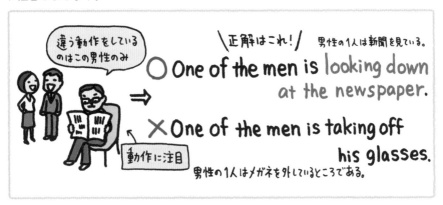

共通点・相違点のどちらが正解になるかはわかりません。写真を確認したときに、それぞれの人物の特徴をどれだけ把握できるかが重要です。

Tips 写真に複数の人が写っていたら、音声が流れる前に、それぞれの人物の動作を確認しておきましょう。余裕があれば、その動作を表す動詞はどんな英単語になりそうか、頭の中で考えておくのがオススメです。そうすることで、音声が流れてきたときに内容が頭に入ってきやすくなります。

EXERCISE

答えは別冊3ページ
答え合わせが終わったら、音声に合わせて英文を音読しましょう。

✎ 下の英文をヒントに音声を聞いて、写真の描写に合うものを (A) (B) (C) (D) の中から1つ選びましょう。

1

(A) One of the women is (　　　　　　　　) a wall.

(B) One of the women is (　　　　　　) her bag.

(C) Some people are (　　　　　　　) the stairs.

(D) Some people are (　　　　　) the same direction.

Ⓐ Ⓑ Ⓒ Ⓓ

✎ 音声を聞いて、写真の描写に合うものを (A) (B) (C) (D) の中から1つ選びましょう。

2

Ⓐ Ⓑ Ⓒ Ⓓ

風景の写真

　室内や外などの風景の写真で、人物が写っていない場合は、**ものの状態や位置関係**に注目しましょう。

　ものだけの写真の場合、「はしごが立てかかっている」「イスが積まれている」「本が並べられている」など、ものの様子を描写する表現が登場します。また、next to ～「～の隣に」や in front of ～「～の前に」など、ものの**位置関係**を表す言葉にも注意して聞きましょう。

　人が写っていない写真で is/are being ～ed「～されているところだ」という表現が聞こえたら、その選択肢は**不正解**と考えましょう。その選択肢が正解になるには、基本的に、動作をしている人が写真に写っている必要があるからです。

Tips　have/has been ～ed「～されている」という形も出題されます。これは現在完了の受動態で、動作がすでに完了していることを表します。よって、この選択肢の場合は、人が写っていなくても正解になりえます。

EXERCISE

⊙答えは別冊4ページ
答え合わせが終わったら、音声に合わせて英文を音読しましょう。

✎ 下の英文をヒントに音声を聞いて、写真の描写に合うものを (A)(B)(C)(D) の中から1つ選びましょう。

1

(A) A drawer has been left （　　　　　）.

(B) A vase is （　　　　　） to a bowl of fruit.

(C) Some lamps （　　　　　） installed.

(D) Curtains are （　　　　　） a window.

Ⓐ Ⓑ Ⓒ Ⓓ

✎ 音声を聞いて、写真の描写に合うものを (A)(B)(C)(D) の中から1つ選びましょう。

2

Ⓐ Ⓑ Ⓒ Ⓓ

　写真に人が写っていれば人に、風景であればものに注目、とお伝えしてきましたが、**選択肢の中にものを説明するものと人物を説明するものがどちらも登場する**パターンもあります。この場合、写真を見るときの**視点の切り替え**がポイントになります。主語が人物だったら人物に、ものが聞こえたらものに、すばやく注目しましょう。

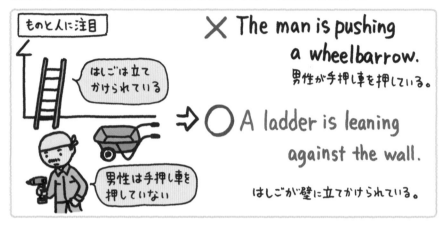

　中には、主語がものを表す語でも、**人の動作を表している**選択肢があります。それがLESSON 03（→ 22 ページ）でも紹介した **is/are being 〜ed「〜されているところだ」**という形です。ものが人に何かされていることを表します。

<hr />

TIPS　選択肢が読み上げられる前に写真を見る時間は限られているので、すべての人物やものの状態を確認するのが難しいこともあります。まずは写真の全体を見て、どんな場面なのかを確認し、写真の中で特に目立っている要素に目を向けましょう。

EXERCISE ⊙答えは別冊5ページ
答え合わせが終わったら、音声に合わせて英文を音読しましょう。

✎ 下の英文をヒントに音声を聞いて、写真の描写に合うものを (A) (B) (C) (D) の中から1つ選びましょう。

1

(A) They are (　　　　　) some flowers.

(B) They are carrying some (　　　　　).

(C) A truck is (　　　　　) inside the garage.

(D) Some flowers are being (　　　　　).

Ⓐ Ⓑ Ⓒ Ⓓ

✎ 音声を聞いて、写真の描写に合うものを (A) (B) (C) (D) の中から1つ選びましょう。

2

Ⓐ Ⓑ Ⓒ Ⓓ

09~12

→答えは別冊6ページ
答え合わせが終わったら、音声に合わせて英文を音読しましょう。

音声を聞いて、それぞれの写真の描写に合うものを（A）（B）（C）（D）の中から1つずつ選びましょう。

1.

Ⓐ Ⓑ Ⓒ Ⓓ

2.

Ⓐ Ⓑ Ⓒ Ⓓ

3.

Ⓐ Ⓑ Ⓒ Ⓓ

4.

Ⓐ Ⓑ Ⓒ Ⓓ

PART 2を知ろう!

【問題形式】

問題数	▶ 25問 → 1問につき3つの選択肢
解答時間	▶ 1問5秒
問題内容	▶ 放送文では、問いかけ文（最初に流れる発言）のあとに3つの選択肢が読み上げられる。その中から、問いかけ文に対する応答として最も適切な選択肢を1つ選ぶ問題。問いかけ文も選択肢も、問題冊子には書かれていない。

7. Mark your answer on your answer sheet.	20. Mark your answer on your answer sheet.
8. Mark your answer on your answer sheet.	21. Mark your answer on your answer sheet.
9. Mark your answer on your answer sheet.	22. Mark your answer on your answer sheet.
10. Mark your answer on your answer sheet.	23. Mark your answer on your answer sheet.
11. Mark your answer on your answer sheet.	24. Mark your answer on your answer sheet.
12. Mark your answer on your answer sheet.	25. Mark your answer on your answer sheet.
13. Mark your answer on your answer sheet.	26. Mark your answer on your answer sheet.
14. Mark your answer on your answer sheet.	27. Mark your answer on your answer sheet.
15. Mark your answer on your answer sheet.	28. Mark your answer on your answer sheet.
16. Mark your answer on your answer sheet.	29. Mark your answer on your answer sheet.
17. Mark your answer on your answer sheet.	30. Mark your answer on your answer sheet.
18. Mark your answer on your answer sheet.	31. Mark your answer on your answer sheet.
19. Mark your answer on your answer sheet.	

【解く流れ】

❶ Part 2 が始まったら深呼吸をする

冒頭でディレクション（問題に関する指示文）が読み上げられますが、この内容は聞く必要はありません。この時間を利用してゆっくりと深呼吸し、心を落ち着けましょう。

❷文頭に注意して問いかけ文を聞く

What time will the meeting start?「会議はいつ始まりますか」のような問いかけ文が流れます。英語では文のはじめに大事な情報が来ることが多いので、文頭に特に意識を向け、聞き取りましょう。

❸選択肢を聞いて、正誤を判断する

問いかけ文が流れたあと、3つの選択肢が読み上げられます。1つずつ、適切かどうかを判断していきましょう。すべての選択肢を聞き終えたら、最も正解にふさわしいと思えるものにマークをします。

❹次の問題を解く

5秒間の解答時間のあと、次の問題の問いかけ文が流れます。確信をもって正解を選べなかった場合も、あまり悩みすぎずに次に切り替えるようにしましょう。

 POINT　消去法も駆使して正解を選ぶ！

Part 2では、音声のみを頼りに正解を判断する必要があります。中には正解なのか判断に迷う選択肢も登場します。そこでおすすめなのが、**鉛筆やシャープペンシルのペン先を使った消去法**です。やり方を確認しておきましょう。

＜やり方＞
①選択肢(A)の音声を聞く。
②正解だと判断したら、**すぐにマークはせず、ペン先をマークシート上の(A)の位置に置く**。不正解だと判断したら、ペン先は(B)にずらす。
③選択肢(B)の音声を聞く。
④(A)よりも正解にふさわしいと判断したら、マークシート上の(B)の位置にペン先をずらす。(B)は不正解だと判断したら、ペン先は(C)にずらす。
⑤選択肢(C)の音声も同様にして、**最後にペン先を置いていた記号にマーク**。

疑問詞で始まる質問① when / where

最初に流れる問いかけ文として一番多く出るものは、疑問詞で始まる質問です。文頭の疑問詞は必ず聞き取るようにしましょう。文全体を聞き取れなくても、疑問詞を聞き取ることで答えるべき内容が絞れます。

when「いつ」が文頭にくるときは、**日付や日時**を答えている選択肢が正解です。

When does the sales meeting begin? 営業会議はいつ始まりますか。

At two P.M. 午後2時です。

where「どこ」であれば、**場所**を答えている選択肢を選びましょう。

Where is the file for the presentation? プレゼンテーション用のファイルはどこですか。

It's in the cabinet next to the printer. プリンターの隣の棚にあります。

whenとwhereは音が似ているので、聞き分けが重要です。問題によっては選択肢の中に、日付や日時を答えているものと、場所を答えているものがまざっている場合があります。紛らわしい選択肢にひっかからないように注意しましょう。

• TIPS whenはうしろに続く単語によって読み方が変わることがあり、When is［ウェニズ］、When are［ウェナー］のように変化します。「ニ」や「ナ」が聞こえたらwhenだと判断して、whenとwhereを聞き分けましょう。

EXERCISE

⊙答えは別冊8ページ
答え合わせが終わったら、音声に合わせて英文を音読しましょう。

🖊 英文をヒントに音声を聞いて、最初の問いかけ文に対する応答として最も適切なものを (A) (B) (C) の中から選びましょう。

1　(　　　　) is the deadline for this paperwork?
(A) Yes, we need the supply cabinet.
(B) The copier is out of paper.
(C) By the end of the week.

Ⓐ Ⓑ Ⓒ

2　(　　　　) can I get a ticket?
(A) You should go to the second floor.
(B) The movie will start at eight.
(C) Two tickets, please.

Ⓐ Ⓑ Ⓒ

3　(　　　　) did you get the application form?
(A) It was last night.
(B) From the chief's desk.
(C) I got a discount coupon.

Ⓐ Ⓑ Ⓒ

🖊 音声を聞いて、最初の問いかけ文に対する応答として最も適切なものを (A) (B) (C) の中から選びましょう。

4　Mark your answer.

Ⓐ Ⓑ Ⓒ

5　Mark your answer

Ⓐ Ⓑ Ⓒ

6　Mark your answer.

Ⓐ Ⓑ Ⓒ

疑問詞で始まる質問② who / why

LESSON 01（→ 30 ページ）で紹介した when や where 以外にも、その 1 語を聞き取れば正解を絞りやすくなる疑問詞があります。

1 つは who「誰」です。「誰」に対しては、具体的に人を答えるのが自然ですよね。「スミスさんです」のように人名を答えているものや、「営業部長です」と役職で答えている選択肢を選びましょう。

また、who「誰」に対しては、人物だけでなく部署名や会社名で答えることもあると覚えておきましょう。「この仕事を誰に依頼していますか」→「MB 社です」のようなパターンです。

文頭の疑問詞が why「なぜ」の場合は、理由を答えるのが自然です。because「〜だから」、because of 〜「〜が原因で」、for 〜「〜のため」、to 〜「〜するため」など理由を表す表現をヒントに選ぶことができます。

Tips 上記の例では短い応答でしたが、I think it's Ms. Smith.「スミスさんだと思います」や You should call Ms. Smith.「スミスさんに電話するべきです」のように少し長めの応答も登場します。who なら人名や役職、why なら理由を表す表現に特に意識を向けて、重要な部分を確実に聞き取るようにしましょう。

EXERCISE

⊖答えは別冊10ページ
答え合わせが終わったら、音声に合わせて英文を音読しましょう。

✎ 英文をヒントに音声を聞いて、最初の問いかけ文に対する応答として最も適切なものを (A) (B) (C) の中から選びましょう。

1　(　　　　) was the luncheon rescheduled?
   (A) My favorite dish is on the seasonal menu.
   (B) Because the restaurant was full that day.
   (C) Yes, I checked the schedule.

Ⓐ Ⓑ Ⓒ

2　(　　　　) is going to attend the trade show next month?
   (A) About the marketing budget.
   (B) I'll show you around the factory.
   (C) Ms. Brown will.

Ⓐ Ⓑ Ⓒ

3　(　　　　) are many people gathering here?
   (A) For the employee training.
   (B) Four times, I believe.
   (C) How about some coffee?

Ⓐ Ⓑ Ⓒ

✎ 音声を聞いて、最初の問いかけ文に対する応答として最も適切なものを (A) (B) (C) の中から選びましょう。

4　Mark your answer.

Ⓐ Ⓑ Ⓒ

5　Mark your answer.

Ⓐ Ⓑ Ⓒ

6　Mark your answer.

Ⓐ Ⓑ Ⓒ

疑問詞で始まる質問③ what

　what「何」で始まる問いかけ文に対しては、具体的に聞かれている**もの・こと**を答えている選択肢を選びます。

　一番シンプルなのは、The advertising budget.「広告費です」のように名詞のかたまりだけで答えている応答。ただ、what の場合は疑問詞だけでなく、問いかけ文の動詞や具体的な名詞を聞き取れた方が正解が絞りやすくなります。

ここも重要！

[What] did they present at the last sales meeting?
彼らは前回の会議で何を発表しましたか。

The advertising budget. 広告費です。

会議で発表されたことを答えている選択肢が正解！

¥

　what は、ほかの語と組み合わさることで特定の意味を表します。文頭の what だけでなく、そのあとに続く語もセットで意味をとるようにしましょう。

What topic ～? 何の話題～？ ものについて詳しくたずねる
→ About the budget for marketing.
　マーケティングの予算についてです。

What time ～? 何時に～？ 時間をたずねる
→ At seven o'clock. 7時です。

What do you think of ～? ～についてどう思いますか。 意見をたずねる
→ It looks great. いい感じですね。

What kind of ～? どんな種類の～？ ものの種類をたずねる
→ The latest one. 最新のものです。

 TIPS whatの問いかけ文に対する応答は、さまざまなパターンがあるので少し難易度が高いです。正解が瞬時にわからなかったら、すべての選択肢を聞いて明らかに違う話題のものを正解候補から外し、残ったものの中から正解を選んでいきましょう。

25~30

EXERCISE

→答えは別冊12ページ
答え合わせが終わったら、音声に合わせて英文を音読しましょう。

✏ 英文をヒントに音声を聞いて、最初の問いかけ文に対する応答として最も適切なものを (A) (B) (C) の中から選びましょう。

1 (　　　　　　) file should I take to the Accounting Department?
(A) The one on top of my desk.
(B) No, he is from the Sales Department.
(C) It's only fifteen dollars.

Ⓐ Ⓑ Ⓒ

2 (　　　　　　) does the orientation start?
(A) I booked the venue yesterday.
(B) At three o'clock.
(C) It's for new employees.

Ⓐ Ⓑ Ⓒ

3 (　　　　　　) the new package design?
(A) Two days ago.
(B) It's not far from here.
(C) I like the color.

Ⓐ Ⓑ Ⓒ

✏ 音声を聞いて、最初の問いかけ文に対する応答として最も適切なものを (A) (B) (C) の中から選びましょう。

4 Mark your answer.

Ⓐ Ⓑ Ⓒ

5 Mark your answer.

Ⓐ Ⓑ Ⓒ

6 Mark your answer.

Ⓐ Ⓑ Ⓒ

PART 2　LESSON 03 疑問詞で始まる質問③ what

PART 2 LESSON 04 疑問詞で始まる質問④ how

how「どのように」で始まる問いかけ文には、**方法や手段**を答えるのが自然です。by 〜「〜によって」などをヒントに、適切な応答を選びましょう。

 can we apply for the seminar?
セミナーにはどうやって申し込めばいいですか。

By filling out the online form.
オンラインフォームに記入することによってです。

方法を答えているものが正解！

what と同様、how もほかの語と組み合わさることで、聞いている内容が変わります。どんな種類のものがあるのか、それぞれの答え方の例と一緒に確認しましょう。

How 〜? どのように〜？ 方法をたずねる
→ By 〜. 〜によってです。

How many 〜? いくつの〜？ 数をたずねる
→ Fifty or more. 50以上です。

How often 〜? どのくらいの頻度で〜？ ものごとが起こる頻度をたずねる
→ Once a week. 週1回です。

How long 〜? どのくらいの長さで〜？ ものや時間の長さをたずねる
→ About an hour. およそ1時間です。

在庫は？
50箱以上あります

• Tips｜howにはほかに、感想や状況をたずねる表現もあります。例えば、How was your vacation in Paris?「パリでの休暇はどうでしたか」、How do you like your new apartment?「新しいアパートはどうですか」のようなものです。

036

EXERCISE

⊘答えは別冊14ページ
答え合わせが終わったら、音声に合わせて英文を音読しましょう。

✎ 英文をヒントに音声を聞いて、最初の問いかけ文に対する応答として最も適切なものを (A) (B) (C) の中から選びましょう。

1　(　　　　　　　) should we send the discount coupons?
   (A) Maybe about fifty copies.
   (B) I got a question about the survey.
   (C) We can include them in an e-mail.

Ⓐ Ⓑ Ⓒ

2　(　　　　　　　) do we need to inspect the fire alarms?
   (A) No, I didn't set the alarm.
   (B) Twice a year.
   (C) The inspector is late.

Ⓐ Ⓑ Ⓒ

3　(　　　　　　　) people will join the workshop?
   (A) There'll be ten.
   (B) Yes, that'll do.
   (C) It was expensive.

Ⓐ Ⓑ Ⓒ

✎ 音声を聞いて、最初の問いかけ文に対する応答として最も適切なものを (A) (B) (C) の中から選びましょう。

4　Mark your answer.

Ⓐ Ⓑ Ⓒ

5　Mark your answer.

Ⓐ Ⓑ Ⓒ

6　Mark your answer.

Ⓐ Ⓑ Ⓒ

依頼・提案・勧誘表現

　Part 2 には、「〜してくれませんか」や「〜するのはどうですか」など、**依頼・提案・勧誘**をする問いかけ文も登場します。下の一覧を参考に、まずはよく出る表現を押さえておきましょう。

依頼表現

Can you 〜? 〜してくれませんか。

Could you 〜? 〜していただけませんか。

Will you 〜? 〜してくれますか。

Would you mind 〜? 〜していただけませんか。

提案・勧誘表現

Why don't we / you 〜? 〜しませんか。

How about 〜? 〜はどうですか。

Let's 〜. 〜しましょう。

Would you like to 〜? 〜しませんか。

　依頼や提案・勧誘をされたら、どのように返すでしょうか。「いいですよ」や「できません」などの意思表示をしますよね。それは TOEIC でも同じです。**依頼や提案・勧誘に対して適切なリアクションをしているもの**を選びましょう。

依頼表現を聞き取ろう！

会議の資料の準備を手伝ってくれませんか。

Can you help me prepare the documents for the meeting?

〈 OK な場合 〉

リアクションしているものを選ぶ

Sure, what should I do?
もちろん、何をすればいいですか。

Yeah. ええ。

Of course. もちろん。

No problem. 問題ないですよ。

Yes, I'd be happy to. はい、よろこんで。

〈 断る場合 〉

ダメな理由が続く

Sorry, I'm busy right now.
すみません、今は忙しいのです。

I'm sorry, but I can't.
すみませんが、できません。

I'm afraid I can't.
申し訳ありませんができません。

Tips 　実はPart 2の問題では、依頼・提案・勧誘に対して、断るフレーズを使った応答が正解になることはあまり多くありません。OKな場合の応答が圧倒的に多いので、そちらのリアクション表現は確実に覚えるようにしましょう。

EXERCISE

→答えは別冊16ページ
答え合わせが終わったら、音声に合わせて英文を音読しましょう。

✎ 英文をヒントに音声を聞いて、最初の問いかけ文に対する応答として最も適切なものを (A) (B) (C) の中から選びましょう。

1　(　　　　　　　) give me the list of our clients?

(A) (　　　), I'll give it to you later.
(B) More than twelve.
(C) Customer Support.

Ⓐ Ⓑ Ⓒ

2　(　　　　　　　) add sample images to this pamphlet?

(A) At the reception desk.
(B) (　　　), I'll do it immediately.
(C) (　　　), please.

Ⓐ Ⓑ Ⓒ

3　(　　　　　　　) installing a new security camera?

(A) (　　　), a little faster.
(B) (　　　), we need a new one.
(C) It suits you perfectly.

Ⓐ Ⓑ Ⓒ

✎ 音声を聞いて、最初の問いかけ文に対する応答として最も適切なものを (A) (B) (C) の中から選びましょう。

4　Mark your answer.

Ⓐ Ⓑ Ⓒ

5　Mark your answer.

Ⓐ Ⓑ Ⓒ

6　Mark your answer.

Ⓐ Ⓑ Ⓒ

否定疑問文（例：Doesn't it 〜？「それは〜ではないのですか」）や付加疑問文（例：〜, isn't it?「〜ですよね？」）も、Part 2 の問いかけ文として登場します。文法的に複雑に思えるかもしれませんが、返答の仕方は普通の疑問文と同様です。「〜かどうか」を確認しているだけなので、**「はい」なら Yes.、「いいえ」なら No.** と答えます。

Don't you have an appointment with your clients?
顧客との予定があったのではないのですか。

Yes, I will leave the office after lunch.
はい、昼食後にオフィスを出ます。

しかし、Yes や No のみを聞いてすぐ答えを選んではいけません。わざと Yes や No を含ませた<u>ひっかけ</u>の選択肢が出てくるからです。問いかけ文で聞いている内容と合っているか、**最後まで**聞いて確認しましょう。

You've been to this venue before, haven't you?
ひっかけに注意　あなたはこの会場に以前来たことがあるのですよね？

(A) Yes, I finished work already.
✕ はい、仕事はもう終えました。
→ まったく関係のない話が続いている

(B) No, this is my first time here.
○ いいえ、ここは今回が初めてです。
→「前に来たことがありますよね？」
「いいえ、初めてです」と内容が合っている　(B)が正解！

 Tips 問いかけ文が付加疑問文（例：You 〜, haven't you?）の場合、最後の部分（例：haven't you?）にはあまり意味がありません。聞き取るべき内容はカンマ以前の部分です。最後の部分に気を取られずに、何を問われているかを聞き取ることに集中しましょう。

EXERCISE ⤵答えは別冊18ページ
答え合わせが終わったら、音声に合わせて英文を音読しましょう。

✏ 英文をヒントに音声を聞いて、最初の問いかけ文に対する応答として最も適切なものを (A) (B) (C) の中から選びましょう。

1 (　　　　　) meet the new manager of the Technology Department?
　(A) A lot of clothes are on sale.
　(B) The department store is open.
　(C) (　　), I met her this morning.

　　　　　　Ⓐ Ⓑ Ⓒ

2 The restaurant on Second Street requires a reservation, (　　　　)?
　(A) (　　), we can make a reservation by phone.
　(B) (　　), you should go along Fifth Street.
　(C) I think we need to buy a dining table.

　　　　　　Ⓐ Ⓑ Ⓒ

3 (　　　　) change the light bulb last week?
　(A) It's quite a nice place.
　(B) (　　), I haven't done it yet.
　(C) (　　), you can exchange money here.

　　　　　　Ⓐ Ⓑ Ⓒ

✏ 音声を聞いて、最初の問いかけ文に対する応答として最も適切なものを (A) (B) (C) の中から選びましょう。

4 Mark your answer.

　　　　　　Ⓐ Ⓑ Ⓒ

5 Mark your answer.

　　　　　　Ⓐ Ⓑ Ⓒ

6 Mark your answer.

　　　　　　Ⓐ Ⓑ Ⓒ

PART 2 LESSON 06 否定疑問文・付加疑問文

041

Yes/No疑問文・選択疑問文

Part 2では、今まで紹介してきた疑問詞や特定の表現を使った疑問文以外に、普通の疑問文も登場します。

普通の疑問文とは、Do you 〜？やIs it 〜？など、単純に「〜かどうか」を問う疑問文です。通常は、**Yes か No** で答えることができるので、Yes/No疑問文と言います。

Do you know who is responsible for the project?
プロジェクトの責任者を知っていますか。
Yes, it's Ms. Lee. はい、リーさんです。

また、**A or B?**「AとBのどちらがいい？」と2つ候補をあげてたずねる、選択疑問文も問いかけ文として使われます。基本的には、**A か B のどちらか**を答えているものを選びます。

Do we need to set up two monitors or three?
私たちはモニターを2台設置する必要がありますか、それとも3台ですか。

そのまま答えている
Two, I think. 2台だと思います。

問いかけ文が選択疑問文のときに気を付けなくてはならないのが、「C です」のようにAでもBでもない返しがくるパターンもあるということです。AやBがなければ、文脈に合うものを選ぶ必要があります。

Do we need to set up two monitors or three?
Actually, we need only one.
実は、1台のみ必要です。

どちらも
正解!!

Actually, we don't need them anymore.
実は、それらはもうこれ以上必要ないです。

Tips 万が一、文頭の語句が聞き取れなくても、選択疑問文であればまだあきらめなくて大丈夫。最後のA or Bの部分を聞き取ることができれば、正解を選べる可能性が高いです。

EXERCISE

⊙答えは別冊20ページ
答え合わせが終わったら、音声に合わせて英文を音読しましょう。

✎ 英文をヒントに音声を聞いて、最初の問いかけ文に対する応答として最も適切なものを (A) (B) (C) の中から選びましょう。

1 (　　　　　　　) going to take an airplane for the business trip?
   (A) (　　　), we should book tickets.
   (B) (　　　), I went on vacation.
   (C) It took two hours.

   Ⓐ Ⓑ Ⓒ

2 Should I put these boxes (　　　　　　　) or (　　　　　　　)?
   (A) It's in the (　　　　　).
   (B) Can you put them (　　　　　　)?
   (C) Of course, I'd love to.

   Ⓐ Ⓑ Ⓒ

3 Will we have lunch (　　　) or (　　　) food delivery?
   (A) The library is (　　　) this building.
   (B) Chinese food would be nice.
   (C) Let's (　　　) something.

   Ⓐ Ⓑ Ⓒ

✎ 音声を聞いて、最初の問いかけ文に対する応答として最も適切なものを (A) (B) (C) の中から選びましょう。

4 Mark your answer.

   Ⓐ Ⓑ Ⓒ

5 Mark your answer.

   Ⓐ Ⓑ Ⓒ

6 Mark your answer.

   Ⓐ Ⓑ Ⓒ

平叙文・遠回しな答え方

今回は、少し難しい Part 2 の問題を紹介します。今までの問いかけ文は「〜ですか」と相手に質問をする形でしたね。しかし、Part 2 には、特に**質問をしているわけではない発言（平叙文）**も出てきます。疑問文と違って、明確な答えは決まっていません。**問いかけ文の内容**から、話題や状況に合う応答を選ぶ必要があります。

I heard the bookstore will hold a book signing event next weekend. 書店が来週末にサイン会を開催すると聞きました。

(A) The staff of the event. ✕スタッフの話はしていない

(B) Here's the library card. ✕「本」という共通点はあるが図書館ではない

(C) What time does it start? ○サイン会の時間を聞いている

サイン会について触れている(C)が正解！

また、質問されていることに対して**遠回しに答えている**応答が正解になる場合があります。下の例を見てみましょう。正解である (B) の応答も、「自分が荷物を受け取ったかどうか」は明確には答えていませんよね。

Did you receive the package from the client? 顧客からの荷物を受け取りましたか。

(A) It's the meeting with the client. ✕会議の話はしていない

(B) I saw the parcel on your desk. ○机に荷物があったと述べている

(C) Yes, I had a great time. ✕感想は聞かれていない

遠回しに荷物について答えている(B)が正解！

上の問題の場合、質問した人が知りたいことは "荷物があるかどうか" ということです。それに対して、(B) は荷物のある場所を答えています。つまりここでは、" 自分が荷物を受け取ったかどうか " は重要ではないということです。話し手が**本当に聞きたいこと、伝えたいことは何か**を考えて選びましょう。

. Tips 「来週書店でサイン会がある」と言われたら、あなたはどんな返しをしますか。「私も行きたい」や「どの本の著者？」など、さまざまな返しが考えられますよね。自分ならどう返すかを想像してみるといい練習になります。

答えは別冊22ページ
答え合わせが終わったら、音声に合わせて英文を音読しましょう。

🖊 英文をヒントに音声を聞いて、最初の問いかけ文に対する応答として最も適切なものを (A) (B) (C) の中から選びましょう。

1 I'm not sure how to subscribe to this (　　　　).
(A) Let me see the Web page.
(B) About the update.
(C) It's ten percent off.

Ⓐ Ⓑ Ⓒ

2 How about going to the (　　　　) near the city bank?
(A) It's always crowded.
(B) At the parking area.
(C) I'll pay with cash.

Ⓐ Ⓑ Ⓒ

3 I thought Ms. Chris was (　　　　　　) arranging the workshop.
(A) The air conditioner was installed last week.
(B) No, the shop is open until midnight.
(C) She's handling the orientation right now.

Ⓐ Ⓑ Ⓒ

🖊 音声を聞いて、最初の問いかけ文に対する応答として最も適切なものを (A) (B) (C) の中から選びましょう。

4 Mark your answer.

Ⓐ Ⓑ Ⓒ

5 Mark your answer.

Ⓐ Ⓑ Ⓒ

6 Mark your answer.

Ⓐ Ⓑ Ⓒ

→ 答えは別冊24ページ
答え合わせが終わったら、音声に合わせて英文を音読しましょう。

音声を聞いて、最初の問いかけ文に対する応答として最も適切なものを（A）（B）（C）の中から選びましょう。

1. Mark your answer.

Ⓐ Ⓑ Ⓒ

2. Mark your answer.

Ⓐ Ⓑ Ⓒ

3. Mark your answer.

Ⓐ Ⓑ Ⓒ

4. Mark your answer.

Ⓐ Ⓑ Ⓒ

5. Mark your answer.

Ⓐ Ⓑ Ⓒ

6. Mark your answer.

Ⓐ Ⓑ Ⓒ

7. Mark your answer.

Ⓐ Ⓑ Ⓒ

8. Mark your answer.

Ⓐ Ⓑ Ⓒ

9. Mark your answer.

(A) (B) (C)

10. Mark your answer.

(A) (B) (C)

11. Mark your answer.

(A) (B) (C)

12. Mark your answer.

(A) (B) (C)

13. Mark your answer.

(A) (B) (C)

14. Mark your answer.

(A) (B) (C)

15. Mark your answer.

(A) (B) (C)

16. Mark your answer.

(A) (B) (C)

17. Mark your answer.

(A) (B) (C)

18. Mark your answer.

(A) (B) (C)

PART 3を知ろう！

【問題形式】

問題数	▶ 39 問 →1 つの会話に対して 3 問× 13 セット
解答時間	▶ 1 問 8 秒　※図表を参照する問題では 12 秒
問題内容	▶ 2 人または 3 人の会話が読まれ、その会話の内容に関する設問が 3 つ出題される。それぞれに対し、4 つの選択肢の中から適切な答えを 1 つ選ぶ問題。設問文と選択肢は問題冊子に書かれている。

---

32. What does the man ask for?

(A) Special delivery
(B) Ideas for a logo
(C) Letters on a T-shirt
(D) Custom-ordered items

33. What does the woman say the man will get?

(A) A free pen
(B) A reduced price
(C) A discount on another pen
(D) A free color for his order

34. What is indicated about the man's order?

(A) It is for replenishing the company's stock.
(B) It is part of a marketing strategy.
(C) It will take longer than expected.
(D) It will cost extra for a larger size.

35. Who most likely are the speakers?

(A) Managerial workers
(B) Seminar instructors
(C) New employees
(D) Graduate students

36. Why did the man skip basic level last year?

(A) There was a schedule conflict.
(B) He was advised to do that.
(C) He wasn't interested in it.
(D) He found it expensive.

37. What will the woman do next?

(A) Host a seminar
(B) Meet her supervisor
(C) Sign up for a seminar
(D) Take a promotional exam

【解く流れ】

❶設問文を先読みする

Part 2 が終わり次第、Part 3 の解答準備に移ります。ディレクション（問題に関する指示文）が流れている間に、1 セット分の 3 つの設問文を確認しておきましょう。

❷会話を聞きながら軽くマークする

Question 32 through 34 refer to the following 〜. という放送が開始の合図。答えがわかったら、すぐにマークをします。ただし、その間に会話を聞き逃さないよう、放送中は軽くマークをしておき、会話が流れ終わってからまとめて塗り直すのがコツです。

❸次の問題の設問文を先読みする

解答が終わり次第すぐに、次の問題の設問文を先読みします。目安としては 2 問目の設問文の音声が流れ終わる前に、次の問題の先読みに移れるようにしましょう。

POINT　**先読みをマスターしよう！①**

設問の先読みとは、Part 3&4やPart 7で、トークを聞いたり文書を読んだりする前に**設問文や選択肢を先に読むこと**を指します。特に、リスニングパートのPart 3&4では音声が1度しか流れないので、設問を先読みして**聞き取るべきポイントを事前に把握しておく**ことが重要です。

〈おすすめの先読みの手順〉

1. 3つの設問文を最初に確認する
　　設問文だけにまず目を通し、聞き取るべき情報を整理しましょう。

2. 余裕があれば、選択肢も確認
　　設問文を確認した後、まだ時間があるようであれば、選択肢もざっと読んでおきましょう。

PART 4を知ろう！

【問題形式】

問題数	▶ 30 問 →1つのトークに対して3問×10 セット
解答時間	▶ 1問8秒　※図表を参照する問題では 12秒
問題内容	▶ 1人の人物が話しているトークが読まれ、その内容に関する設問が3つ出題される。それぞれに対し、4つの選択肢の中から適切な答えを1つ選ぶ問題。設問文と選択肢は問題冊子に印刷されている。

---

71. Why does the speaker mention the lunch wagon?

(A) The cafeteria is going to be closed.
(B) It changed its hours.
(C) Someone asked about it.
(D) Its menu has recently changed.

72. What will happen at 10:30 in the morning?

(A) The south wing temporarily closes before lunchtime.
(B) The factory starts business for the day.
(C) The lunch wagon changes its menu from one to another.
(D) The cafeteria offers a free mid-morning coffee service.

73. What does the speaker recommend for someone who wants other items?

(A) Eat in the factory cafeteria
(B) Place a special order
(C) Come to the lunch wagon early
(D) Make another plan

74. What type of business is this association?

(A) A roadside service
(B) A telephone-answering service
(C) An auto dealer
(D) An Internet provider

75. What is the caller requested to have in hand?

(A) Credit card information
(B) An application to register
(C) A driver's license
(D) Membership information

76. What should the caller do if instructions are not understood?

(A) Press 0
(B) Press 1
(C) Press 2
(D) Press 3

【解く流れ】

❶設問文を先読みする

Part 3 の最後の問題を解き終わった瞬間に、次の Part 4 に進みます。最初の問題が流れる前に、1 セット分の 3 つの設問文を確認しておきましょう。

❷トークを聞きながら軽くマークする

Question 71 through 73 refer to the following ～. という放送が開始の合図。先読みで掴んだ情報に注意して聞きましょう。トークが流れている間に選択肢は軽くマークしておき、すべて聞き終わってからしっかり塗りましょう。

❸次の設問文を先読みする

解答が終わり次第、次の問題の設問文を先読みします。解答のテンポを崩さないよう、難しい問題に悩みすぎないのがコツです。

 先読みをマスターしよう！②

先読みで最大限の効果を発揮するために、以下のポイントを意識しましょう。

1. 長い設問文／選択肢は、頭の中で短く要約する

設問文・選択肢が長い場合は、きれいに訳そうとするのではなく、キーワードだけを拾って頭に叩き込むようにしましょう。

What will the speaker do next? → 「何・話し手・次にやる」

2. 選択肢は動詞をチェック！

余裕があれば選択肢も読めると良いですが、すべて読むのが難しい場合は、選択肢に含まれる動詞だけをチェックしましょう。

They will **relocate** the office.　…移転する
They will **start** a new business.　…始める
They will **close** a branch.　…閉める
They will **hire** new employees.　…雇う

【Part 3&4 の頻出問題】

Part 3&4には、ほぼ毎回出題される定番の問題があります。これらの問題は、設問文の形と意味を覚えておき、瞬時に意味をとれるようにしておきましょう。

話の目的・概要 ⊖ 詳しくは70ページ

- What is **the conversation mainly about**?　この会話は主に何についてですか。
- What are the speakers **discussing**?　話し手たちは何について話し合っていますか。
- **Why** is the woman **calling**?　女性はなぜ電話をかけていますか。
- **What is the purpose of** the announcement?　アナウンスの目的は何ですか。

話し手の職業 ⊖ 詳しくは68ページ

- **Who** most likely is the man?　男性は誰だと考えられますか。
- **What kind of business** do the listeners work for?
  聞き手たちはどんな業種で働いていますか。
- **Where** do the speakers most likely **work**?
  話し手たちはどこで働いていると考えられますか。

依頼の内容 ⊖ 詳しくは56ページ

- What does the woman **ask** the man **to do**?　女性は男性に何をするよう頼んでいますか。
- What are the listeners **asked to do**?　聞き手たちは何をするよう頼まれていますか。

提案・勧誘の内容 ⊖ 詳しくは58ページ

- What does the man **suggest**?　男性は何を提案していますか。
- What does the woman **suggest doing**?　女性は何をすることを提案していますか。

申し出の内容 ⊖ 詳しくは60ページ

- What does the speaker **offer to do**?　話し手は何をすることを申し出ていますか。

次にする行動 ⊖ 詳しくは66ページ

- What will the speaker **do next**?　話し手は次に何をしますか。
- What will the listener **do next**?　聞き手は次に何をしますか。
- What does the man say he will **do next**?　男性は次に何をすると言っていますか。

【Part 3&4 の特殊な問題】

意図問題 ⭢ 詳しくは72ページ

会話やトーク中の発言の意図を問う問題です。設問文は、**What does the woman mean when she says "〜"?**「女性は"〜"という発言で、何を意味していますか」や **Why does the speaker say, "〜"?**「話し手はなぜ"〜"と言っていますか」といった形です。意図問題は、Part 3 に 2 問、Part 4 に 3 問出題されます。

例：Q: Why does the man say, "I need to call the client back before this evening"?

男性はなぜ "I need to call the client back before this evening" と言っていますか。

　(A) To express urgency　緊急性を示すため
　(B) To refuse a request　要求を断るため
　(C)・・・
　(D)・・・

図表問題 ⭢ 詳しくは74ページ, 76ページ

会話やトークから聞き取った情報をもとに、図表を見ながら正解を選ぶ問題です。図表問題の設問文は、**Look at the graphic.**「図を見てください」から始まります。先読みの際に図表も確認しておきましょう。
図表問題は Part 3 に 3 問、Part 4 に 2 問出題されます。

例：

Items for sale	
Brown Glass Vase	$120
Hand-made Clay Vase	$43
Small Copper Vase	$39
Modern White Vase	$29

Look at the graphic. Which vase did the man buy?
　(A) Brown Glass Vase
　(B) Hand-made Clay Vase
　(C) Small Copper Vase
　(D) Modern White Vase

図表問題は、コツさえつかめば解きやすいものも多いです。LESSON 11・12 で、解き方を身につけましょう。

詳細① ピンポイントの情報を問う問題

Part 3, 4 には、さまざまな問題タイプがあります。その1つが、「顧客に送るものは何か」「男性が購入したものは何か」など、**詳細な情報をピンポイントで問う問題**。

こうした問題では、設問文や選択肢にある単語が、本文の中で<u>キーワード</u>として出てきます。先読みの段階で、キーワードになりそうな単語をチェックしておきましょう。

Q: What does the woman say she will send to the client?
女性は顧客に何を送ると言っていますか。
キーワードはこの2つ

⇒ 女性が 顧客 に 何か を送るのだな〜

(A) Some dates　(B) Some catalogs
(C) A price list　(D) A survey

⇒ これらの情報のうちの1つが本文のどこかで出てくる!

先読みによって掴むべき情報やキーワードを理解した上で、本文を聞いていきます。関連する語句や内容をキャッチして選択肢の中から正解を選びましょう。

男性: Hey, do you have some free time this afternoon?
午後、時間はありますか。
選択肢にあるキーワードをキャッチ!

女性: I'm planning on sending the catalogs to the client after the meeting.
私は会議後に顧客に カタログ を送る予定です。

⇒ (B) Some catalogs が正解だとわかる

上記の例では、選択肢にある語が本文でそのまま読み上げられていますね。ただ、本文にある catalogs「カタログ」が選択肢では material「資料」となっているなど、言い換えられていることも多いので気を付けましょう。

・ TIPS　設問文は先読みした方がよいですが、選択肢は無理して先読みをする必要はありません。短い選択肢の場合だけ読む、という方法でもOKです。

EXERCISE →答えは別冊30ページ
答え合わせが終わったら、音声に合わせて英文を音読しましょう。

✎ 音声を聞いて、その内容を問う設問に対する答えとして最も適切なものを、(A)(B)(C)(D) の中から選びましょう。

PART 3

1　What has the man been working on lately?

(A) A television advertisement
(B) A software update
(C) A tour schedule
(D) A conference presentation

PART 4

2　Why will the speaker meet with Ms. Hopper?

(A) To introduce her to a colleague
(B) To discuss arrangements for an event
(C) To provide advice about a sales campaign
(D) To show her a set of fabric samples

詳細② 依頼の内容を問う問題

Part 3 では What does the man ask the woman to do?「男性は女性に何をするよう頼んでいますか」、Part 4 では What are the listeners asked to do?「聞き手は何をするよう頼まれていますか」など、**何を依頼しているか／されているか**を問う問題がよく出てきます。先読みの時点で、誰が誰に依頼するのかを押さえておきましょう。

依頼の内容を掴むためには、本文中に登場する Could[Can] you ～?、Would [Will] you ～?「～してくれますか」、Would you mind ～?「～していただけますか」などの**依頼表現**を聞き取ることがポイントです。

依頼している

女性: **Could you** give the handouts to John tomorrow?
　　　明日ジョンに資料を渡してくれますか。

承諾している

男性: **Sure,** I'll let him know the details of the meeting, too.
　　　もちろんです。会議の詳細も教えておきます。

Q: **What does the woman ask the man to do?** 女性は男性に何をするよう頼んでいますか。

(A) **Give a coworker** documents 同僚に書類を渡す

handouts を言い換えている

下の例のように、Please ～.「～してください」などの表現もヒントになります。

うしろに依頼することが続く

男性: **We've** made some changes to the schedules, so **please** make sure to check your shifts again.　スケジュールを一部変更したので、シフトを再度確認してください。

Q: **What are the listeners asked to do?** 聞き手は何をするよう頼まれていますか。

(A) **Check the** updated schedule 更新されたスケジュールを確認する

made some changes の言い換え　　shifts の言い換え

• TIPS　上記の例では、本文中に出てくる単語が選択肢で言い換えられています。LESSON 01（→54ページ）の最後にも説明したように、選択肢に並んでいる語句がそのまま読み上げられるとは限りません。言い換えパターンに慣れておきましょう。

81~82

EXERCISE

→答えは別冊32ページ
答え合わせが終わったら、音声に合わせて英文を音読しましょう。

✎ 音声を聞いて、その内容を問う設問に対する答えとして最も適切なものを、(A) (B) (C) (D) の中から選びましょう。

1 What does the woman ask the man to do?

(A) Call a colleague
(B) Make a reservation
(C) Order some furniture
(D) Set up audio equipment

2 What does the speaker ask Henri to do?

(A) Take a course
(B) Make a survey form
(C) Write a report
(D) Place an advertisement

PART 3&4 LESSON 03 詳細③ 提案・勧誘の内容を問う問題

What does the woman suggest?「女性は何を提案していますか」といった、提案・勧誘の内容を問う問題も Part 3, 4 で頻出です。このタイプの設問文が出てきたら、問題や悩みへの解決策を提案したり、行動を促したりする内容が本文中に登場します。以下の**提案・勧誘**をする表現がヒントになるので覚えておきましょう。

> よく出る提案・勧誘の表現
>
> Why don't you [we] ~? ~しませんか。
> How about ~? ~はどうですか。
>
> Let's ~. ~しましょう。
> You [We] should ~. ~した方がいいですよ。
>
> 〔提案している〕
> 女性：Hey, |why don't you| call Tom? I remember he said he doesn't have any plans for today.
> そうだ、トムに電話してみたらどうですか。確か今日は予定がないと言っていましたよ。
>
> Q: What does the woman suggest? 女性は何を提案していますか。
> (A) Making a phone call to a colleague 同僚に電話をかけること
> 〔Callの言い換え〕　〔トムを指している〕　正解!!

I encourage you ~. や I suggest you ~. などもキーワードになりますよ。

> 〔このあとを聞きとる〕
> 男性：|I encourage you| to come early because the first 100 people to visit our mall will receive a coupon for a discount!
> 先着100名様に割引クーポンを差し上げますのでお早めにご来場ください!
>
> Q: What does the speaker encourage the listeners to do?
> (A) Arrive at the mall early モールに早く到着する
> 〔comeの言い換え〕　話し手は聞き手に何をするように勧めていますか。

上の例にあるように、What does the speaker encourage/recommend the listeners to do?「話し手は聞き手に何をするよう勧めていますか」という設問文も出てきます。このタイプの問題だとすぐ把握できるようにしておきましょう。

・Tips　Part 3, 4の会話・トークでは、「問題や悩み」→「解決策の提案」という流れで進行する場合が多いです。問題が何なのか、全体の話題を把握したら、解決策となる内容がくると待ち構えましょう。

EXERCISE　⊙答えは別冊34ページ
答え合わせが終わったら、音声に合わせて英文を音読しましょう。

 音声を聞いて、その内容を問う設問に対する答えとして最も適切なものを、(A)
(B) (C) (D) の中から選びましょう。

PART
3

1　What does the man suggest doing?

(A) Reviewing a proposal
(B) Watching some news
(C) Arranging a special dinner
(D) Taking a vacation

Ⓐ Ⓑ Ⓒ Ⓓ

PART
4

2　What does the speaker encourage the listeners to do?

(A) Buy a new car
(B) Check a train schedule
(C) Listen for updates
(D) Take a ferry

Ⓐ Ⓑ Ⓒ Ⓓ

What does the man offer to do?「男性は何をすることを申し出ていますか」のような設問文があった場合は、**申し出の表現**に注意して聞きましょう。

申し出とは、自ら「〜をやります」と相手に伝えることです。よく出る申し出の表現には、I will 〜.「〜します」、I can 〜.「〜できます」、I'd be happy to 〜.「喜んで〜します」、Let me 〜.「〜させてください」などがあります。

男性: **I discussed the design with the client. Here's the document.** 顧客とデザインについて話しました。これがその書類です。

このあとの内容を聞きとる

女性: **I will talk to the designer and arrange a sample cover for the magazine if necessary.** デザイナーと話してみて、必要であれば雑誌の表紙サンプルを手配しますよ。

Q: **What does the woman offer to do?**

talkの言い換え

(A) **Reach out to the designer** デザイナーに連絡する

「もし〜なら、私が…できます」、「〜なので、私が…します」など、申し出を切り出す前には、その条件や前提が出てくる場合が多いです。こういった条件が話されたら、「申し出の内容が読まれそうだな」と準備をしましょう。

女性: 早く予約をする必要があります。

I need to book a seat as soon as possible. Let me know if you're interested, then I can make reservations for us.

興味があれば教えてください、それなら予約します。

何を申し出ているか聞き取る

Q: **What does the speaker offer to do?**

(A) **Make reservations** 予約をする

・Tips I will 〜.「〜します」やI can 〜.「〜できます」などは、単に未来の予定や、できることの能力について話しているわけではない、という点に注意。「私がやりますよ」と相手に自分の意志を伝える表現です。

EXERCISE ⊙答えは別冊36ページ
答え合わせが終わったら、音声に合わせて英文を音読しましょう。

🖊 音声を聞いて、その内容を問う設問に対する答えとして最も適切なものを、(A)
(B) (C) (D) の中から選びましょう。

PART 3

1　What does the man offer to do?

(A) Transport some goods
(B) Introduce a client
(C) Attend a convention
(D) Announce a promotion

 Ⓐ Ⓑ Ⓒ Ⓓ

PART 4

2　What does the speaker offer to do?

(A) Recommend a computer
(B) Schedule a meeting
(C) Deliver a computer
(D) Lead a workshop

 Ⓐ Ⓑ Ⓒ Ⓓ

PART 3&4 LESSON 05 詳細⑤ 何を心配しているか・問題点は何か

本文の中で、話し手が心配していることや起きている問題などが話題にあがることがあります。Why is the man concerned?「男性はなぜ心配しているのですか」のような設問文があったら、**I'm concerned about 〜.「〜について懸念しています」**や**I'm worried about 〜.「〜について心配しています」**など心配・懸念を説明する表現を聞き取りましょう。

ターゲットにしている市場での広告費用について, 情報や見積もりはありますか。

女性: **Do you have any information or estimates on the cost of advertising in our target market?**

I'm concerned about | how much it will cost.

心配していることが続く　広告に費用がどれくらいかかるか懸念しています。

Q: **What is the woman concerned about?** 女性は何を心配していますか。

(A) **Advertising costs** 広告費

but / however「しかし」、unfortunately「残念ながら」などが聞こえたら、話の流れが変わる合図。それまで述べられていた話題に対して、「何かが足りない」や「何かが壊れた」など問題点が述べられる可能性が高いです。

問題がこのあとに続く

女性: **I'm sorry,** but **the item you're looking for is currently out of stock.**

申し訳ございませんがお探しの商品は現在在庫切れとなっております。

Q: **What problem does the speaker mention?** 話し手はどのような問題に言及していますか。

(A) **The product is** sold out. 商品が売り切れている

out of stockの言い換え

・Tips 問題を述べる表現には、ほかにも、The problem is 〜.「問題は〜です」やI have an issue with 〜.「〜に問題を抱えています」などがあります。

EXERCISE ⊙答えは別冊38ページ
答え合わせが終わったら、音声に合わせて英文を音読しましょう。

✎ 音声を聞いて、その内容を問う設問に対する答えとして最も適切なものを、(A)
(B) (C) (D) の中から選びましょう。

 PART 3

1 What does the woman say she is concerned about?

(A) Price increases
(B) Construction delays
(C) A project deadline
(D) A scheduling conflict

 Ⓐ Ⓑ Ⓒ Ⓓ

 PART 4

2 What is the speaker concerned about?

(A) The shipment might be delayed.
(B) A staff member is unavailable.
(C) A device has malfunctioned.
(D) Advertising costs are increasing.

 Ⓐ Ⓑ Ⓒ Ⓓ

　設問文に tomorrow, Monday, last year などの**日時**を示す語が含まれていれば、チャンスです。なぜなら、その日時をキーワードにすることで、**何が起こるのか・何をするのか**の根拠が聞き取りやすくなるからです。例を見てみましょう。

> **このあとの内容を聞き取る**
>
> 男性： Next Tuesday morning , the elevator will be out of
> service for maintenance.
> 来週の火曜日の朝、エレベーターがメンテナンスのため使えなくなります。
> → メンテナンスがあるとわかる
>
> Q: What will happen on Tuesday ? 火曜日に何が起こりますか。
>
> (A) Elevator maintenance エレベーターメンテナンス

　しかし、ヒントとなる日時が**根拠のあとにくる**場合もあります。日時を聞き取ったあとで内容を聞き取ろうとしても、根拠はその前にすでに述べられています。こういったパターンもあるので、日時をキーワードにしつつ、全体の話の流れを意識して聞くようにしましょう。

> **ここが根拠**
>
> 女性： I have a conference overseas, so I won't be in the
> office next Friday .
> 海外で会議があるので、来週の金曜日は会社にいません。
>
> **日時のうしろを聞こうとしても遅い**
>
> Q: Why will the woman be absent next Friday ?
> なぜ女性は来週の金曜日は不在にしていますか。
>
> 彼女は海外出張に行く必要があります。
> (A) She has to go on a business trip abroad.
>
> **「海外で会議」を「海外出張」と言い換えている**

・Tips　日時以外にも、場所がキーワードになる問題もあります。解き方は同じです。設問文に「パリで何が行われますか」とあったら、「パリ」という単語に意識を向けながら本文を聞きましょう。

EXERCISE

→答えは別冊40ページ
答え合わせが終わったら、音声に合わせて英文を音読しましょう。

音声を聞いて、その内容を問う設問に対する答えとして最も適切なものを、(A)
(B) (C) (D) の中から選びましょう。

PART 3

1　What will happen next week?

(A) A new restaurant will open.
(B) A sporting event will be held.
(C) Some construction work will be completed.
(D) Some new employees will start working.

Ⓐ Ⓑ Ⓒ Ⓓ

PART 4

2　What will happen tomorrow?

(A) A clearance sale
(B) A grand opening
(C) A training session
(D) A sporting event

Ⓐ Ⓑ Ⓒ Ⓓ

詳細⑦ 次にする行動を問う問題

What will the woman do next? のように、設問文に **do next** という語句が入っていれば、話し手や聞き手が**次にする行動**が問われています。本文中に登場する、I will 〜.「〜**するつもりです**」や I'm going to 〜.「〜**する予定です**」などの未来を表す表現を聞き取って解答しましょう。

男性: **I'm having trouble logging into my computer account.**
コンピューターのアカウントにログインできなくて困っています。

次にする行動が続く

女性: **That's odd. I'll call the Technology Department to try to get your account information.**
技術部に電話して、アカウント情報を聞いてみます。

Q: **What will the woman do next?**
女性は次に何をしますか。

(A) **Ask about account information**
callの言い換え
アカウント情報について たずねる

次にする行動を問う問題は3問目にある場合がほとんどです。根拠は**本文の最後の方**に登場するので、最後まで集中力を切らさず聞きましょう。

何をするか聞き取る   質問に答える時間を取ります。

女性: **I'm going to take some time to answer questions. Is there anything you're unsure about regarding the session?**
セッションについて何かわからないことはありますか。

Q: **What will the speaker do next?**
話し手は次に何をしますか。

(A) **Respond to questions**
answerの言い換え
質問に回答する

・TIPS Part 4では、話し手が聞き手の次の行動を指示するパターンもあります。話し手が「ウェブページから申し込んでください」と言い、設問文で「聞き手は次に何をすると考えられますか」とあれば、「ウェブページで申し込みをする」が正解になります。

🎧 91~92

 EXERCISE ⊙答えは別冊42ページ
答え合わせが終わったら、音声に合わせて英文を音読しましょう。

✎ 音声を聞いて、その内容を問う設問に対する答えとして最も適切なものを、(A)
(B) (C) (D) の中から選びましょう。

 PART 3

1 What will the woman do next?

(A) Change a reservation
(B) Visit a café
(C) Consult with a colleague
(D) Purchase a ticket

Ⓐ Ⓑ Ⓒ Ⓓ

 PART 4

2 What will the speaker do next?

(A) Record a video
(B) Distribute a manual
(C) Explain a procedure
(D) Make a speech

Ⓐ Ⓑ Ⓒ Ⓓ

PART 3&4 LESSON 08 全体① 職業を問う問題

ここまで学んできたものは、本文中に述べられている詳細な内容についての問題でした。ここからは、**全体的な内容**を問う問題について解説します。

よく出題されるのは話し手や聞き手の職業や職場を問う問題です。このタイプの問題では、本文に出てきたキーワードから職業・職場を**推測する**力が必要になります。

男性：Thanks for sending your portfolio.
〔絵や写真、デザインなどの作品集〕→ ポートフォリオを送ってくれてありがとう
I took a look at some of your photos and I have to say,
they're absolutely amazing. あなたの写真は素晴らしい

女性：I'm glad to hear that!

→ 写真に関わる仕事だとわかる

〔who がきたら職業を答える！〕

Q: Who most likely is the woman? 女性は誰だと考えられますか。
(A) A photographer 写真家 〔正解！〕

このように、本文中に出てくるキーワードから**関連する**職業を選びます。この解き方は職場を問う問題でも同じです。下の例で確認してみましょう。

昨日泊まったホテルからの電話

男性：Hello, Mr. Smith, this is John. from Ballyway Hotel where
you stayed yesterday. We wanted to inform you that
our housekeeping staff found a forgotten item in your room.
部屋に忘れ物を見つけた

→ ホテルで働いているスタッフだとわかる

Q: Where does the speaker most likely work?
話し手はどこで働いていると考えられますか。
(A) At a hotel ホテル 〔正解！〕

 Tips 上の問題にもあるように、most likely「〜だと考えられる」が含まれた設問文が登場します。このような問題では、解答根拠がはっきり述べられないので注意が必要です。明確な根拠がわからなかったとしても、あまり長く考えすぎずに正解の可能性が高そうなものを選びましょう。

EXERCISE

答えは別冊44ページ
答え合わせが終わったら、音声に合わせて英文を音読しましょう。

✐ 音声を聞いて、その内容を問う設問に対する答えとして最も適切なものを、(A)(B)(C)(D)の中から選びましょう。

PART 3

1 Who most likely is the man?

(A) A political commentator
(B) A clothing designer
(C) A financial expert
(D) A professional athlete

PART 4

2 Where does the speaker most likely work?

(A) At a restaurant
(B) At a public library
(C) At a travel agency
(D) At a flower shop

　全体的な内容を問う問題にはほかにも、Why is the man calling?「男性はなぜ電話を かけていますか」、What are the speakers discussing?「話し手たちは何について話し合 っていますか」など、**目的や概要を問う**問題があります。

　目的や概要は、話の**最初**に述べられるのが基本です。I'm calling (about) 〜.「（〜の件 で）電話しています」のように、1文ではっきりと述べているものもあります。

このあとの内容を聞き取る

女性: **I'm calling** about my reservation. I need to change the date.

私の予約の件で電話しています。日付を変更する必要があるのです。

Q: Why is the woman calling?
女性はなぜ電話をかけていますか。

(A) To change a reservation　予約を変更するため

　話の**全体**からキーワードを拾って解く場合もあります。余裕があれば先読みのときに 選択肢を見て、どんな目的や概要になる可能性があるのかをチェックしておきましょう。 そうすることで問題がかなり解きやすくなります。

建設中のオフィスのタイルについて

男性: Hey, what happend with the tiles for the office that's under construction? Did we decide on the tiles?

防音のタイルにするか考えている　**タイルを決めたか聞いている**

女性: We were considering soundproofing tiles instead of regular ones.

→ 2人ともタイルの話をしている

Q: What are the speakers discussing?
話しきたちは何について話し合っていますか。

(A) Types of tiles　タイルの種類

Tips　What is the conversation mainly about?「会話は主に何についてですか」という設問文もあります。この 場合も、冒頭で根拠が出てくることがほとんどです。

95~96

EXERCISE

→答えは別冊47ページ
答え合わせが終わったら、音声に合わせて英文を音読しましょう。

✎ 音声を聞いて、その内容を問う設問に対する答えとして最も適切なものを、(A)(B)(C)(D) の中から選びましょう。

PART 3

1 What are the speakers discussing?

(A) Conducting a survey
(B) Selling a company vehicle
(C) Canceling an event
(D) Repairing a parking lot

PART 4

2 Why is the speaker calling?

(A) To reserve a hotel
(B) To arrange some transportation
(C) To promote an item
(D) To provide information about car repairs

発言の意図は何か

Part 3, 4 には、話し手の**発言の意図**を問う問題も出題されます。文の意味そのものではなく、その発言を通して**何を伝えようとしているのか**を**推測**しましょう。

まずは設問文を先読みして、"〜"の中の発言の意図を想像してみてください。

Q: Why does the man say, "I need to call the client back before this evening"?

男性はなぜ「私は夕方前に顧客に電話をかけ直さなければならない」と言っていますか。

(A) To express urgency

緊急性を示すため
→「夕方までだから急いでいます」

どちらもありえそう…
？？？

(B) To refuse a request

要求を断るため
→「仕事があるので引き受けられません」

どちらの選択肢も、**文脈**によっては当てはまりそうですよね。このように、発言の意図を問う問題では、会話の内容によってその意図が変わるような発言が抜き出されます。**会話の流れ**を意識して聞いてみましょう。

男性：① Have you seen Jane? …

女性：② She's currently in a meeting. …

男性：③ Hmm… I need to call the client back before this evening.

① ジェーンさんを探している → ② ジェーンさんは会議でいない
→ ③「私は夕方前に顧客に電話をかけ直さなければならない」

→ 緊急の要件なのですぐに会いたい という意図で使われている！

Q: Why does the man say, "I need to call the client back before this evening"?

(A) To express urgency　緊急性を示すため〔正解！〕

Tips 意図問題は難易度の高い、上級者向けの問題です。意図問題に気を取られて、ほかの問題の根拠を聞き逃さないように注意しましょう。本文をすべて聞き終わってから、話の流れを思い出して解答するのも、1つのテクニックです。

EXERCISE ⊙答えは別冊49ページ
答え合わせが終わったら、音声に合わせて英文を音読しましょう。

✎ 音声を聞いて、その内容を問う設問に対する答えとして最も適切なものを、(A)
(B) (C) (D) の中から選びましょう。

 PART 3

1 What does the woman imply when she says, "I'm free this afternoon"?

(A) She has changed her schedule.
(B) She can take some time off work.
(C) She is available to help the man.
(D) She has finished writing a report.

 Ⓐ Ⓑ Ⓒ Ⓓ

 PART 4

2 What does the speaker imply when she says, "he learned from his previous experiences"?

(A) The quality of the director's work has improved.
(B) The director expects to be nominated for an award.
(C) The movie promotion was highly successful.
(D) The interview with the actors went very smoothly.

 Ⓐ Ⓑ Ⓒ Ⓓ

Part 3, 4 それぞれの最後には、**図表**を参照して解く問題も出てきます。本文の音声が流れる前に問題冊子に載っている図表を見て、<u>どんな要素が含まれているのかを</u>ざっと確認しましょう。

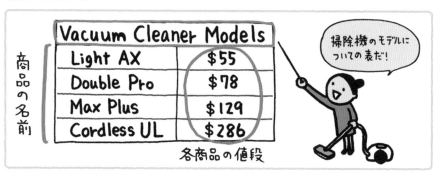

図表を確認したら、次に注目すべきは選択肢です。選択肢にある情報は、<u>図表のどこかの要素と一致している</u>のが基本です。問題に答えるためには、**図表にあって選択肢にない**要素を聞き取る必要があります。

男性: ... In that case, I would recommend the one for $129 ...

この欄のワードを放送文から聞き取る！

Vacuum Cleaner Models	
Light AX	$55
Double Pro	$78
Max Plus	$129
Cordless UL	$286

選択肢に書かれている

Q: Look at the graphic. What product does the man suggest?

(A) Light AX (B) Double Pro
(C) Max Plus (D) Cordless UL

 $129である商品はMax Plusなので(C)が正解！

このように、図表と選択肢の情報を照らし合わせて、正解を選ぶためにどんな情報が必要かを待ち構えることがポイントです。

・Tips 図表問題では、スケジュール表や棒グラフ、イラスト付きの商品広告など、さまざまな種類の図表が出題されます。ただ、<u>図表にあって選択肢にない要素を聞き取る</u>という解き方はどれも同じです。見慣れない図表でも焦らず取り組みましょう。

EXERCISE

→答えは別冊51ページ
答え合わせが終わったら、音声に合わせて英文を音読しましょう。

 音声を聞いて、その内容を問う設問に対する答えとして最も適切なものを、(A) (B) (C) (D) の中から選びましょう。

 PART 3

Items for sale	
Brown Glass Vase	$120
Hand-made Clay Vase	$43
Small Copper Vase	$39
Modern White Vase	$29

1　Look at the graphic. Which vase did the man buy?

(A) Brown Glass Vase
(B) Hand-made Clay Vase
(C) Small Copper Vase
(D) Modern White Vase

Ⓐ Ⓑ Ⓒ Ⓓ

 PART 4

Directory	
Fourth Floor	Women's Fashion
Third Floor	Menswear
Second Floor	Music and Appliances
First Floor	Furniture and Kitchenware

2　Look at the graphic. Where can shoppers enjoy a live musical performance?

(A) On the fourth floor
(B) On the third floor
(C) On the second floor
(D) On the first floor

Ⓐ Ⓑ Ⓒ Ⓓ

PART 3&4 LESSON 12 図表問題② 地図・レイアウト

図表問題では表のほかにも、地図や間取り図などのレイアウトが登場します。地図や
レイアウトの問題は、**位置関係**を表すキーワードを聞き取ることが重要です。

位置関係を表す語句

next to ～ ～の隣に   across ～ ～の向こう側に

in front of ～ ～の前に   between ～ ～の間に

このような問題も、**図表にあって選択肢にない要素**をヒントに解く、という点は同じ
です。選択肢には場所を指すものが並びます。本文中に出てくる位置関係を表すキーワ
ードを聞き取り、当てはまる場所を選びましょう。

女性: I think that setting up our booth in front of the entrance
is a good idea because we're more likely to get a lot of
visitors walking by.

入り口の前にブースを構えるのは、通りすがりのお客さんがたくさん来てくれる可能性が
高いので、いいアイデアだと思います。

Q: Look at the graphic. Which booth does the woman choose?
図を見てください。女性はどのブースを選んでいますか。

(A) Booth 2 ブース2 〔正解！〕

---

* TIPS 位置関係がポイントになる図表問題には、部屋の間取り図なども出題されます。この場合でも、「寝室
は居間の隣にある」「角の窓が付いた部屋」などの情報から、位置関係を把握することがカギになりま
す。

101~102

EXERCISE

→ 答えは別冊54ページ
答え合わせが終わったら、音声に合わせて英文を音読しましょう。

🖉 音声を聞いて、その内容を問う設問に対する答えとして最も適切なものを、(A)
(B) (C) (D) の中から選びましょう。

PART
3

1 Look at the graphic. Where will the speakers most likely have lunch?

(A) At Renaldo's
(B) At Captain's Table
(C) At Spargo's
(D) At Persian King

PART
4

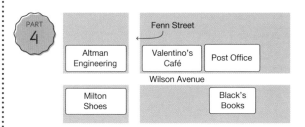

2 Look at the graphic. Where is the speaker waiting?

(A) At Altman Engineering
(B) At Milton Shoes
(C) At Valentino's Café
(D) At Black's Books

実戦テスト

01 ～ 12

→答えは別冊56ページ
答え合わせが終わったら, 音声に合わせて英文を音読しましょう。

🎧103～106

音声を聞いて、その内容を問う3つの設問に対する答えとして最も適切なものを、(A)(B)(C)(D)の中からそれぞれ選びましょう。

PART 3

1. What does the woman dislike about Savage Furniture?

(A) The prices
(B) The designs
(C) The sizes
(D) The materials　Ⓐ Ⓑ Ⓒ Ⓓ

2. What does the man ask the woman to do?

(A) Read some reviews
(B) Watch an advertisement
(C) Speak with an expert
(D) Increase a budget　Ⓐ Ⓑ Ⓒ Ⓓ

3. What does the woman suggest doing?

(A) Renovating a room
(B) Holding a meeting
(C) Checking a menu
(D) Visiting a store　Ⓐ Ⓑ Ⓒ Ⓓ

4. Where do the speakers most likely work?

(A) At an appliance store
(B) At a car dealership
(C) At a restaurant
(D) At a post office　Ⓐ Ⓑ Ⓒ Ⓓ

5. What does the man suggest the woman do?

(A) Provide a discount
(B) Change some plans
(C) Carry out some repairs
(D) Schedule an appointment　Ⓐ Ⓑ Ⓒ Ⓓ

6. What will the woman do next?

(A) Drive a vehicle
(B) Read a manual
(C) Send a file
(D) Speak with a customer　Ⓐ Ⓑ Ⓒ Ⓓ

7. What is the purpose of the talk?

(A) To discuss a project
(B) To award employees
(C) To review client feedback
(D) To decide a price

8. What will happen next month?

(A) A contest will be held.
(B) An employee will retire.
(C) A guest will make a visit.
(D) A new branch will be opened.

9. Who most likely is the speaker?

(A) A musician
(B) A salesperson
(C) An accountant
(D) An architect

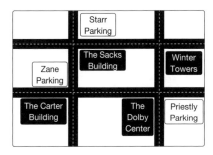

10. What does the speaker ask the listener to do?

(A) Deliver some brochures
(B) Hire an assistant
(C) Make a video
(D) Request some repairs (A) (B) (C) (D)

11. Look at the graphic. Where most likely is the new office?

(A) In the Carter Building
(B) In the Sacks Building
(C) In Winter Towers
(D) In the Dolby Center (A) (B) (C) (D)

12. What does the speaker say he will do next?

(A) Have a meeting
(B) Fill out a form
(C) Move some furniture
(D) Open a bank account (A) (B) (C) (D)

PART 5を知ろう！

【問題形式】

問題数	▶30問 →1つの英文に対して4つの選択肢
目標解答時間	▶約10分（1問あたり20秒）
問題内容	▶短い英文に1か所、空所があるので、そこに入る最も適切な語句を4つの選択肢から1つ選ぶ問題。主に文法の知識や語彙が問われる。

101. Much of Jane's free time has been devoted to ------- care of her sick father.

(A) take
(B) took
(C) taking
(D) taken

102. Our new computer system, installed this morning, allows ------- to keep track of all orders.

(A) our
(B) us
(C) we
(D) ours

103. We would like to inform you that new voting laws have ------- since the last election.

(A) to introduce
(B) introduced
(C) been introduced
(D) introduce

104. Please present your invitation card to the receptionist as ------- as you reach the venue.

(A) long
(B) far
(C) soon
(D) much

【解く流れ】

❶ 選択肢を確認し、問題の種類をチェック

リスニングが終わったら、すぐにリーディングパートに移って解答を始めます。Part 5 では、まず<u>選択肢の並び</u>を見て問題の種類を確認しましょう。

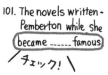

101. The novels written by...
become _____ famous.
(A) international
(B) internationally
(c) internationalize
(D) internotionalization

❷ 空所の前後を確認する

問題の種類ごとの解き方を意識しつつ、空所の前後を確認。この時点で答えがわかったら、すぐにマークします。ほかの部分を読む必要はありません。

101. The novels written -
Pemberton while she
became _____ famous
チェック！

❸ 文全体を読んで判断する

空所前後から答えが絞り切れない場合は、文全体を読みます。全体の意味が通るような選択肢を選びましょう。

101. The novels written by Rose
Pemberton while she lived in Paris
became _____ famous.
全体を
チェック！

 POINT 速く・正確に解くコツを身につけよう！

Part 5は、1問あたり20秒で解くことが目標です。すばやく・正確に解けるようになるためのコツをお伝えします。

1. 問題タイプを把握し、それに合った解き方を身につける

例えば、品詞問題（→82ページ）では、英文の意味を考えて解くのではなく、文構造と品詞に着目することで、すばやく正解を選ぶことができます。各LESSONで、**問題の見分け方と解き方**を身につけましょう。

2. 必ず時間を測って問題を解く

練習でも本番同様、時間を測って問題を解きましょう。1問20秒ずつで解き、**時間制限がある中で正解を選ぶ感覚**を身につけます。そして、復習の際には問題を解くときのポイントをよく確認し、「どうすれば時間内に解くことができたのか？」「自分に足りていない知識・スキルは何か？」を必ず振り返るようにしてください。これを繰り返していくことで、少しずつ速く・正確に解くことができるようになります。

　careful、carefully、carefulness のように、見た目が似ていて語尾が違う語が選択肢に並ぶ問題があります。これは、品詞の使い分けを問う問題です。

　このような問題は、**空所前後の単語の品詞**を手掛かりに、空所にふさわしい品詞の選択肢を選びます。例えば、空所前後の並びが a ------- examination という形だったとしたら、まずはこの examination の品詞を考えます。単語の意味がわからなくても、**語尾**をヒントに品詞を判断できます。

動詞　-ize/-ise -ate -fy -en
　　　examination は名詞だとわかる
名詞　-tion/-sion -ance -ity -ness -ment -er/-or
形容詞　-able -ful -ous -cial -ive -ry
副詞　-ly　　　　　　　語尾を見て判断できるよ!

　空所にふさわしい品詞を判断する際にヒントになるのが、"**形容詞は名詞を前から修飾する**"など、**ペアとなる品詞**の組み合わせです。頻出のものを覚えておきましょう。

形容詞 + 名詞　various productions
　　　　　　　さまざまな製品
他動詞 + 名詞　accommodate 50 people
　　　　　　　50人を収容する
動詞 + 副詞　advertise widely
(副詞＋動詞)　広く宣伝する
副詞 + 形容詞　highly competitive　競走率が高い

他動詞とはうしろに目的語(名詞など)を必要とする動詞のことだよ!

　このように品詞を判断し、空所前後の単語とペアになる品詞を入れましょう。

a ----- examination　〈名詞〉
　　　　　　　　　名詞の前に形容詞が入る!
×(A) care　動詞　　　○(B) careful　形容詞
×(C) carefully　副詞　×(D) carefulness　名詞

Tips　「複合名詞」という〈名詞＋名詞〉のパターンもあることを覚えておきましょう。例えば、application form「申込用紙」、benefits package「福利厚生」、job opening「求人」、assembly line「組み立てライン」などがあります。

EXERCISE

 答えは別冊64ページ

✎ 選択肢の品詞と意味をヒントに、空所に当てはまる最も適切な語句を (A)(B)(C)(D) の中から選びましょう。

1 The novels written by Rose Pemberton while she lived in Paris became ------- famous.

(A) international 形容詞「国際的な」
(B) internationally 副詞「国際的に」
(C) internationalize 動詞（原形）「〜を国際化する」
(D) internationalization 名詞「国際化」 Ⓐ Ⓑ Ⓒ Ⓓ

2 The company's engineers have developed an ------- that could revolutionize the manufacturing industry.

(A) invent 動詞（原形）「〜を発明する」
(B) inventive 形容詞「発明の」
(C) invention 名詞「発明品」
(D) inventor 名詞「発明家」 Ⓐ Ⓑ Ⓒ Ⓓ

✎ 空所に当てはまる最も適切な語句を (A)(B)(C)(D) の中から選びましょう。

3 TGYN Productions recently published an ------- video on factory health and safety issues.

(A) informative
(B) informatively
(C) informing
(D) inform Ⓐ Ⓑ Ⓒ Ⓓ

4 Mr. Tennent ------- attends trade shows to network and showcase the company's products.

(A) regularity
(B) regular
(C) regulate
(D) regularly Ⓐ Ⓑ Ⓒ Ⓓ

動詞問題

　選択肢に、**同じ動詞の異なる形が並んでいる問題**について、解説していきます。

　まず**①主語と動詞の組み合わせ**を確認しましょう。本文が現在を表す内容の場合、主語が3人称単数であれば動詞に<u>3単現のs</u>がつきますね。be動詞も、主語が3人称単数なら<u>is</u>、複数なら<u>are</u>と使い分ける必要があります。

 主語は単数形

The parking area ..... the new mall that is under construction.

その駐車場は建設中の新しいモールに......。

面している ・ 単数形なのでSがつく！

○ (A) faces (3単現のS)　　×(B) face (原形)

　それから**②時制**も確認する必要があります。本文中にある**時を表す語句**（next month や last week など）から、過去・現在・未来などの時制を判断しましょう。

Mr. Brown .....  charge of planning and coordinating all the details of the company retreat next month.

ブラウンさんは、来月の社員旅行の企画・調整を担......。

未来を表す語句

未来の話なので過去形は不正解 ・ 未来を表す(B)が正解！

×(A) took (過去形)　　○(B) will take (助動詞＋動詞)

※ take charge of ～「～を担当する」

　最後に必要なのが、**③その動作を"する"側か"される"側か**という観点です。空所のあとに**目的語（名詞）**があれば**能動態**（動作をする側）、目的語がなければ**受動態**（動作をされる側）の形を選びましょう。ただし、選択肢が自動詞の場合は、目的語は必要ありません。

The Muse's annual music festival ..... at National Green Park next Sunday.

うしろに目的語がない！

ミューズ社の毎年恒例の音楽祭が来週の日曜日に国立グリーン公園で......。

開催される予定 ・ 動作をされる側

○(A) will be held (助動詞＋受動態)　　×(B) will hold (助動詞＋能動態)

・ Tips　自動詞とは、目的語（「～を」や「～に」にあたる部分）がなくても文の意味が通る動詞のことです。例えば、I swim.「私は泳ぐ」のswimは自動詞です。名詞などの目的語がなくても文として意味が成り立っています。

EXERCISE ⊙答えは別冊66ページ

 選択肢の品詞と意味をヒントに、空所に当てはまる最も適切な語句を (A) (B) (C) (D) の中から選びましょう。

1 The committee members ------- once a month to discuss preparations for the Annual Normandy Fruit Festival.

(A) gathers   動詞（3 単現の s）「集まる」
(B) gather   動詞「集まる」
(C) to gather   to 不定詞「集まること、集まるための、集まるために」
(D) is gathering   現在進行形「集まっている」   Ⓐ Ⓑ Ⓒ Ⓓ

2 The head analyst ------- that the company invest in new accounting software which will improve efficiency.

(A) are recommended   受動態「すすめられる」
(B) recommends   動詞（3 単現の s）「すすめる」
(C) recommend   動詞「すすめる」
(D) to recommend   to 不定詞「すすめること、すすめるための、すすめるために」
    Ⓐ Ⓑ Ⓒ Ⓓ

 空所に当てはまる最も適切な語句を (A) (B) (C) (D) の中から選びましょう。

3 Thanks to VQ Auto, the company van ------- just in time for the busy season.

(A) to repair
(B) is repairing
(C) has repaired
(D) was repaired   Ⓐ Ⓑ Ⓒ Ⓓ

4 Mr. Rosen ------- a position in the accounting division at HGT Engineering last year.

(A) accepted
(B) accepts
(C) will accept
(D) have accepted   Ⓐ Ⓑ Ⓒ Ⓓ

前置詞・接続詞問題

選択肢に前置詞と接続詞が並んでいたら、**空所のうしろを確認します。文（主語＋動詞）**が続いていれば**接続詞（句）**、**名詞句**ならば**前置詞（句）**を選びます。

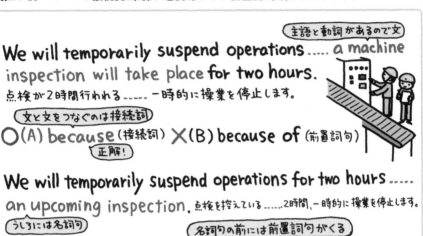

接続詞は、**文と文をつなぐ働き**を持ちます。前置詞は、名詞や代名詞、動名詞などの前に置かれ、**語句のつながり**を表します。接続詞と前置詞の働きについておさらいしておきましょう。

前置詞や接続詞には、意味が似ているものもあります。前置詞と接続詞を迷わず区別できるよう、以下のものを覚えておきましょう。

前置詞 (句)	接続詞
during「〜の間」	**while**「〜の間」
because of / due to〜 「〜のため」「〜が原因で」	**because**「〜だから」
in spite of / despite 「〜にもかかわらず」	**though / although** 「〜にもかかわらず」「〜であるけれども」
since「〜以来」	**since**「〜して以来」「〜なので」

• Tips　前置詞と接続詞の両方の用法があり、それぞれで意味が異なる語句があります。例えば、asは接続詞では「〜するとき、〜なので、〜するように」、前置詞では「〜として」という意味になります。

EXERCISE ⊙答えは別冊68ページ

✎ 選択肢の品詞と意味をヒントに、空所に当てはまる最も適切な語句を (A) (B) (C) (D) の中から選びましょう。

1 Work at the factory stopped briefly ------- the power failure, and time was needed to reset the machines.

(A) at　　　　前置詞「〜に」
(B) while　　　接続詞「〜している間に」
(C) during　　前置詞「〜の間」
(D) once　　　接続詞「いったん〜すると」　　　　　　　

2 Mr. Martin was unable to attend the programming convention ------- he had to oversee the product launch.

(A) due to　　　前置詞句「〜が原因で」
(B) even if　　　接続詞句「たとえ〜だとしても」
(C) because　　 接続詞「〜なので」
(D) except　　　前置詞「〜を除いて」・接続詞「〜ということを除いて」　Ⓐ Ⓑ Ⓒ Ⓓ

✎ 空所に当てはまる最も適切な語句を (A) (B) (C) (D) の中から選びましょう。

3 The Thornton City Fun Run will go ahead as planned ------- the rainy forecast.

(A) despite
(B) though
(C) among
(D) since　　　　　　　　　　　　　　　　　　　

4 Ms. Walsh decided not to apply for a promotion ------- she was more than qualified for the position.

(A) although
(B) without
(C) in spite of
(D) ever since

代名詞問題では、**①主格（主語となる）**、**②目的格（目的語となる）**、**③所有格（名詞を修飾する）**の3つのパターンの代名詞が主に出題されます。選択肢に代名詞が並んでいたら、空所前後を読み、本文に**どの要素が欠けているか**を探しましょう。

---

① ..... decided～
→ 主語が欠けている
→ 主格（I, you, he, she, it, they, we）が入る

② The manager told ..... ～
→ 目的語が欠けている
→ 目的格（me, you, him, her, it, them, us）が入る

③ I need to update ..... schedule ～
→ 名詞を修飾する語が欠けている
→ 所有格（my, your, his, her, its, their, our）が入る

上記のポイントを参考に、下の例で解き方を確認してみましょう。

うしろには動詞が続く

Ms. Garcia has published the essay that ..... had been working on for three years.

ガルシアさんは ..... が3年間取り組んでいたエッセイを出版しました。

that以降の文では主語が欠けている！
→ 主語となる（A）she が入る

○（A）she（主格）　✕（B）her（目的格・所有格）

正解！

Tips　所有代名詞（mineやyoursなど）は主語、または動詞の目的語になります。また、再帰代名詞（myselfやhimselfなど）は動詞の目的語になる場合や、「自身で」という意味で文末に置かれる場合があります。

EXERCISE ⊘答えは別冊70ページ

🖊 選択肢の品詞と意味をヒントに、空所に当てはまる最も適切な語句を (A)(B)(C)(D) の中から選びましょう。

1 Travis Wong wrote reviews of several restaurants while ------- was traveling around Wyoming.

(A) his 　代名詞（所有格）「彼の」
(B) he 　代名詞（主格）「彼は」
(C) him 　代名詞（目的格）「彼らを［に］」
(D) himself 　再帰代名詞「彼自身を［に］」　　　　

2 Ms. Collins is a talented engineer, so Freshence Company hired ------- to lead the development team.

(A) she 　代名詞（主格）「彼女は」
(B) her 　代名詞（目的格）「彼女を［に］」、（所有格）「彼女の」
(C) hers 　所有代名詞「彼女のもの」
(D) herself 　再帰代名詞「彼女自身を［に］」　　　

🖊 空所に当てはまる最も適切な語句を (A)(B)(C)(D) の中から選びましょう。

3 Visto Tech provides technical support to ------- customers for 10 years from the time of sale.

(A) them
(B) themselves
(C) theirs
(D) their　　　　　　　　　　　　　　　　　　　

4 Max Scott decided to train all the new employees of ------- team, as none of the other staff had enough experience.

(A) him
(B) his
(C) he
(D) hlmself　　　　　　　　　　　　　　　　　Ⓐ Ⓑ Ⓒ Ⓓ

比較の問題

形容詞もしくは副詞の比較級・最上級が選択肢に並んでいる問題は、本文中の語句をヒントに正しい比較の形を選びます。

文中に **than** があれば、**比較級**（-er もしくは more ～）の選択肢を選びましょう。

Darron Company's sales figures for this quarter are ...... than last year's figures.

ダロン社の今期の販売台数は、昨年の数字よりも......です。

(A) high（形容詞の原級）　　　(B) highest（最上級）

(C) higher（比較級） より高い　　　than があるので比較級が正解!　　　(D) highly（副詞の原級）

空所の前に **the** があれば**最上級**（-est もしくは most ～）が入ります。

Darron Company has the ...... market share in the automobile industry.

No.1　Darron

ダロン社は自動車業界で......市場シェアを持っています。

(A) high（形容詞の原級）　(B) highest（最上級） 最も高い　theがあるので最上級が正解!

(C) higher（比較級）　　　(D) highly（副詞の原級）

比較表現の中には、**原級**（形容詞の元の形）を使ったものも出題されます。以下の表現を覚えておきましょう。

as soon as possible　「できる限り早く」

as long as　　　　　「～する限りは」

A as well as B　　　「AもBも」

・Tips　比較級・最上級と一緒に使われる単語やフレーズが問われることもあります。比較級を強調するfarやmuch、最上級を強調するby farやveryといった語句を覚えておきましょう。

EXERCISE ⊙答えは別冊72ページ

 選択肢の品詞と意味をヒントに、空所に当てはまる最も適切な語句を (A) (B) (C) (D) の中から選びましょう。

1 Because the new Ridgerunner truck is ------- than previous models, it has been popular with construction workers.

(A) larger 　形容詞（比較級）「より大きい」
(B) largest 　形容詞（最上級）「最も大きい」
(C) largely 　副詞「大部分は」
(D) large 　　形容詞「大きい」 　　　　　　　Ⓐ Ⓑ Ⓒ Ⓓ

2 Registering with Sitemax is the ------- way to start your own Web site.

(A) easier 　　形容詞（比較級）「より簡単な」
(B) ease 　　　名詞「容易さ」
(C) easiest 　　形容詞（最上級）「最も簡単な」
(D) easiness 　名詞「容易さ」 　　　　　　　Ⓐ Ⓑ Ⓒ Ⓓ

 空所に当てはまる最も適切な語句を (A) (B) (C) (D) の中から選びましょう。

3 Mr. Green said Seattle is the most ------- of the locations being considered for the new office.

(A) attraction
(B) attractively
(C) attract
(D) attractive 　　　　　　　　　　　　　Ⓐ Ⓑ Ⓒ Ⓓ

4 Regulations at Fielding Research Institute are ------- than those at any other research facility in British Columbia.

(A) strict
(B) stricter
(C) strictly
(D) strictness 　　　　　　　　　　　　　Ⓐ Ⓑ Ⓒ Ⓓ

Part 5 には、空所に入る語が**本文中の語とセットになって意味を表す**、というタイプの問題も出題されます。選択肢にセット表現の一部となる語が並んでいたら、本文中にそれとセットになる語句がないか探してみてください。セット表現はあまり多くないので、下にあげている定番のものを覚えておきましょう。

セットになる表現	
both A and B 「AとBの両方」	neither A nor B 「AとBもどちらも〜ない」
between A and B 「AとBの間」	not only A but also B 「Aだけでなく Bも」
either A or B 「AかBのどちらか一方」	so 〜 that... 「とても〜なので…」
whether A or B 「AかBか」	such 〜 that... 「とても〜なので…」

Teasy's new car model excels in both durability ..... high technology.

bothとセットになる語は both A and B

ティージー社の自動車の新モデルは、耐久性と高い技術の両方に優れています。

×(A) or ○(B) and

また、**動詞の用法**の観点でセットになるものがあります。例えば、うしろに **to 不定詞**をとる動詞と**動詞の ing 形**をとる動詞があります。下であげている例をヒントに問題を解いてみてください。

to を伴う表現	ing を伴う表現
manage to do 「なんとか〜する」	enjoy doing 「〜することを楽しむ」
decide to do 「〜することを決める」	finish doing 「〜し終える」
encourage A to do 「Aに〜を推奨する」	spend doing 「〜して過ごす」

We encourage our customers ..... feedback on our services for improvement.

改善のために、私たちはお客様が当社のサービスに関するご意見を.....を推奨しています。

○(A) to provide 提供すること

×(B) providing

セットになるのは encourage A to do

Tips　ほかにも look forward to *doing*「〜するのを楽しみにする」、be used to *doing*「〜することに慣れている」などのフレーズもセットで使われる表現です。勉強していく中でこうした表現に出会ったら、逐次覚えていくようにしましょう。

EXERCISE

→ 答えは別冊74ページ

✏️ 選択肢の品詞と意味をヒントに、空所に当てはまる最も適切な語句を (A) (B) (C) (D) の中から選びましょう。

1 The breakroom on the second floor is available for use by ------- salespeople and technical personnel.

(A) or　　　　　接続詞「あるいは」
(B) neither　　副詞「〜も（…しない）」
(C) both　　　副詞「〜も（両方とも）」
(D) also　　　副詞「〜もまた」　　　　　　　　　　　　　　　

2 Ms. Hanson indicated that she would be pleased to ------- changes to the plans up until the week of the event.

(A) discuss　　　動詞（原形）「〜について話し合う」
(B) discussion　名詞「話し合い」
(C) discussed　　動詞（過去形）「〜について話し合った」・過去分詞「話し合われた」
(D) discussing　現在分詞「話し合っている」
　　　　　　　　　　　　　　　　　　　　　　　　　　　　Ⓐ Ⓑ Ⓒ Ⓓ

✏️ 空所に当てはまる最も適切な語句を (A) (B) (C) (D) の中から選びましょう。

3 Freeman Hotel offers ------- gym facilities nor a pool, but it does have an in-room dining menu.

(A) both
(B) neither
(C) either
(D) some　　　　　　　　　　　　　　　　　　　　　　　

4 Venec Company has decided to ------- a new product line in order to acquire more customers.

(A) launches
(B) launched
(C) launching
(D) launch　　　　　　　　　　　　　　　　　　　　　Ⓐ Ⓑ Ⓒ Ⓓ

選択肢に前置詞が並んでいる問題には、2通りの解き方があります。

1つ目は、**文の意味**から当てはまるものを選ぶ解き方です。前置詞が持つ意味そのものから、文の内容に合う選択肢を選びましょう。例えば、at「〜で」や on「〜の上に」は位置、to「〜へ」は方角などを表します。

No one is allowed to enter the East building .....
an ID badge. イーストビルは、IDバッジ ..... 誰もご入場 いただけません。

✕ (A) of 〜の　　〇 (B) without 〜なしに

→ 「IDバッジがないと誰も入場できない」となり
　意味が通る！

2つ目は、**動詞との組み合わせ**で正解を選ぶ解き方です。前置詞や副詞には、動詞と組み合わさって特定の意味を表すものがあります。動詞と組み合わせた表現をできるだけストックしておきましょう。

〈動詞＋前置詞／副詞〉で意味を持つ表現

participate in 〜　〜に参加する　　put off 〜　　〜を延期する
deal with 〜　　〜に取り組む　　fill out 〜　　〜に記入する
provide A with B　AにBを提供する　　appoint A as B　AをBに任命する

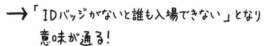

動詞に注目！

The meeting for today has been put ..... due to
scheduling conflicts.
本日の会議は、スケジュールの都合上、...... となりました。

〇 (A) off 正解！　✕ (B) in

→ put off 〜で「〜を延期する」という意味

• Tips　前置詞にはさまざまな使い方や訳があります。意味を正確にすべて覚えようとするのではなく、ざっくりとしたイメージで覚えましょう。例えば、upであれば「上に向かう」イメージ、overは「何かを乗り越える」イメージです。

EXERCISE

 ⊙答えは別冊76ページ

✎ 選択肢の品詞と意味をヒントに、空所に当てはまる最も適切な語句を (A) (B) (C) (D) の中から選びましょう。

1 Oxyscrub allows users to remove stubborn dirt ------- damaging the surface of their kitchen counter.

(A) instead of　前置詞句「〜の代わりに」
(B) as　　　　　前置詞「〜として」・接続詞「〜なので、〜するときに」
(C) without　　 前置詞「〜なしに」
(D) up to　　　 前置詞句「〜次第で」

ⒶⒷⒸⒹ

2 You must fill ------- a request form before taking any equipment from the storage room.

(A) along ⎤
(B) off　　⎪ 動詞 fill と
(C) up　　⎬ 組み合わさると…?
(D) out　　⎦

ⒶⒷⒸⒹ

✎ 空所に当てはまる最も適切な語句を (A) (B) (C) (D) の中から選びましょう。

3 The winner of the employee-of-the-year award will not be announced ------- the middle of December.

(A) into
(B) due to
(C) until
(D) as

ⒶⒷⒸⒹ

4 Customer service personnel are often expected to deal ------- problems arising from incorrect use of the appliances.

(A) on
(B) with
(C) to
(D) from

ⒶⒷⒸⒹ

選択肢に all, each, many などの、数や量を表す単語が並んでいる問題が出題されることがあります。このタイプの問題では、空所後が**可算名詞（数えられる名詞）・不可算名詞（数えられない名詞）**のどちらなのか、**単数形・複数形**のどちらなのかを確認します。

可算名詞（数えられる名詞）

					the other		
単数	each	every	another		the other		
複数	all	many	most	other	the other	several	both

不可算名詞（数えられない名詞）

					the other
	all	much	most	other	the other

上記の表を参考に、空所直後の名詞が**可算名詞**か**不可算名詞**か確認してみましょう。

「情報」は形のないもの → 数えられない名詞！

..... information about the charity fund-raising event is available on the Web site.

チャリティー募金に関する.....情報をホームページで公開しています。

(A) All (B) Another (C) Every (D) Each

すべての　　不可算名詞を修飾するのは（A）のみ！

空所直後の名詞が可算名詞か不可算名詞かという観点に加えて、**単数形・複数形**という観点で確認する問題もあります。

① 可算名詞 ② 単数形

..... product is carefully inspected before being shipped.

.....商品は丁寧に検品されてから出荷します。

それぞれの

(A) Each (B) Many (C) Much (D) Most

① product「製品」は可算名詞
→ 可算名詞なら（A）か（B）。（C）（D）は不可算名詞なので ✗
② product は単数形。（B）は複数形になるので ✗
→ 可算名詞 かつ、単数形 の名詞を説明する（A）が正解！

Tips　不可算名詞（数えられない名詞）であるwater「水」は、a glass of water「（グラスに入った）1杯の水」のようにほかの語句と組み合わさって、量を表すことができます。

EXERCISE ⊙答えは別冊78ページ

✎ 選択肢の品詞と意味をヒントに、空所に当てはまる最も適切な語句を (A) (B) (C) (D) の中から選びましょう。

1 ------- member of the kitchen staff has been trained to use the new dishwasher.

(A) Every　形容詞「あらゆる」
(B) Several　形容詞「いくつかの」
(C) Other　形容詞「ほかの」
(D) None　代名詞「誰一人～ない」

Ⓐ Ⓑ Ⓒ Ⓓ

2 ------- new cars come with several advanced safety features included as standard.

(A) Neither　形容詞「どちらも～ない」
(B) Another　形容詞「別の」
(C) Most　形容詞「ほとんどの」
(D) Almost　副詞「ほとんど」

Ⓐ Ⓑ Ⓒ Ⓓ

 空所に当てはまる最も適切な語句を (A) (B) (C) (D) の中から選びましょう。

3 Employees should be careful to return ------- camera equipment to the storage cabinet after use.

(A) all
(B) every
(C) both
(D) each

Ⓐ Ⓑ Ⓒ Ⓓ

4 It will be ------- week before replacement parts for the delivery van arrive.

(A) each
(B) another
(C) other
(D) every

Ⓐ Ⓑ Ⓒ Ⓓ

関係詞問題

　選択肢に who, whom, whose などの関係代名詞が並んでいたら、**①関係代名詞の先行詞（関係代名詞が修飾する語句）が何か**、**②空所後の英文に欠けている要素は何か**の2点を確認しましょう。

　先行詞が何かによって使う関係代名詞は変わります。例えば、先行詞が人（customer「顧客」や coworker「同僚」など）であれば who, whom, whose のどれかが入ります。また、what は先行詞を必要としません。

		主格（主語）	目的格（目的語）	所有格（所有を表す語）
先行詞	人	who	whom	whose
	もの	which	which	whose
	人ともの	that	that	ナシ
先行詞をとらない		what	what	ナシ

　まずは先行詞を確認。そのあとは空所のうしろを見て、**主格・目的格・所有格**のうち、どの要素が欠けているかという観点から適切な関係代名詞を選びましょう。

① **先行詞は人を表す語**　② **動詞が続く**

Employees ..... want to participate in the workshop must submit an application form by Friday.

ワークショップに参加希望の従業員は、金曜日までに参加申込書を提出しなければなりません。

(A) whose (B) which (C) who (D) whom

① 空所の前には employees「従業員」がある
　→ 関係代名詞は人を修飾する
② 空所のあとには want to participate 〜と動詞が続いている
　→〈主語＋動詞〉の形になるはずなので、欠けているのは主格
(C) who が正解！

Tips 文に欠けている要素がない場合は、関係副詞が入る可能性が高いです。先行詞が時を表す語の場合はwhenが続き、場所を表す語の場合はwhereが続きます。

EXERCISE ⊙答えは別冊80ページ

✎ 選択肢の品詞と意味をヒントに、空所に当てはまる最も適切な語句を (A)(B)(C)(D) の中から選びましょう。

1 Staff members ------- have been with the company for more than five years enjoy an additional three days off every year.

(A) which　関係代名詞（主格）「〜する（もの）」
(B) whose　関係代名詞（所有格）「〜する（人・もの）」
(C) what　関係代名詞「〜するもの［こと］」
(D) who　関係代名詞（主格）「〜する（人）」　　　Ⓐ Ⓑ Ⓒ Ⓓ

2 The new copier, ------- cost more than $20,000, is much faster than the previous model.

(A) whom　関係代名詞（目的格）「〜する（人）」
(B) which　関係代名詞（主格）「〜する（もの）」
(C) who　関係代名詞（主格）「〜する（人）」
(D) what　関係代名詞「〜するもの［こと］」　　　Ⓐ Ⓑ Ⓒ Ⓓ

 空所に当てはまる最も適切な語句を (A)(B)(C)(D) の中から選びましょう。

3 The products of Markson Company had a significant impact on individuals ------- jobs involve writing code.

(A) whose
(B) who
(C) whom
(D) them　　　Ⓐ Ⓑ Ⓒ Ⓓ

4 Edylon Hotel distributes surveys ------- ask about customers' experiences during their visits.

(A) that
(B) what
(C) where
(D) how

語彙問題

選択肢に同じ品詞の単語が並んでいたら、**文全体の意味**が通るように適切なものを判断する問題です。空所前後のみではなく、文全体を読んで**文脈**を読み取りましょう。

Wordle Bank conducts an annual performance review for all employees to ..... their contributions.

ワードル銀行は、貢献度を .....するために、全社員に年1回の業績評価を実施します。

(A) evaluate 「～を評価する」　(B) accept 「～を受け入れる」　(C) participate 「参加する」　(D) publish 「～を出版する」

「業務評価を実施している」「貢献度」などから、"何かを測る"ような意味が入ると予想

→ (A) evaluate「～を評価する」が正解！

語彙を問う問題は、選択肢にある語句を知っているかが大切になります。以下の頻出の語彙を覚えておきましょう。

---

increase sharply　急激に増加する

come to the conclusion　結論に至る

conduct a survey　アンケートを実施する

attract visitors　訪問者を呼び寄せる

successful candidate　合格者

upcoming events　近々起こるイベント

in stock　在庫がある

選択肢を見て、意味がまったくわからない単語が2つ以上あれば、飛ばして次の問題へ移りましょう。問われているのはその語彙を知っているかどうかなので、考えても正解が出ないものに時間をかける必要はありません。

EXERCISE ⊙答えは別冊82ページ

 選択肢の品詞と意味をヒントに、空所に当てはまる最も適切な語句を (A) (B) (C) (D) の中から選びましょう。

1 The successful ------- will be notified by e-mail after a decision has been made.

(A) selection 「選ぶこと」
(B) location 「場所」
(C) acceptance 「受け入れること」
(D) candidate 「候補者」

2 A list of ------- events is available from the FGB Hall Web site.

(A) upcoming 「近々起こる」
(B) delighted 「喜んでいる」
(C) bright 「明るい」
(D) limiting 「制限する」

 空所に当てはまる最も適切な語句を (A) (B) (C) (D) の中から選びましょう。

3 Sales of air-conditioning units are expected to increase ------- at the start of summer.

(A) purely
(B) closely
(C) sharply
(D) deeply

4 After the new menu was introduced, the restaurant ------- a survey to get feedback from diners.

(A) conducted
(B) afforded
(C) resembled
(D) touched

PART 5 ▶ LESSON 10 語彙問題

⊙答えは別冊84ページ

空所に当てはまる最も適切な語句を (A) (B) (C) (D) の中から選びましょう。

1. Kayton Conference Center hosts ------- events, including conventions, concerts, and film screenings.

(A) vary
(B) variously
(C) various
(D) variousness   Ⓐ Ⓑ Ⓒ Ⓓ

2. The antique table is in excellent ------- despite having been used for almost 80 years.

(A) condition
(B) conditional
(C) conditionally
(D) conditioned   Ⓐ Ⓑ Ⓒ Ⓓ

3. At Carter Office Machines, salespeople ------- to all sales inquiries within 20 minutes.

(A) to respond
(B) respond
(C) responds
(D) were responded   Ⓐ Ⓑ Ⓒ Ⓓ

4. Ms. Lee attended a number of musicals ------- she was staying in London last year.

(A) during
(B) while
(C) from
(D) unless   Ⓐ Ⓑ Ⓒ Ⓓ

5. People needing office supplies will find ------- in the cabinet beside the reception desk.

(A) they
(B) their
(C) themselves
(D) them   Ⓐ Ⓑ Ⓒ Ⓓ

6. FDT Health Clubs have only the ------- exercise equipment from the top manufacturers.

(A) latest
(B) lately
(C) late
(D) later   Ⓐ Ⓑ Ⓒ

7. Oden Air provides daily flights between Edinburgh ------- Amsterdam at very reasonable prices.

(A) with
(B) or
(C) and
(D) from

Ⓐ Ⓑ Ⓒ Ⓓ

8. The City library is open usually from 9:00 A.M. ------- 8:00 P.M. except for holidays.

(A) after
(B) in
(C) along
(D) to

Ⓐ Ⓑ Ⓒ Ⓓ

9. Because the free version of OPT Graphic Software is excellent, ------- users upgrade to the professional version.

(A) only
(B) little
(C) few
(D) much

Ⓐ Ⓑ Ⓒ Ⓓ

10. The marketing campaign, ------- was led by Gregory Cho, has been extremely successful.

(A) what
(B) whose
(C) which
(D) who

Ⓐ Ⓑ Ⓒ Ⓓ

11. ------- you receive your membership card, you will be eligible for substantial discounts on a variety of items.

(A) From
(B) Under
(C) And
(D) Once

Ⓐ Ⓑ Ⓒ Ⓓ

12. The Annual Dalton Bay Fishing Festival ------- visitors from all over the world.

(A) complies
(B) attracts
(C) attends
(D) surrounds

Ⓐ Ⓑ Ⓒ Ⓓ

PART 6を知ろう！

【問題形式】

問題数	▶ 16 問 → 1 題に対して 4 問 × 4 セット
目標解答時間	▶ 約 10 分（1 題あたり 2 分 30 秒）
問題内容	▶ 1 つの文書（E メール、手紙、お知らせ、メモ、記事など）の中に、空所が 4 カ所含まれている。その空所に入るものとして最も適切な語句または文を、それぞれ 4 つの選択肢の中から 1 つ選ぶ問題。

Questions 135-138 refer to the following notice.

Regional Department of Transportation
Travel Advisory

Beginning this spring, there will be a renovation of the Kalen City Bridge.

135.

When possible, commuters should consider making use of alternative routes that ------- by this
                                       136.
project.

In addition, ------- should check traffic conditions online before beginning journeys.
        137.

We will try to ------- this task as soon as possible, but work most likely will continue until the end
       138.
of the year. Meanwhile, we thank you for your patience.

【解く流れ】

❶頭から文書を読む

文書の冒頭から読み始めます。お知らせや記事のタイトル、Eメールの受信者などもしっかり確認しましょう。

❷空所が出てきたら選択肢を確認する

空所まで読み進めたら選択肢を見て、まずは解けるか確認しましょう。正解がわからなければ、文書を読み進めます。空所を含む文だけでは正解が判断できない問題もあるので、その場で悩みすぎないことが大切です。

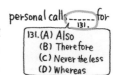

❸空所を含む文の前後を確認する

❷でどれが正解か判断できなかった場合、空所を含む英文以外にヒントがあります。前の文を読み返すか、あとに続く文を読んでから選択肢をもう一度確認すると答えがわかります。

❹マークをして、続きから文書を読む

答えがわかったらマークをし、文書の続きに戻って読みます。❷と❸のステップを繰り返し、文書の最後まで読みましょう。

 POINT　**文の流れを意識して解こう！**

問題数は少ないですが、実は Part 6 は上級者でも手こずることが多いパートです。難しさの理由は、文法的な観点だけではなく、**文の流れや前後の文脈を意識しないと解けない問題が多いから**。これを攻略するためには、普段から代名詞が指すものを確認する、接続詞などのつなぎ言葉の意味を確認しながら読むなど、読解力を養っていくことが必要です。

本番では時間をかけすぎないことも大切。Part 6 を 10 分間で解き切るために **「30 秒間考えてもわからない問題は飛ばす」** と決めて臨みましょう。

文脈問題① 前後の文を読んで解く問題

Part 6 では、選択肢に代名詞が並ぶ問題が出題されます。こうした問題は、空所が含まれている1文だけではなく、**前後の文を読んで文脈をとらえる**必要があります。以下の文章を読んで、述べられていることを掴む練習をしてみましょう。

【本文】

新しいフィットネスセンターが正式に着工しました！

We are excited to announce that construction of our new fitness center is

ここだけ読んでもわからない！

officially underway! ---1.--- will be located on Main Street and will offer state-of-

the-art exercise equipment and group fitness classes.

この文章では、新しいフィットネスセンターについて述べられているということがわかりますね。では、選択肢を見て、空所に入るにはどれがふさわしいか考えてみましょう。

【選択肢】

(A) It　　(B) They　　(C) Mine　　(D) Theirs

新しいフィットネスセンターのことを指したいので、単数形の(A) It が入るとわかる！
※ほかの選択肢は文法的には入るけど、話には出ていない

前後の文で判断する問題にはほかにも、文章の流れから最も適切な**つなぎ言葉**を選ぶ問題があります。つなぎ言葉とは、下記の選択肢のような、**前後の話の流れをつなぐ役割**を持つ語句のことです。

【選択肢】

(A) For example　　(B) In addition　　(C) For this reason　　(D) In other words
　　例えば　　　　　　加えて　　　　　　　このため　　　　　　　　つまり

・Tips　代名詞を問う問題は、「指し示す語は何か」、「単数扱いか複数扱いか」、「格は何か（主格・目的格・所有格など）」を見ましょう。詳しくは Part 5 の代名詞問題（→ 88 ページ）をおさらいしてください。

それでは、下の文章を読み、空所に入る適切なつなぎ言葉は選択肢のうちのどれになるかを考えてみましょう。空所を含む文と1つ前の文の情報が、どのような関係になっているのかを読み取ることがポイントです。

【本文】

The fitness center will feature a spacious workout area with a variety of
たくさんの機器と広いスペースがあります
treadmills and weight training equipment. ---2---, we will offer a range of fitness
さまざまなフィットネスクラスを提供します
classes such as yoga and Pilates, which will be led by certified instructors.

前文のフィットネスセンターの特徴に加えて、新たな情報を述べているので
(B) In addition が正解!

[よく出るつなぎ言葉]

TOEICに登場するつなぎ言葉で、頻出のものを押さえておきましょう。

however	しかし、けれども
therefore	それゆえに、したがって
additionally / in addition / moreover	加えて、その上、さらに
also	〜もまた
because / because of	なぜなら／〜のせいで
for example / such as	例えば
likewise / similarly	同様に
first	最初に
lastly	最後に

Tips Part 5のように、空所を含む1文だけで解ける問題も出題されます。品詞問題や前置詞問題は、1文だけで解ける可能性が高いです。

107

文書を読んで、空所に当てはまる最も適切な語句を (A) (B) (C) (D) の中から
選びましょう。

Questions 1-2 refer to the following memo.

To: All Staff
From: Jemima Cage
Date: February 8
Subject: New phones

Dear All,

In order to make it easier for staff to contact each other, the
company is issuing each staff member a mobile phone.
You will be expected to keep your company mobile phone
charged and switched on during working hours. The phone
must not be used for personal calls. ---1.---, for security
purposes, you must not install any unapproved apps.

You will be able to pick up your new phone from Ms. Davis
in the administration office tomorrow. ---2.--- has written
employee names on the box for each phone. Please
double-check to make sure that you have the correct one.

1

(A) Also

(B) Therefore

(C) Nevertheless

(D) Whereas

Ⓐ Ⓑ Ⓒ Ⓓ

2

(A) It

(B) He

(C) You

(D) She

Ⓐ Ⓑ Ⓒ Ⓓ

文脈問題② 全体を読んで解く問題

文脈問題には、前後の文だけでなく**文書全体に散らばる情報から正解の根拠を見つける**必要があるものもあります。**話の流れや話題**を把握し、空所に当てはまる語句を選びましょう。

【本文】

On July 8, Elsey Company announces that due to an increase in demand, they

will be constructing a new factory to expand their production capabilities. They
　生産能力を拡大するために新しい工場を設立する
anticipate that the factory will be operational in six months.
　新工場の稼働は6ヶ月後と予想している
This new ------- will be equipped with the latest technology
　　　　1.
　この新しい‥‥には最新の技術が導入され、
and will allow them to meet the growing needs of their customers.
　顧客の高まるニーズに応えることができるようになる。

【選択肢】

(A) bank　　(B) facility　　(C) vehicle　　(D) device

～～～～～～～～～～～～～～～～～～～～～～～～～～

工場の話をしている
↓
空所に(B) **facility**「施設」を入れると、工場を指すことになる

工場を説明する文となり意味が通る！

このように、文書のあちこちに解答のヒントがある場合もあります。空所が含まれていない文も、意味を掴みながら読みましょう。

Tips　上の例では、factory「工場」のことを言い換えたfacility「施設」が正解でしたね。このように、空所に適切な意味の語を選ぶ問題では、文書のほかの部分に登場する語の関連語や言い換え表現が正解になる場合が多いです。話題やテーマをとらえながら読みましょう。

また、文書全体を読んで**現在・未来・過去**の時制を判断する問題もあります。空所を含む文が現在・未来・過去のいつ起こることを表しているのか、**複数の根拠**から判断します。日付などをヒントに問題を解きましょう。

【本文】

To: All Employees

From: Sarah Wilson

Date: September 10 現在は9月10日

Subject: City marathon volunteers

Dear Team,

The annual city marathon event is just around the corner. Every year, several
毎年恒例の市のマラソンイベントが間近にある　　　　　毎年弊社から数人、ボラ
members of our company participate in various volunteer activities associated
ンティア活動に参加している
with this event. This year, our company will be participating in the cleanup
今年は清掃のボランティア活動に参加する。
activities.

The event is scheduled for October 5th. The cleanup activities ---2--- before and
イベントは10月5日に開催される予定　　　　参加者や観客のために、町が最高の状態に
after the marathon, ensuring that our town looks its best for the participants
なるように、マラソン大会の前後で清掃活動が.....。
and spectators.

【選択肢】

(A) taking place　(B) has taken place　(C) will take place　(D) to take place

①メールが送信された日付は9月10日 → マラソンは10月5日にある
②今年は清掃のボランティア活動をする → 空所を含む文は清掃活動について

未来のことだと判断できるので
(c) will take place「行われる」が正解！

・ TIPS　時制を問う問題では、メールや手紙の送信日も重要なヒントになります。時制を問う問題があったら、まずは送信日などに書かれている日時を確認しましょう。

✎ 文書を読んで、空所に当てはまる最も適切な語句を (A) (B) (C) (D) の中から
選びましょう。

Questions 1-2 refer to the following e-mail.

To: Randy Lee <rlee@pricemarketing.com>
From: Frida Montgomery <fmontgomery@montgomerygarages.
com>
Date: May 25
Subject: Survey results
Attachment: surveyscan

Dear Mr. Lee,

Please find the attached scans of the completed surveys. I hope
they help you with the ---1.--- for our new marketing campaign. In
total, 123 people filled out the surveys between May 17 and May
23. Please let me know if you require physical copies. I ---2.---
them to your New York office by courier on May 27. In order to
encourage participation, we offered a five percent discount on our
clients' next bill.

I look forward to meeting with you again to discuss your ideas. At
present, I have openings in my schedule between June 23 and 27;
please contact my personal assistant to schedule a meeting.

Sincerely,

Frida Montgomery
Montgomery Garages

1

(A) funding

(B) career

(C) agency

(D) research

Ⓐ Ⓑ Ⓒ Ⓓ

2

(A) will send

(B) sent

(C) was sending

(D) am sent

Ⓐ Ⓑ Ⓒ Ⓓ

Part 6 では**空所に当てはまる文を選ぶ**問題が、1 つの文書に必ず 1 題出題されます。選択肢には 4 つの文が並んでいるので、話の流れとして自然なものを選びます。その際、**this や it、these、those** などの代名詞をヒントに、前後の文のつながりを読み取りましょう。

【本文】

一次面接の結果、ディレクターとしての適性を判断するため二次面接へお呼びします。
Based on your performance in the initial interview, we would like to invite you

for a second interview to assess your suitability for the position of Director. The

interview is scheduled for September 7th at 2:00 P.M. ---1.---. We look forward to
面接は9月7日の午後2時を予定しています。　　　　　　　　お会いするのを楽しみに
meeting with you.　　日程の話をしている
しています。

【選択肢】

(A) Ms. Parker has worked as a director for three years.
September 7th を指している

(B) If [this date] is inconvenient for you, please let us know.
この日付の都合が悪い場合は、お申し出ください。
(C) Please give me a call as soon as possible.

(D) The meeting room is unavailable right now.

本文では、空所の前で面接の日程が伝えられています。選択肢の中で、同じように日付について述べている (B) が正解の候補になります。(B) を空所に当てはめると、this date「この日付」が、空所前文にある September 7th を指すことになり、文意が通ります。よって、(B) が正解です。

this や it, these, those などを含む選択肢であっても、それだけで正解になるとは限りません。誤答にこれらの語が含まれていることもあるので、代名詞が何を指すのかを確認してから正解を選びましょう。

Tips　文選択問題は難易度が高い問題です。正解を選ぶには文書全体の文脈を正確に理解する必要があり、時間がかかります。時間がない場合は飛ばし、ほかの問題を解きましょう。

【本文】

注文品の在庫切れについて知らせている

We are writing to inform you that the item you ordered is currently out of stock.

We apologize for any inconvenience caused by this delay.

As a token of our apology, we would like to offer you a

割引の話をしている

5% discount on your next purchase. ---2---.

お詫びの印として、次回のお買い物時に5％割引します。

It will remain valid for the next 60 days.

それの有効期限は60日間です。

The discount codeを指している

【選択肢】

(A) We have received new merchandise for this season.

(B) You can view the reviews on our Web site.

(C) This discount code can be applied to all items.

正解！

5% discountを指している　この割引コードは全ての商品が対象です。

(D) This process will take approximately one week.

　空所前の文では、割引の提供について述べられています。話の内容が合う選択肢は、割引コードについて述べている (C) です。すると、空所後の文の It は割引コードを指すことになり、その後の文の流れとも自然につながります。よって (C) が正解です。ほかの選択肢にも this などの代名詞がありますが、どれも本文中の内容とつながらないので不正解です。

[文挿入問題の選択肢によく出るフレーズ]

We apologize for the inconvenience.	ご不便をおかけして申し訳ございません。
I look forward to hearing from you soon.	ご返信をお待ちしております。
Click the link at the top of the page.	ページ上部のリンクをクリックしてください。

TIPS　話の流れではなく、文書の書き出しや結びの決まり文句を選ぶ問題もあります。メールであれば、文章の結びで「もし何か質問がありましたらご連絡ください」というフレーズを選ぶ問題などです。

✎ 文書を読んで、空所に当てはまる最も適切な語句を (A) (B) (C) (D) の中から選びましょう。

Questions 1-2 refer to the following article.

Landsborough (2 June)—The new Landsborough International Airport will open this Friday, 6 June. Work on the airport started almost two years ago. During that time, inclement weather caused some major issues. ---1---. "It's a minor miracle that we were able to complete the construction on time," explained project manager Jake Dore. "I really appreciate the ---2--- we received from all the builders on the project."

Landsborough Mayor Jane Quimby will be at the grand opening to cut the ribbon and welcome the first travelers. The first flight from the airport is scheduled to depart at 12:35 P.M.

1

(A) As a result, travelers have been left waiting for their flights.

(B) Despite this, the project was completed according to schedule.

(C) This was really something to be thankful for.

(D) No one expected the work to be canceled after 12 months.

2

(A) cooperate

(B) cooperated

(C) cooperation

(D) cooperative

Ⓐ Ⓑ Ⓒ Ⓓ

答えは別冊96ページ

文書を読んで、空所に当てはまる最も適切な語句を (A)(B)(C)(D) の中から選びましょう。

Questions 1-4 refer to the following e-mail.

To: Hans Milano <hmilano@allweatherroofco.com>
From: Dianne Walsh <dwalsh@thirduck.com>
Date: May 3
Subject: Regarding the replacement

Dear Mr. Milano,

I am writing about the water leak in the kitchen. We have identified the cause of the leak. It appears that the water is coming from the skylight. ---1.---. The other day, when we had Weather & Roofing Company come over for a different matter, a worker mentioned that the skylight would need to be replaced soon. ---2.---, he was not able to source one at the time.

I was searching for other companies which handle skylights and this morning I called Hardware Shop in Greenwood. ---3.--- informed me that a shipment of skylights had just arrived. I would like you to ---4.--- an installation date.

Sincerely,

Dianne Walsh

1. (A) I hope that you will be able to come earlier than we agreed.
   (B) It was installed twenty years ago, so it's quite old.
   (C) Also, the skylight you supplied seems to be faulty.
   (D) I regret that I will not be using your business again.
   Ⓐ Ⓑ Ⓒ Ⓓ

2. (A) Similarly
   (B) Accordingly
   (C) Therefore
   (D) However
   Ⓐ Ⓑ Ⓒ Ⓓ

3. (A) They
   (B) You
   (C) He
   (D) She

4. (A) scheduling
   (B) schedules
   (C) scheduled
   (D) schedule

Questions 5-8 refer to the following notice.

Thank you for your purchase from All Ways Online Shopping. Your order will be shipped within the next 12 hours. At that time, you ---5--- an e-mail from us with an estimated delivery time. In accordance with your directions, the item will be left by your front door if no one is there to accept the delivery. ---6---.

As the total for this order ---7--- $100, you have been awarded 1,000 All Ways points. You may use these to make future purchases or allow them to accumulate. If you choose the latter, please keep in mind that they ---8--- after five years.

5. (A) received
   (B) were receiving
   (C) will receive
   (D) are received

6. (A) Unfortunately, we cannot give any indication about when to expect delivery.
   (B) You can change this preference at any time using the All Ways smartphone app.
   (C) We have processed your return and refunded the money to your credit card.
   (D) As this is a second-hand item, we cannot offer you any All Ways points this time.

7. (A) exceeding
   (B) exceedingly
   (C) excessive
   (D) exceeded ⒶⒷⒸⒹ

8. (A) expire
   (B) occur
   (C) arrive
   (D) remind ⒶⒷⒸⒹ

PART 7を知ろう！

【問題形式】

問題数	▶54問 →29問：1つの文書に対して2〜4問付きの問題×10セット →10問：2つの文書に対して5問付きの問題×2セット →15問：3つの文書に対して5問付きの問題×3セット
目標解答時間	▶約55分（1問あたり1分）
問題内容	▶Eメール、メモ、手紙、広告、請求書などさまざまな種類の文書が出題される。それぞれの文書を読み、内容に関する設問に対して最も適切な答えを4つの選択肢の中から1つ選ぶ問題。

e-mail （Eメール）

From: ratner@worldcheese.co.jp
To: j.vandermeer@vonkaglkaas.nl
Subject: Visit request
Date: Friday, October 31st

Dear Sir or Madam,
We are a Japanese cheese wholesaler, selling mainly to restaurants in the Tokyo area, and are interested in extending our range of European products. We are currently inviting several Dutch dairy farmers, hoping to add their products to our already extensive list of French and Italian kinds. We are interested only in exclusive deals.

I attended a food fair in Tokyo today, and had a brief talk with your people about my idea of adding your cheeses to our inventory. Could you please call to arrange a meeting before the end of next month? It would be more interesting if our marketing representative, Andrew Nonaka, and Louis Gasset, sales manager, could attend the initial meetings and presentations.

I'm looking forward to your response.

letter （手紙）

September 10

Mr. Zak Rojas
TTY Corporation
18 Rich Street, New Haven
Victoria 3665

Dear Mr. Rojas,

We are delighted to invite you to the Autumn Toy Fair, which will be held from October 8 to 12 at Backwater Plaza. Over 300 top manufacturers from the toy industry will display their quality products, ranging from classic toys to interactive entertainment.

Registration can be done online or at the door. Please note that the fair is for traders only and is not open to the public. No one under the age of 18 will be admitted.

The Autumn Toy Fair is expected to repeat its previous success and bring invaluable business opportunities to buyers from around the country. We hope to provide a most

memo （社内連絡票・覚書）

MEMO

From: Daisy Sparks, Manager
To: All Buchow Hotel Employees
Date: Monday, June 5
Re: Renovations and Checks Agenda

The following renovations and checks will be performed on hotel assets this week. Please note that respective facilities will be closed on the day of renovations or checks. The renovations and checks are performed in order to ensure our guests will continue to enjoy a safe, comfortable stay at our hotel. However, these may cause some inconvenience, so please be extra attentive to guests' needs.

advertisement （広告）

Leave Your Water Needs to
AQUALEN Inc.!

Aqualen Inc. is the number one provider of filtered water coolers to businesses in Sydney, Brisbane and Melbourne.

How does Aqualen work?
A filtered water cooler unit which is connected directly to the city water line will be installed in your office. This means no bottled water or water delivery service is needed. Your staff will appreciate not having to waste their time moving bottles or going out to get more when they run out. It also

notice （告知・掲示）

Notice

To: All residents of 54 Brown Street Apartment
From: Jackson Waterworks Co., Ltd.
Date: April 12

The water supply to the building will be shut off due to necessary plumbing repair work scheduled on the following day and time:

Date: May 15
Time: 2 P.M. for approximately 3 hours

article （記事）

Town Weekly Column
Movie Going Magic at the New Cinestar by Brendan Hawk

The Cinestar Movie Complex opened last week to great anticipation and excitement. Cinestar does not disappoint as it has the second most theaters in the city, following Wonder Movies with nine screens. Besides that, all eight screens are equipped with a state-of-the-art surround sound system.

After the closing last spring of the venerable Plaza Theater, locals have been waiting for a worthy replacement. Then, Walter Investment, LLC. decided to bail out the theater. The company appointed Tracy

is Cinestar's beautifully designed lobby. She points out that everything –including the sofas and the counters– has a retro look to it. For example, the walls are covered with posters of Hollywood classics from the 50s.

Both the ticket counter and the concessions corner have five stations so you will never have to wait long for your tickets or refreshments. There are video game machines and movie preview screens scattered about and plenty of those retro sofas for everyone to relax on while they're

【解く流れ】

❶ 1問目の設問文を先読みする

文書を読み始める前に、最初の設問文の内容を確認します。ざっくりと意味を理解すればOK。しっかり正確に覚える必要はありません。

❷ 文書を読む

お知らせや記事のタイトル、Eメールの受信者などを含む文書の冒頭から読み始めます。先読みした設問文の内容を頭に入れながら読みましょう。

❸ 答えをマークする

設問文で問われている内容が出てきたら、選択肢を読んで答えをマークします。あとから根拠がわかる場合もあるので、不安な場合も一旦保留して次に進みましょう。

❹ 次の設問文を先読みする

マークをしたあとは次の設問文を先読みして、問われる内容を確認します。そのあとは❷から同じように繰り返して問題を解きます。

 POINT 設問文の先読みがカギ！ 🔑

リーディングは時間との勝負です。中でも読む量の多いPart 7では、**先読みをすることで正解の根拠が見つけやすくなり、より効率的に問題を解くことができます。**
先読みでは、設問文の内容をざっくりと読み、何が問われているかを確認します。設問文を暗記しなくても大丈夫。**「こんなことが聞かれるんだな～」とざっくり把握しておく**だけでも、かなり問題が解きやすくなります。人名や会社名など、固有名詞が設問文に含まれている場合は、少しだけ意識を向けておきましょう。これらの固有名詞は正解を選ぶキーワードになります。

【Part 7 の特殊な問題】

Part 7には、いくつか特殊なタイプの問題が出題されます。これらを知っておくと、先読みの時間も短縮でき、気持ちも乱れにくくなります。特によく登場する問題を頭に入れておきましょう。

NOT問題　⊙ 詳しくは140ページ

「文書に書かれていない情報を選ぶ」問題です。4つの選択肢のうちの3つは文書で述べられているので、選択肢と本文を照らし合わせながら、**述べられている情報を選択肢から消していきます。最後に残った1つの選択肢が正解です。**

例：
What products are NOT mentioned as being sold at the store?
「店で売られている商品として述べられていないものは何ですか」

NOT問題は、選択肢と本文を照らし合わせて解かなければいけないので、時間がかかります。**文書を読むのが苦手な方は、あまり時間をかけすぎずに飛ばすようにしましょう。**

意図問題　⊙ 詳しくは144ページ

発言の意図を問う問題です。設問中に本文に出てくる発言が引用されており、その発言の意図を答える問題です。

例：
At 2:45 P.M., what does Ms. Taylor most likely mean when she writes, " ～ "?
「午後2時45分に、" ～ "という発言で、テイラーさんは何を意図していると考えられますか」

意図問題は、オンラインチャットやテキストメッセージの文書で出題されます。Part 3&4の意図問題と同様、この問題は話全体の流れを読み取って答える必要があります。**問われている発言の前後だけでは答えがわからない場合もある**ので、その場合は文書をすべて読み切ってから解答するようにしましょう。

同義語問題 ➡ 詳しくは148ページ

同義語問題とは、文書内に出てくる単語と**似た意味を持つ単語を選択肢の中から選ぶ問題**です。

例：
In the e-mail, the word " ～ " in paragraph 1, line 2, is closest meaning to
「Eメールの第1段落・2行目にある " ～ " に最も意味が近いのは」

この問題で問われる単語は、複数の意味を持つ**多義語**です。例えば fine：「天気が良い」「細い」「クオリティが高い」「満足した」のような、1つの単語でさまざまな意味を持つ単語が出題されます。そのため、単語と選択肢を見比べるだけでは問題を解くことはできません。**必ず、その単語の本文中での意味を確認する必要があります。**

仮に、問われている単語を知らなかった場合も、本文の文脈から意味を推測できることもあるので、選択肢をざっとチェックするようにしましょう。

文位置選択問題 ➡ 詳しくは144ページ

文位置選択問題とは、**文書の流れを読み取り、設問文で書かれている英文を配置するのに適切な位置を4つの番号の中から選ぶ問題**です。

例：
In which of the positions marked [1], [2], [3], and [4] does the following sentence best belong?
「[1]、[2]、[3]、[4] と記載された箇所のうち、次の文が入るのに最もふさわしいのはどれですか」

文書中に、—[1]— などの数字を示す記号が書かれているので、その中のどこに入るかを、文脈や話の流れから判断します。

文位置選択問題が含まれている問題を解く際には、**各段落での話のトピックや要点を整理しながら読むと、文が入る場所が選びやすくなります。**

Part 7 は文書を読む前に設問文を先読みしましょう。設問文から、問われている内容を把握します。**会社名や人名などの固有名詞**があれば、それは問題を解く手掛かりとなるキーワードです。頭に入れておきましょう。

【設問】　キーワードを覚えておこう！
Q: What is the new feature of Miller Gym's Web site?
　新しい機能が述べられるとわかる　　　ウェブサイトについてだとわかる

(A) Tracking numbers　追跡番号
(B) Account information　アカウント情報
(C) Multiple languages　多言語
(D) Online reservations　オンライン予約

これらのどれかが書かれているよ！

先読みをしてキーワードを頭に入れたら、文書を読んでいきます。キーワードが出てきたら、その前後を重点的に確認しましょう。

【本文】　設問文にあった会社名
Miller Gym has some exciting news! We are delighted to inform you that we
　　　ウェブサイトの新しい機能について話している　　　　　ここの言い換えが(D) Online reservations
have added a new feature to our Web site. You can now make gym reservations
ウェブサイトに新しい機能が追加されます　　　ウェブページからジムの予約をオンラインでできるようになりました
online through the Web page.

→ (D) Online reservations が正解！

今回の問題は「ミラージムのウェブサイトの新しい機能は何ですか」という問題でした。Miller Gym、Web site といったキーワードを手掛かりに読んでいくと、答えが書かれている箇所を見つけやすくなります。このように、ピンポイントの情報を問う問題では、設問文からキーワードをつかみ、**文書内でキーワードの前後をじっくり読む**ことが大切です。

Tips　Part 7は文章の量が多いので、ひとつひとつの文を熟読していると時間が足りなくなってしまいます。まずは問われていることをしっかり把握。その後は答えを探すつもりで、キーワードの前後を重点的に読みましょう。

【言い換えリスト】

設問文・選択肢と本文で、他の語に言い換えがされる場合もあります。よく出る言い換えをチェックしておきましょう。

familiy「家族」	↔	relative「親族」
party「パーティ」	↔	gathering「集まり」
applicant「志願者」	↔	candidate「候補者」
painting「絵画」	↔	artwork「芸術作品」
expert「専門家」	↔	specialist「スペシャリスト」
supervisor「上司」	↔	coworker「同僚、仕事仲間」
hotel「ホテル」	↔	inn「宿泊所」
author「著者」	↔	writer「ライター」
office「オフィス」	↔	workplace「職場」
worker「労働者」	↔	employee「従業員」
problem「問題」	↔	issue「課題」
place「場所」	↔	location「場所」
job「仕事」	↔	position「職務」
car「車」	↔	vehicle「乗り物」
fee「料金」	↔	charge「請求」
cost「費用」	↔	expense「経費」
company「会社」	↔	organization「組織」
opinion「意見」	↔	view「見解」
baggage「荷物」	↔	luggage「手荷物」
variety「種類」	↔	various「さまざまな」
contract「契約」	↔	agreement「合意」
benefit「利益」	↔	advantage「有利性」
inform「知らせる」	↔	notify「通知する」
equipment「設備」	↔	device「機器」
product「製品」	↔	morchandise「商品」
plan「計画」	↔	appointment「予約」
payment「支払い」	↔	reward「報酬」
book「〜を予約する」	↔	reserve「〜を予約する」

Tips　単語を覚えるとき、類語表現もあわせて覚えましょう。その類語表現が言い換えとして登場します。

EXERCISE ⊙答えは別冊102ページ

✎ 文書を読んで、その内容を問う設問に対する答えとして最も適切なものを、(A)
(B) (C) (D) の中から選びましょう。

Questions 1-2 refer to the following e-mail.

E-mail	
To:	Phil Birks <pbirks@musiceno.com>
From:	Hilda Debussy <hdebussy@dockcafeowt.com>
Date:	October 8
Subject:	Grand opening

Dear Mr. Birks,

I was given your contact details by Vanessa Greene at the Lennon BD Hotel. She said that the live music you and your band performed at their recent event really impressed their guests. On November 12, my new restaurant Dockside Break Café at 167 Princes Street will have its grand opening. I am looking for a band to perform live from 6:00 P.M. to 10:00 P.M. The building was previously the Dalton Art Gallery, a venue at which I know you have performed in the past.

I would like to arrange a meeting with you to discuss your rates and the playlist. We can meet at my office at the café, or online if that suits you better. I am generally available in the afternoons. I look forward to hearing from you.

Sincerely,

Hilda Debussy

1   What kind of business does Ms. Debussy own?

(A) An art gallery
(B) A restaurant
(C) A hotel
(D) A theater

2   What information does Ms. Debussy request?

(A) A work schedule
(B) The contents of an exhibition
(C) Musicians' rates
(D) The agenda of a meeting

　それぞれの文書は、<u>何かを伝えたい</u>という**目的**があって書かれています。お知らせであれば「工事について知らせたい」、「とある企業を紹介したい」など、内容はさまざまです。Part 7 では、その文書の目的を問う問題が出題されます。

　What is the purpose of ～?「～の目的は何ですか」という設問文が出てきたら、まず文書の**冒頭**を見ましょう。目的は文書の冒頭に書かれることが多いからです。メールであれば、I'm writing to/about ～.「～するために／～の件で連絡しています」という表現がヒントです。

【本文】

> 会議について書いているとわかる

Dear Team, 今週の金曜日、5月1日の午後2時に予定されている会議の件で連絡しています。

I am writing to update you on our upcoming meeting scheduled for this Friday,

May 1st, at 2:00 P.M. The meeting will be held to discuss the ongoing project and

the upcoming client presentation.　会議は現在進行中の企画や、今後予定されている
顧客へのプレゼンテーションの打ち合わせを行います。

> 会議の内容が続いている

【設問】

Q: What is the purpose of the e-mail?　Eメールの目的は何ですか。
(A) To give <u>information</u> about a meeting　会議について情報を与えること

> update「～に最新情報を与える」を言い換えている!

Tips　文書がメールであれば、I want to ～.「～したいと思います」やPlease ～.「～してください」など目的がはっきりと書かれていることが多いです。

why「なぜ」を使って目的を問う設問文もありますが、解き方は同じです。**見出しや最初の数行を読めば、何を目的に書かれているかがわかることが多いです。**

【本文】

商品の発送の遅れ について書いている

ご注文いただいた商品の発送に遅延が発生したことをお知らせいたします。
We regret to inform you that there has been a delay in the shipment of your

order. Unfortunately, we have run out of stock of the item you have ordered and
残念ながら、ご注文いただいた商品の在庫が切れており、
are waiting for the new stock to arrive.
新しい在庫の入荷を待っている状態です。

商品が在庫切れなので入荷待ちであると続いている

Best regards,

Jane Chris

Eメールを書いた人

【設問】

Q: Why did Ms. Chris send the e-mail?　なぜクリスさんはEメールを送りましたか。
(A) To explain a delay in a delivery　配達の遅れを説明するため

shipment「発送」を言い換えている!

冒頭に「商品の発送に遅延が発生したことを知らせている」と書かれていますね。これを「配達の遅れについて説明するため」と言い換えた (A) が正解です。

目的を問う問題のほかに、Part 7 には**概要を問う問題**も出題されます。例えば、What is the main topic of 〜?「〜の主なトピックは何ですか」などです。こういった問題の場合も、目的を問う問題と同様、根拠は冒頭に書かれている場合が多いです。

Tips　目的を問う問題では、「〜について知らせるため」という選択肢が正解になることがよくあります。スケジュールの変更やイベントの詳細について知らせるケースが頻出です。

✎ 文書を読んで、その内容を問う設問に対する答えとして最も適切なものを、(A)
(B)(C)(D)の中から選びましょう。

Questions 1-2 refer to the following memo.

MEMO

To: All Editorial Staff
From: Brian Dolby
Date: November 17
Subject: Publishing dates

Dear Editors,

I'm writing to inform you about an important update about our policies. Senior management has asked us to speed up our editing process. We typically take around nine months to get a book into bookstores. Many other publishers have been managing to complete the proofreading and fact-checking process in under four months. As this is becoming the industry standard, writers are starting to expect it. From now on, once a manuscript has been received, it should be printed and shipped within four months.

To help you achieve this, we are encouraging the use of AI assistants such as CheckerBot and VeritAI. Polenova Publishing has purchased subscriptions to these services, and you will each receive the necessary login details later today. On Friday, an expert from Dilbert Consultancy will be leading a workshop to show you how to make the most of these new tools.

1   What is the purpose of the memo?

   (A) To explain a delay
   (B) To announce a new policy
   (C) To request volunteers
   (D) To recommend a publication

2   What will take place on Friday?

   (A) A performance evaluation
   (B) A celebration
   (C) A workshop
   (D) A product launch

選択肢と本文を照合する問題

What is indicated about 〜?「〜について何が示されていますか」という設問文があれば、選択肢の中に1つだけ**本文の内容と一致する選択肢**があるので、それを選びましょう。

この問題では、**設問文だけでなく選択肢も先読み**しましょう。まず、設問文の **about 〜のあとに続く語句**のキーワードを見つけます。

【設問】

> キーワードはこれ！

Q: What is indicated about the Painting Class?

絵画教室について何が示されていますか。

次に選択肢です。文書から正解を探し出すために、選択肢の内容をざっくりと覚えます。すべての単語をじっくり読むのではなく、キーワードを押さえましょう。

【選択肢】

(A) The application form must be submitted online.
申込書はオンラインで提出する必要がある。

(B) It is designed for adults only.
これは大人のみに向けられている。

この中で1つ
正しい情報を
本文から探すよ！

(C) Participants do not need to pay for tools.
参加者は道具代を払う必要がない。

(D) Art instructors are students from a university.
アートインストラクターは大学の学生である。

選択肢のトピックも掴むことができたら、その内容を頭に入れながら、文書を読んでいきましょう。このとき、本文の内容と選択肢の間の**言い換え**に気づくことが重要です。

TIPS 選択肢を1つ読んでは本文を確認し、また選択肢を1つ読んでは本文を読んで探して…という解き方をしていると、とても時間がかかります。選択肢を頭に入れて解く方法を身につけましょう。

【本文】

子供と一緒に楽しい アートワークショップに 参加しましょう！
Join us for an exciting Art Workshop with your kids!

Activities: 注目すべきは キーワード付近！ 基本的な絵画技法を学び、キャンバスに色とりどりの傑作を作りましょう。

1 Painting Class: Learn basic painting techniques and create colorful

masterpieces on canvas. This session will be led by professional art instructors.

このセッションは、プロの アートインストラクター によって行われます。

All materials will be provided for free.

材料はすべて無料で提供されます。

　選択肢の中で正しい情報が書かれているのは1つだけです。ほか3つの選択肢は**述べられていない、もしくは部分的に違う**ことが書いてあります。選択肢と本文を照らし合わせて、正しい情報を選びましょう。

【設問】

Q: What is indicated about the Painting Class?

(A) The application form must be submitted online.

→ 申込書については書かれていないので ✗

(B) It is designed for adults only.

→ 「子供と一緒に」とあるので ✗

(C) Participants do not need to pay for tools.   正解！

→ 「材料はすべて無料で提供される」の言い換えなので ○

(D) Art instructors are students from a university.

→ 「プロの アートインストラクター」とあるので ✗

Tips　選択肢照合型問題はindicatedのほかにも、What is mentioned/stated about 〜?「〜について何が述べられていますか」などの設問文で出題されます。

✎ 文書を読んで、その内容を問う設問に対する答えとして最も適切なものを、(A)
(B) (C) (D) の中から選びましょう。

Questions 1-2 refer to the following notice.

Porpoise Spit Community Center
0755 555 269 www.porpoisespitcomcent.com.au

Free Classes for August

Introduction to Film Photography: Learn how to take photographs using traditional film cameras. This is a great experience for children who have grown up knowing only digital photography. August 11 and 12, from 6:00 P.M. to 8:00 P.M.

Indoor Gardening: An expert from Flowerview Garden Center will be teaching a beginners' class on indoor gardening. August 17 and 21, from 10:00 A.M. to 12:00 noon.

Woodworking: Learn some basic woodworking techniques from the Porpoise Spit Community Center's own, Ralph Barva. August 23 and 24, from 3:00 P.M. to 5:00 P.M.

NOTE: You can register for any of these classes between July 19 and July 29. Visit the community center Web site for details.

1   What is indicated about the Introduction to Film Photography?

   (A) It is intended for children.
   (B) It will be held in the mornings.
   (C) Participants will edit digital photographs.
   (D) There is a minimal tuition fee.

2   What will happen on July 19?

   (A) Mr. Barva will teach a course.
   (B) The Web site will be updated.
   (C) The community center will be closed.
   (D) Registration for classes will begin.

　　What is implied about 〜？「〜について何が示唆されていますか」という設問は、文書に**はっきり根拠が書かれていない**ことが多いです。つまり、文書にある**情報から推測**をして正解を選ぶ必要があります。

　　まずは設問文を先読みし、何について問われているか、キーワードを確認します。

【設問】

aboutのうしろがキーワード！

Q: What is implied about a parking lot?
駐車場について何が示唆されていますか。

　　「駐車場」について問われているとわかったので、parking lot をキーワードに文書を読みます。何が述べられているか、情報を整理してみましょう。

【本文】

Woll Shopping Mall is now back with an expanded parking lot!
Woll ショッピングモールが駐車場を拡張して戻ってきました！

Our rooftop parking lot has undergone extensive renovations, and we are happy
屋上駐車場は大規模な改修工事を行っていましたが、このたび完成したことを

to inform you that it is now complete.
お知らせします。

駐車場についてわかっていること
① スペースが広くなった
② 改修工事をされていたが、現在は完成している

• Tips　設問文にmost likely「〜だと考えられる」、probably「おそらく」という表現があれば、はっきりとした根拠が書かれておらず、推測をして解く問題です。

では、それぞれの選択肢を読み、前のページで整理した情報から推測できる内容になっているか確認してみましょう。

【設問】

Q: What is implied about a parking lot?
駐車場について何が示唆されていますか。

(A) It was made for employees. 　　従業員用に作られた。

(B) It can be used for free. 　　無料で使用できる。

(C) It was temporary unavailable. 　　一時的に利用できなかった。

(D) It took half a year to complete. 完成するのに半年かかった。

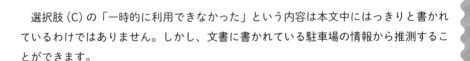

駐車場について
①スペースが広くなって戻ってきた
→前から駐車場は存在していた
②改修工事は完成した
→今は利用できるが、工事中は利用できなかった
→改修工事していたので一時的に利用できなかった
　　と推測できる（C）が正解!

改修
工事中

選択肢 (C) の「一時的に利用できなかった」という内容は本文中にはっきりと書かれているわけではありません。しかし、文書に書かれている駐車場の情報から推測することができます。

(A) の駐車場の利用者や (B) の料金に関する情報は書かれていません。(C) の「完成した」という表現はあっても、工事の期間については書かれていないので不正解です。

推測問題は、はっきり根拠が書かれていないので解答に迷う場合もあります。その場合は、ほかの選択肢を確認して、消去法で選ぶようにしましょう。

・Tips 推測と言っても、書かれていないことを想像しすぎてはいけません。あくまでも文書内の情報からわかることの範囲内で考えましょう。

✎ 文書を読んで、その内容を問う設問に対する答えとして最も適切なものを、(A)
(B) (C) (D) の中から選びましょう。

Questions 1-2 refer to the following article.

The Next Step in Electric Vehicles
June 16

While most manufacturers are focused on expanding battery capacity, Winhall's Nextepp Auto has been working on vehicles that can run with sustainable energy. The Nextepp 500 is covered in solar panels. This means that the car can generate power to charge its batteries during the daytime.

Jeff Davies, the CEO of the company, left his senior teaching position at Lucas Forest University in Stanton to focus full-time on his designs for this vehicle. He created three prototypes before coming up with the final design, which he revealed at the Townsend Motorshow in April this year. It was there that he met Tina Isaacs from Issacs Technologies. She agreed to invest $30 million in the company with the condition that they build the manufacturing plant in Miami.

1 What is implied about Nextepp Auto?

(A) It focuses on battery capacity.
(B) It is run by a former professor.
(C) It relies on solar energy for its offices.
(D) It employs students of Lucas University.

2 Where did Mr. Davies meet Ms. Issacs?

(A) In Winhall
(B) In Stanton
(C) In Townsend
(D) In Miami

NOT問題

設問文に大文字の NOT があれば、「○○として述べられていないものは何ですか」など**本文で述べられていない情報**が問われる問題です。選択肢のうち 3 つは、本文で書かれている情報が並んでいます。残りの 1 つは、本文に書かれていない情報について述べたものなので、それを選ぶ問題です。

【本文】

This store will exclusively feature a wide range of merchandise from a particular band, including t-shirts, CDs, and accessories.

この店は特定のバンドの幅広い商品を独占的に扱っており、Tシャツ、CD、アクセサリーなどを含みます。

【設問】

キーワード

What products are NOT mentioned as being sold at the store?

店で売られている商品として述べられていないものは何ですか。

(A) Clothing items　衣料品
(B) Posters　ポスター ← 述べられていないものはこれ
(C) Music albums　ミュージックアルバム
(D) Accessories　アクセサリー類

(A)(C)(D) はそれぞれ本文で述べられていますが、(B) の「ポスター」のみ、述べられていないので正解となります。NOT 問題はこのように、まず本文中に「述べられている」選択肢を見つけ、正解候補から外していきます。最後に残ったものが「述べられていない」ものなので正解です。

上記の問題は 1 文に正解の根拠が含まれていましたが、**文書全体に情報が散らばっている**パターンもあります。この場合、選択肢をひとつひとつ見比べながら探してしまうと、とても時間がかかってしまいます。設問文と選択肢を先読みして、内容を頭に入れながら本文を読みましょう。そうすることで時間を短縮することができます。

Tips NOT問題の設問文には、ほかにも「○○として正しくないものは何ですか」「○○に含まれていないものは何ですか」なども出題されます。

【設問】

What is NOT mentioned as a feature of the event?
イベントの特徴として述べられていないものは何ですか。

(A) Live concerts　　　　ライブコンサート
(B) Some beverages　　　飲み物
(C) Some memorabilia　　記念品
(D) Panel discussions　　パネルディスカッション

この中の3つを
本文から探し出す

　内容を確認できたら、本文を読んでいきます。**言い換え**に注意して、選択肢にある情報を見つけましょう。

【本文】

このイベントの特徴を見つける

San Audi Music Festival

ロック、ヒップホップ、ジャズなど、さまざまな
音楽ジャンルの有名アーティストによる
ライブパフォーマンスを楽しむことができます。

(A)の言い換え

You can enjoy live performances by famous artists from different music genres

like rock, hip-hop and jazz.

「ドリンク」＝ (B)「飲み物」

Also, there is a wide variety of delicious food and drinks available throughout

the festival.
　　また、フェスティバル期間中は、さまざまなおいしい食べ物や
　　飲み物があります。

(C)の言い換え

Don't forget to stop by the merchandise and souvenir stalls.
　　グッズやお土産の屋台に立ち寄るのもお忘れなく。

⬇

(A)(B)(C)はある

→ 述べられていない (D) Panel discussions

「パネルディスカッション」が正解！

 Tips　選択肢にある情報がなかなか見つけられなかったら、飛ばして次の問題へ移るのも1つの手です。1問に時間をかけすぎないようにしましょう。

EXERCISE →答えは別冊110ページ

✎ 文書を読んで、その内容を問う設問に対する答えとして最も適切なものを、(A)
(B) (C) (D) の中から選びましょう。

Questions 1-2 refer to the following article.

New York (February 16)—In a press release, Coleman Pharmaceuticals has announced that it is merging with Shitsu Tonnka. The CEO of Coleman Pharmaceuticals will be stepping down to allow Shitsu Tonnka chairperson Daisy Harrison to take charge. The company will be diversifying its product lineup to include health food and supplements. The Coleman Pharmaceuticals headquarters will be closed, and the staff will be relocated to Shitsu Tonnka's offices in Manhattan. On his morning radio show, Radio 6RT's business expert Robert Day claimed that the merger was necessary as Coleman Pharmaceuticals was losing market share year after year. "They need to change the way they run the business," Day explained. "The whole industry is changing and their old business model just doesn't work anymore."

1 What change at Coleman Pharmaceuticals is NOT mentioned in the article?

(A) Its advertising strategy
(B) Its leadership
(C) Its product lineup
(D) Its location

2 Who is Mr. Day?

(A) A television personality
(B) A business expert
(C) A pharmacist
(D) A business owner

Part 7 には、チャットでのメッセージのやりとりが出題されます。その中に、**発言の意図を問う**問題があります。この問題では、なぜこの発言をしたのか、という言葉の裏にある伝えたいことを読み取る必要があります。

まずは設問を先読みし、問われている発言がチャットのどこに出てきているのかを確認します。そうしたら、会話全体で何が話題になっているのか、話し手たちは何をしようとしているのかなど、**文脈**を把握しましょう。

【本文】

Rebecca Taylor (1:42 P.M.)　　書類の話

I left the necessary documents for the meeting with Mr. Larson at the office. I'm at the Greeny Building right now. Is there anyone who can deliver them for me?

ラーソンさんとの打ち合わせに必要な書類を事務所に忘れてしまいました。今、Greenyビルにいます。どなたか届けてくださる方はいますか。

この発言の意図を問われている

Nicholas Clark (1:44 P.M.)　テイラーさんとGreenyビルで会おうとしている

I'm on my way to the office. I just finished today's appointment, so I can meet you there.

オフィスに向かっているところです。ちょうど今日のアポイントメントが終わったので、そこで会えますよ。

Rebecca Taylor (1:45 P.M.)

Thank you so much!　クラークさんの返信に対してのお礼

本当にありがとう！

Tips　チャットなどで使われる英語は、口語的な表現が多いです。何かを頼まれて承諾するときであれば、Absolutely.「もちろん」やWill do.「了解」などが使われます。このような日常会話で使われるフレーズを覚えておきましょう。

やりとりの内容を把握したら、なぜ該当の発言をしたのか、話の流れを整理しましょう。意図問題を解くポイントは、問われている発言の**前後の発言（メッセージ）**に注目することです。正解の根拠は、メッセージの前後にあることが多いです。

【設問】

At 1:44 P.M., what does Mr. Clark most likely mean when he writes, "I'm on my way to the office"?

午後1時44分に、"I'm on my way to the office" という発言で、クラークさんは何を意図していると考えられますか。

(A) He will be late for the meeting. 彼はミーティングに遅刻する。

(B) He will bring the documents for Ms. Taylor.
彼はテイラーさんのために書類を持っていく。

【本文】

Rebecca Taylor (1:42 P.M.)

Is there anyone who can deliver it for me? ← 前後に注目！

Nicholas Clark (1:44 P.M.)

I'm on my way to the office. I just finished today's appointment, so I can meet you there.

Rebecca Taylor (1:45 P.M.)

Thank you so much!

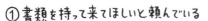

① 書類を持って来てほしいと頼んでいる

② ①に対する返答が「オフィスに向かっているところです」
　＋テイラーさんがいるビルまで行くと言っている

③ お礼を言っている

→ オフィスに書類を取りに行って、届けに行こうとしていると
　推測できる (B) が正解！

TIPS 上記の問題のように、問われている発言の直前に疑問文がある場合も多いです。話の流れを読み取りながら、何を頼まれているのか、または何を質問されているのかをヒントに解きましょう。

EXERCISE
⊙答えは別冊112ページ

文書を読んで、その内容を問う設問に対する答えとして最も適切なものを、(A)
(B) (C) (D) の中から選びましょう。

Questions 1-2 refer to the following text-message chain.

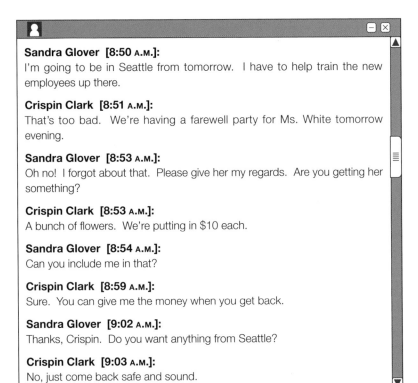

Sandra Glover [8:50 A.M.]:
I'm going to be in Seattle from tomorrow. I have to help train the new employees up there.

Crispin Clark [8:51 A.M.]:
That's too bad. We're having a farewell party for Ms. White tomorrow evening.

Sandra Glover [8:53 A.M.]:
Oh no! I forgot about that. Please give her my regards. Are you getting her something?

Crispin Clark [8:53 A.M.]:
A bunch of flowers. We're putting in $10 each.

Sandra Glover [8:54 A.M.]:
Can you include me in that?

Crispin Clark [8:59 A.M.]:
Sure. You can give me the money when you get back.

Sandra Glover [9:02 A.M.]:
Thanks, Crispin. Do you want anything from Seattle?

Crispin Clark [9:03 A.M.]:
No, just come back safe and sound.

1   What will Ms. Glover do tomorrow?

(A) Attend a concert
(B) Interview a job applicant
(C) Take a business trip
(D) Arrange a party

2   At 8:54 A.M., what does Ms. Glover mean when she writes, "Can you include me in that"?

(A) She hopes to attend a colleague's party.
(B) She expects to meet Ms. White in Seattle.
(C) She knows Mr. Clark will accompany her on a trip.
(D) She would like to help pay for some flowers.

Part 7 には、本文中の単語と**近い意味を持つ単語**を選ぶ問題があります。例えば、設問文に The word "situated" in paragraph 2, line 1, is closest in meaning to「第 2 段落・1 行目にある "situated" に最も意味が近いのは」とあったら、本文中の "situated" と同じ意味を表す単語を選択肢の中から選びます。

まず、指定されている語句がどんな意味で使われているのか、本文を確認しましょう。そのあとに選択肢の語句と見比べてみます。

【本文】

新しいレストランのグランドオープンについて

Grand Opening of a New Restaurant

Our new restaurant is now open to delight customers with exceptional dining experiences.
このたび、お客様を最高のダイニング体験で楽しませるための、新しいレストランがオープンいたしました。

場所が続いている

It is <u>situated</u> on Third Street, which is in a convenient and energetic neighborhood.
それは便利で活気のある地域である、3番街に位置します。

→ 新しいレストランがどこに"位置するか"という
文脈で使われている

レストランの場所を示すために、situated が使われているとわかりましたね。それでは、この意味と同じ使われ方をする語句を選択肢から選びましょう。

• Tips　選択肢と問われている語句だけを見比べて選ぶのはNGです。同義語問題で出題される単語の多くは多義語で、文脈によって使われている意味が変わります。本文を読み、どんな意味で使われているかを把握してから解きましょう。

【設問】

The word "situated" in paragraph 2, line 1, is closest in meaning to

第2段落・1行目にある"situated"に最も意味が近いのは

(A) concerned　心配した
(B) located　　位置した
(C) collected　集められた
(D) recognized　認識された

　選択肢の中で、位置をあらわす単語は、(B) located です。be situated「位置する」も be located「位置する」と同じ意味を持っています。つまり、選択肢の語句と本文の語句を**入れ替えても意味が通るもの**が正解になります。

【Part 7 で出題される同義語の例】

　以下の同義語は出題される頻度が高いので、覚えておきましょう。

be situated ≒ be located/lie	「〜に位置する / ある」
issue ≒ problem ≒ difficulty	「問題 / 困難」
firm ≒ company	「会社」
recall ≒ remember	「〜を思い出す」
contract ≒ agreement	「契約」
confront ≒ face	「〜に立ち向かう」
address ≒ deal with 〜	「〜に対処する」
fulfill ≒ meet	「〜を満たす」
critical ≒ important	「重要な」
cover ≒ include	「〜を含む」
fine ≒ sharp	「細い」

Tips｜どれを選ぶべきか迷ったら、選択肢の語句と本文をひとつひとつ入れ替えて、前後の文脈と意味が通るかを確認してみましょう。

✎ 文書を読んで、その内容を問う設問に対する答えとして最も適切なものを、(A)
(B) (C) (D) の中から選びましょう。

Questions 1-2 refer to the following e-mail.

E-mail

To:	Meg Charmers <mcharmers@montgomeryapartments.com>
From:	Seth Hunt <shunt@huntbuildingmaintenance.com>
Date:	March 23
Subject:	Maintenance work

Dear Ms. Charmers,

I regret that we have not been able to solve the ongoing issue with
the plumbing at Montgomery Apartments. The water pump is old,
and that model is no longer in production. We believe that it will
be faster and cheaper in the long run to purchase a new one.

The manufacturer is based in Mexico, and it could take a couple of
weeks for the parts to get here. On the other hand, our supplier has
locally-made pumps available right now, and we could install one
as early as tomorrow. An equivalent model would cost about $500
compared to the $120 price of the replacement part.

Please let me know how you would like to proceed.

Sincerely,

Seth Hunt
Hunt Building Maintenance

1 The word "issue" in paragraph 1, line 1, is closest in meaning to

(A) controversy
(B) result
(C) edition
(D) problem

2 According to the e-mail, when is the earliest Mr. Hunt's company could receive a pump?

(A) March 23
(B) March 24
(C) March 25
(D) March 26

文位置選択問題とは下記のような問題です。

In which of the positions marked [1], [2], [3], and [4] does the following sentence best belong?

"We are now actively seeking a talented individual to fill this role."

[1]、[2]、[3]、[4] と記載された箇所のうち、次の文が入るのに最もふさわしいのはどれですか。

「現在、この役割を担う優秀な人材を積極的に探しています」

設問文にある文（ここではこれを挿入文と呼びます）が本文中の**どこに当てはまるか**を選びます。このタイプの問題がある文書には、-[1]- などの数字を示す記号が本文の中に書かれています。まずは文書全体を読み、**話の流れ**を理解しましょう。

【本文】　ソフィア・モリスさんが会社を辞め、自分で会社を立ち上げる

—[1]—. After eight years at our accounting firm, Ms. Sophia Morris has decided to leave the company to start her own business.

ソフィア・モリスさんは会計事務所に8年間勤務したあと、独立起業のために退社することを決意しました。

彼女の成功を祈っている

—[2]—. We would like to congratulate her on this major achievement and wish her success in her new journey. —[3]—.

私たちは、彼女のこの大きな功績を祝福し、新しい道のりでの成功を祈りたいと思います。

モリスさんが辞めるので、リーダーのポジションが空いた

With Ms. Morris's departure, a leadership position has opened up within our team. —[4]—. If you are interested in the position, we encourage you to submit an application.

モリスさんの退社に伴い、私たちのチーム内でリーダーシップのポジションに空きが出ました。もし、あなたがこのポジションに興味をお持ちでしたら、ぜひ申込書を提出してください。

• Tips　this以外にも、theseやit、she/heなどの代名詞が正解を導くヒントになります。

大まかな話の流れが把握できましたね。次に設問を見てみましょう。文書のどの位置に挿入文を入れれば、**自然な流れ**になるかを判断します。この場合、挿入文の中に含まれる、this「この」という**代名詞**がヒントになります。

【設問】

In which of the positions marked [1], [2], [3], and [4] does the following sentence best belong?

[1]、[2]、[3]、[4] と記載された箇所のうち、

次の文が入るのに最もふさわしいのはどれですか。

何を指している？

"We are now actively seeking a talented individual to fill this role."

「現在、この役割を担う優秀な人材を積極的に探しています」

(A) [1]　(B) [2]　(C) [3]　(D) [4]

【本文】

リーダーのポジションの話をしている

With Ms. Morris's departure, a leadership position has opened up within our team. —[4]—. If you are interested in the position, we encourage you to submit an application.

このポジションに興味がある人は申し込んでほしい

〜〜〜〜〜〜〜〜〜〜〜〜〜〜〜〜〜〜〜〜〜〜〜〜

role「役割」= position「ポジション」を指している
「人材を探している」=「申し込んでほしい」ということ
→ 話の流れがつながるので、(D) [4] が正解！

挿入文を [4] に入れると、文中にある this role「この役割」が、前の文の a leadership position を指すことになります。また、挿入文の「人材を積極的に探している」という内容が、[4] のあとに続く we encourage you to submit your application「このポジションに興味がある人は申込書を提出してください」とつながります。このように、挿入箇所前後の文脈や指し示す語句をヒントに正解を選びましょう。

・Tips　挿入文に代名詞がない場合は、ヒントが少なく文全体の流れから判断する必要があるので時間がかかります。わからなければ飛ばし、次の問題に取りかかりましょう。

✎ 文書を読んで、その内容を問う設問に対する答えとして最も適切なものを、(A)
(B) (C) (D) の中から選びましょう。

Questions 1-2 refer to the following article.

Home Hill (June 6)—The Home Hill City Council has just given approval for a new shopping mall to be built on the eastern shore of Lake McFly. —[1]—. The mall will contain a cinema, a gym, two department stores, and a large food court. —[2]—. There is also room for more than 100 specialty stores. Residents are excited about the convenience the mall will bring and the job opportunities it will provide.

—[3]—. In a speech announcing the decision, Mayor Ingrid Simpson said that she was excited about the business opportunities for local people. —[4]—. Local businesses that are owned and operated within the community will be favored over national fast-food chains. Work on the project will start in August.

---

1 According to the article, what are residents anticipating?

(A) Greater convenience
(B) Road improvements
(C) Better restaurants
(D) Population growth

2 In which of the positions marked [1], [2], [3], and [4] does the following sentence best belong?

"Most of these will be in the food court."

(A) [1]
(B) [2]
(C) [3]
(D) [4]

複数の文書を参照する問題

Part 7 には、2つや3つの文書を参照して解く問題があります。そのうちよく出てくるのが、図表を使った文書です。

図表に関する問題を解くときには、設問文や選択肢にある語句をキーワードに、図表の中の情報を読み取ります。複数の文書を参照する問題ではさらに、**他の文書の情報とも照らし合わせて**、正解を選ぶ必要があります。

まずは図表と設問文・選択肢を先読みし、どんな情報が載っているかを確認します。

【図表を含む文書】

Price List for Cleaning Supplies　清掃用品の価格表

Item No. 商品番号	Item Description 商品名	Price per Unit 単価
CLN01	All-Purpose Cleaner 多目的クリーナー	$ 5.99
SLN02	Alcohol Spray　アルコールスプレー	$ 3.49
PNW06	Dish Soap　食器用洗剤	$ 2.99
BJT07	Microfiber Cleaning Cloth マイクロファイバー掃除用ふきん	$ 8.99
ALP10	Mop and Bucket Set モップと バケツセット	$ 24.99

選択肢に書かれている部分

Q: Which product is eligible for the discount?　どの商品が割引対象ですか。

(A) CLN01

この情報がない！

(B) PNW06

(C) BJT07

(D) ALP10

しかし、図表には、設問文で聞かれている「割引の対象となる商品」についての情報がありませんね。その場合、ほかの文書に書かれている情報でヒントになるものがないかを探します。

・Tips　図表を含む1つの文書のみで解けるパターンもあります。例えば、上記にある表で「BJT07という商品の値段はいくらですか」という質問であれば、「$8.99」が答えになります。

【もう1つの文書】

客に宛てている

掃除用具を売っている会社からの文書

Dear Customers,

お掃除の作業を簡単にするために設計された、当社の最新のさまざまな掃除用具を紹介いたします。

We are excited to introduce our latest range of cleaning tools designed to make your cleaning tasks easy. Our products are of the highest quality, durable, and long-lasting.

We are currently offering discounts on our range of cleaning cloths and sponges.

現在、掃除用ふきんとスポンジの割引キャンペーンを実施中です。

割引商品はこの2つ！

「掃除用ふきんとスポンジに割引が適用されている」ということがこの文書からわかりました。この情報をもとに図表を見てみると、cleaning cloths は商品名欄での Microfiber Cleaning Cloth にあたります。これに対応する項目は、商品番号の BJT07 なので、(C) が正解です。

【図表を含む文書】

Price List for Cleaning Supplies　清掃用品の価格表

Item No. 商品番号	Item Description 商品名	Price per Unit 単価
CLN01	All-Purpose Cleaner 多目的クリーナー	$ 5.99
SLN02	Alcohol Spray アルコールスプレー	$ 3.49
PNW06	Dish Soap 食器用洗剤	$ 2.99
BJT07	Microfiber Cleaning Cloth マイクロファイバー掃除用ふきん	$ 8.99
ALP10	Mop and Bucket Set モップとバケツセット	$ 24.99

cleaning clothに対応する項目 ／ cleaning clothはこれ

Q: Which product is eligible for the discount? どの商品が割引対象ですか。

(A) CLN01　　(B) PNW06　　(C) BJT07　　(D) ALP10

 正解！

Tips　図表を確認するときは、設問から見つけたキーワードを手掛かりに、必要な情報をすばやく見つける感覚で読みましょう。その時に、表の見出しをさっと確認すると、どこにどんな情報が書かれているかを見つけやすくなります。

EXERCISE　⊙答えは別冊118ページ

✎ 文書を読んで、その内容を問う設問に対する答えとして最も適切なものを、(A)
(B) (C) (D) の中から選びましょう。

Questions 1-2 refer to the following e-mail and receipt.

E-mail

To:	Customer Service, Nileways Online Shopping
From:	Anders Tannen
Date:	July 17
Subject:	My order

To whom it may concern,

I recently ordered some building equipment from Nileways Online Shopping. I was pleasantly surprised when my order arrived early the following day. Unfortunately, there were a couple of problems with the order. The gloves that I ordered were not included in the shipment. When I looked at the receipt included in the box, I noticed that they were not mentioned on it. Will they be arriving in a separate package?

The second issue is the carpenter's hammer. I ordered a large one and a small one. The handle of the large one broke as soon as I tried to use it. I would like to return it for a refund.

Please let me know how I should begin the returns procedure.

Sincerely,

Anders Tannen

INVOICE — Nileways Online Shopping

Thank you for shopping with Nileways.

The following items are included with this shipment. You can keep this receipt for your records.

Receipt: #748323
Receipt Date: July 16

Customer: Anders Tannen
17 Holmvic Way, East Columbine, Kentucky 46934

Product Code	Description	Quantity	Price per unit
UY8734	JKJ Wire cutters	1	$23.00
YT3731	ORLEY Carpenter's Hammer (small)	1	$38.00
KF2932	ORLEY Carpenter's Hammer (large)	1	$42.00
MN0934	Kline Wood Treatment 2L	2	$18.00
		Tax:	$13.90
		Shipping and Handling:	$0
		Total:	$152.90

1　According to the e-mail, what impressed Mr. Tannen about his order?

(A) The delivery speed
(B) The discount offer
(C) The shipping costs
(D) The product quality

2　Which item does Mr. Tannen intend to return?

(A) UY8734
(B) YT3731
(C) KF2932
(D) MN0934

場所・人名・時／数・条件の観点で解く問題

　複数の文書を参照して解く問題には、図表を参照する問題以外に、**場所・人名・時／数・条件**などに注目する問題があります。まずは設問文と選択肢を先読みして何が問われるか確認したあと、2つの文書を読んでみてください。

【設問】

① 店の名前に注目

Q: What is true about Horson Pizza?　ホーソンピザについて正しいことは何ですか。

(A) It is next to the theater on Fifth Avenue.　5番通りにある劇場の隣にある

(B) It is located on the same street as Tri Hair Salon.　トライヘアサロンと同じ通りに位置している

(C) It sells products around the world.　世界中で商品を売っている

(D) It employs more than fifty workers.　50人以上の従業員を雇っている

　設問文を読むと、Horson Pizza「ホーソンピザ」がキーワードだとわかります。選択肢は、お店の場所や規模に関する内容です。これらを頭に入れて、本文を読み進めます。

【1つ目の文書】

② ホーソンピザが Adam 通りに移転したとわかる

Horson Pizza, a family-owned restaurant has relocated to Adam Street. This move will allow Horson Pizza to provide its customers with a more accessible location in the center of the city.

【2つ目の文書】

③ 店の名前に注目

⑤ 1つ目の文書にある通りの名前
→ 場所が同じだとわかる

Tri Hair Salon

④ Adam 通りって出てきたな…

123 Adam Street, Newtown, NY 10001

注目すべきは**場所**です。Horson Pizza と Tri Hair Salon が、どちらも Adam Street という通りにあることがわかります。これを「Tri Hair salon と同じ通りに位置している」と言い換えた (B) が正解です。

【**組み合わせて推測するパターンの例**】

今回は、場所に注目する問題でしたが、場所以外にも、**人名・時／数・条件**などのポイントがあります。下記は、複数の文書内の情報を組み合わせて推測できる情報の頻出パターンです。

人名	【文書A】E メールの署名欄：マット・デイビス営業部長 グリーン社 【文書B】E メール：先日、グリーン社の営業部長とお会いしました →マットさんと会った？
時（月・日付・曜日）	【文書A】E メール：来月に海外へ出張に行きます 【文書B】領収書：4月　飛行機代 ○○ドル →4月に海外出張に行った？
数（物の個数・日数など）	【文書A】E メール：映画の撮影は 10 月 2 日〜 4 日にわたって行われる予定です。 【文書B】記事：映画の撮影は 10 月 5 日に終わった →映画の撮影期間は延長した？
条件	【文書A】広告：レビューを書いたら、クーポンをあげます 【文書B】レビュー：この店のサービスはとてもよかった！ →レビューの書き手はクーポンを受け取った？

> **Tips**　1つ目の文書で述べられている時間や場所が、2つ目の文書で変更されているパターンもあります。場所・人名・時／数・条件などが文書中に登場したら、そのあとの流れでそれらの情報が変更されていないか注意深く読みましょう。

EXERCISE 答えは別冊122ページ

文書を読んで、その内容を問う設問に対する答えとして最も適切なものを、(A)
(B) (C) (D) の中から選びましょう。

Questions 1-2 refer to the following article and e-mail.

FTN's New Reality Show is a Huge Hit

FTN's *Kitchen with Robins* is getting great reviews in the press. It follows a group of amateur cooks competing to win a position on the staff at Bridges, a multi-award-winning Los Angeles restaurant. All of the contestants come from small Californian restaurants. Each week they are set a cooking task, and their dishes are evaluated by two celebrity chefs. *Kitchen with Robins* is broadcast on Thursday evenings from 7:30. Its popularity has affected sales of certain items at supermarkets across the nation. After last week's show, in which contestants competed to cook the best fried chicken, whole frozen chickens sold out at many supermarkets.

Next week's show is the final in the current series. Contestants will be trying to make the best original dessert. About ten percent of households are expected to tune in. The show is filmed at Wilcox Convention Center in downtown Los Angeles.

E-mail

To:	Racheal Sawyer
From:	Evander Tesch
Date:	August 12
Subject:	Congratulations

Dear Ms. Sawyer,

Congratulations on winning *Kitchen with Robins*. We are excited to start working with you next week. Please note that although we respect the talent and effort it took to win, we will require you to

162

take part in an extensive training program before you are hired as a full-time chef.

We anticipate that this will take about two weeks to complete. As our main kitchen at Bridges is too busy to host training sessions, you will be trained using the facilities at Durant Cooking School at 16 Rudd Drive, East Durant. Please report there at 9:00 on Monday morning. The training officer will provide you with your uniform and a set of cooking utensils, so there is no need to bring anything from home.

Best regards,

Evander Tesch
Head Chef — Bridges

1 Where is the television program filmed?

(A) At a television studio
(B) At a conference center
(C) At a cooking school
(D) At a restaurant

2 What is implied about Ms. Sawyer?

(A) She graduated from Durant Cooking School.
(B) She works at a television station.
(C) She is a resident of California.
(D) She received some prize money.

BlueBay Horizon
The best seafood on the bay!

Our award-winning chefs choose only the best ingredients to ensure that you experience the most delicious meal Vibrant Bay has to offer. There is a 20 percent discount for groups of 15 or more. We are open for lunch and dinner 7 days a week. Check out our delicious menu and amazing facilities on the Web site at www.captainstablevb.com. Call 555-3982 to make a reservation.

Satisfaction Survey

BlueBay Horizon
23 Port Street
Vibrant Bay

The bay's most delicious seafood experience!

Thank you for choosing to dine at BlueBay Horizon. We hope you enjoyed your meal and will come and see us again soon.

Please take a moment to let us know how we did. While BlueBay Horizon takes great pride in its menu and customer service, we are always looking for ways to improve.

Was this your first time dining at BlueBay Horizon?: Yes _x_ No ___
Will you visit BlueBay Horizon again?: Of course.
Date: October 10 **Name:** Francine Dyer

	Unsatisfactory	Satisfactory	Excellent
The helpfulness of the wait staff			×
The location			×
The dining room		×	
The menu			×

Additional comments: I was so grateful when you accepted such a big group without a reservation. There were almost 20 of us, so we expected the meal to take a long time. That was not the case at all! When the server learned that it was my birthday, she even put candles on my dessert.

MEMO

To: All Staff
From: Polly Cho
Date: October 12
Subject: Renovations

Dear All,

The surveys have shown that although our patrons are overwhelmingly satisfied with their dining experience at BlueBay Horizon, our dining room was identified as a weakness. Management has decided that it is time for a renovation. Unfortunately, we will have to close the dining room for a week so that builders can come in and do the renovation work. The work is scheduled to begin on October 24. Wait staff can start working on October 29.

Polly Cho
Manager — BlueBay Horizon

3 What is implied about Ms. Dyer?

(A) She regularly dines at BlueBay Horizon.
(B) She received a discount on her meal.
(C) She called the reservation number.
(D) She used to work at the restaurant.

Ⓐ Ⓑ Ⓒ Ⓓ

4 When will the renovation work start?

(A) On October 12
(B) On October 24
(C) On October 29
(D) On October 31

Ⓐ Ⓑ Ⓒ Ⓓ

→ 答えは別冊130ページ

文書を読んで、その内容を問う設問に対する答えとして最も適切なものを、(A)
(B) (C) (D) の中から選びましょう。

Questions 1-3 refer to the following advertisement.

PRIVATE SALE

A highly sought-after luxury sportscar is available for purchase from
a private seller. The automobile is part of a private collection, which
is housed in a warehouse located in South London. The vehicle,
a Dalton T45, is in excellent condition and ready to drive away.
Inspection is by appointment only. We request that only serious
buyers respond.

The vehicle has been valued at $98,000 by an independent expert. If
the price is close to that number, we can discuss the offers.

Interested people can call Roger at 555-8342 between 9:00 A.M. and
7:00 P.M., Monday through Friday.

---

1. What is being advertised?

(A) A bus
(B) A motorcycle
(C) A truck
(D) A car   Ⓐ Ⓑ Ⓒ Ⓓ

2. Where is the vehicle?

(A) At an office building
(B) In a parking lot
(C) At a private home
(D) In a storage facility   Ⓐ Ⓑ Ⓒ Ⓓ

3. What is indicated about the price?

(A) It has been reduced once.
(B) Some negotiation is allowed.
(C) It will be decided at an auction.
(D) Shipping costs are included.   Ⓐ Ⓑ Ⓒ Ⓓ

Donna Seagal
Blacktail Furniture
45 Carleson Valley Road
Shannon CH8 2JY

Dear Ms. Seagal:

I enjoyed meeting you at the Shannon Arts and Culture Festival event last year. We are glad it turned out to be a big success, even though it was our first attempt at organizing such an event. —[1]—.

I am writing because we hope that you will once again make a donation for the event. This year, the Shannon Parks and Recreation Department is again in charge of organizing the festival. Last year, the generous donation we received from Blacktail Furniture made it possible for us to display the work of many young artists at Hill Gallery. —[2]—. The exhibition got a lot of attention and launched the careers of several of the artists.

In June, Shannon City purchased the Vandelay Building on Leichardt Street for use as the Shannon City Community Art Center. For many years, the building housed the offices of prominent legal and financial firms. —[3]—. Its age and location have made it less attractive to such businesses, but it is perfect for our needs. We have created an exhibition space on the first floor and built studios on the upper levels for artists to learn skills from professional painters and sculptors. This year we will use the space on the first floor to hold an exhibition and an art contest for local art students. I would sincerely appreciate it if you could provide the prize money for the winner. —[4]—. To show our appreciation, we would be happy to name the contest in your honor.

I would love to meet with you to discuss the idea. Perhaps we could get together at the Shannon City Community Art Center, and I could show you around.

Sincerely,

Lex Kasparian

4. What is suggested about the festival?

(A) It attracts visitors from other states.
(B) It is featured in local news programs.
(C) It was held for the first time last year.
(D) It is funded entirely through donations.

6. What is NOT implied about the Vandelay Building?

(A) It is the headquarters for the organizing committee.
(B) It is the venue for some art classes.
(C) It was previously an office building.
(D) It was purchased by the city.

5. What is the purpose of the e-mail?

(A) To ask for a contribution
(B) To choose the artists for the event
(C) To advertise the new merchandise
(D) To inform of a schedule change

7. In which of the positions marked [1], [2], [3], and [4] does the following sentence best belong?

"We think that $5,000 would be adequate for this prize."

(A) [1]
(B) [2]
(C) [3]
(D) [4]

Barrington's Stationery

289 Old Mill Road, East Sunbury, Wisconsin 53247

Tel: (608) 555-3432 Fax: (608) 555-3433

Dear Ms. Kim,

We have enclosed a copy of our summer brochure with our monthly preferred customer newsletter. In addition to our already low prices, we are offering preferred customers a discount of 15 percent on all orders placed through our Web site, www.barringtonsstationery.com. To take advantage, input the coupon code BA358 at the checkout when ordering goods totaling $200 or more. Please note that this offer does not apply to items already on sale. Please take advantage of this offer before May 1, when it expires.

We have recently expanded our range, based on customer feedback. Please see the following additions to our product line:

• **Windowed envelopes from Horizon (WE3058):**
Ideal for high-volume mailing.
One case (5,000 envelopes) .... $35.00.
• **Colored heavyweight paper from Unity (HP1059):**
A set of six different colors.
One pack (200 sheets) .... $9.00.
• **White printable adhesive labels from Vertico (YT5312):**
One box contains 2 sheets .... $30.00.
• **Black ballpoint pens from Zenith (KU6853):**
One box contains 20 pens .... $10.00.

Thank you for choosing to shop at Barrington's Stationery. We look forward to serving you again soon.

Sincerely,

Dan Axelrod
Head of Sales — Barrington's Stationery

To:	Customer Service
From:	Jemima Kim
Date:	April 27
Subject:	My order (Preferred Customer #487822)

Yesterday, I placed an order using Barrington's Web site. However, I have not received an order confirmation.

The order was as follows.

Reference Number	Item	Quantity	Unit Price	Subtotal
YT5312	White printable adhesive labels	4	$12.00	$48.00
GC8738	Copier paper A4 500 sheets	3	$21.00	$63.00
NM8322	HANS Long-arm stapler	1	$23.00	$23.00
LP3893	FDT Printer ink cartridge (Black)	3	$19.00	$57.00
			TOTAL	$191.00

In order to take advantage of the 15 percent discount offer, I used the coupon code provided in the letter when making the order.

Please let me know whether or not the order has been processed and shipped. It is important that these items are delivered by Tuesday, April 29 as we will be preparing for a training seminar the following day.

Sincerely,

Jemima Kim

8. What is mentioned about the brochure?

(A) It is printed in color.
(B) It is only provided to first-time customers.
(C) It is updated every month.
(D) It was sent with the newsletter.

9. What is implied about the windowed envelopes mentioned in the newsletter?

(A) They are only listed in the online catalog.
(B) They were manufactured by Barrington Stationery.
(C) They have been stocked at the request of customers.
(D) They will only be available during April.

10. Why might Ms. Kim's discount be denied?

(A) She did not provide the coupon code.
(B) She did not reach the required payment amount.
(C) She made her order after the deadline.
(D) She has shopped at Barrington Stationery before.

11. What does Ms. Kim request?

(A) An order confirmation
(B) A membership upgrade
(C) Some printing advice
(D) Some packaging instructions

12. According to the e-mail, when will a training seminar be held at Ms. Kim's company?

(A) On April 27
(B) On April 28
(C) On April 29
(D) On April 30

Questions 13-17 refer to the following Web site and e-mails.

http://www.foxcampingequipmentconvention.com

| HOME | Photographs | Map | Floor Plan |

Fox Camping Equipment Convention

The Fox Camping Equipment Convention has been held once a year for the last 10 years. This year it will be held from December 12 to December 15 at the Valentine Convention Center in Downtown Cincinnati, the same location as last year. Many major United States manufacturers and retailers including Portlandia Fashion, Logan Gear, and FCX Tents, have already reserved booths.

There are still a small number of vendor spaces available. Contact event organizers by sending an e-mail to info@fceconvention.com to discuss rates and booth sizes.

E-mail

To:	Sam Hartford <shartford@eastridge.com>
From:	Cathy Ruthers <cruthers@portlandiafashion.com>
Date:	November 23
Subject:	Re: Possible Collaboration

Dear Mr. Hartford,

Thank you for contacting me to discuss a possible collaboration between our two businesses. We have never allowed another company to rebrand our goods in the past. Of course, Portlandia Fashion has a huge customer base, and we understand the sales potential. I would be interested in having a face-to-face meeting to get a better idea of what you have in mind. I will be visiting the Portlandia Fashion booth on the final day of the Fox Camping Equipment Convention. I noticed on your Web site that East Ridge also has a booth. Perhaps we could get together at the convention center restaurant to chat.

Sincerely,

Cathy Ruthers
Head of Planning — Portlandia Fashion

To:	Cathy Ruthers <cruthers@portlandiafashion.com>
From:	Sam Hartford <shartford@@eastridge.com>
Date:	November 24
Subject:	Re: Possible Collaboration

Dear Ms. Ruthers,

Thank you for replying so quickly. I have attended the Fox Camping Equipment Convention for the last three years, and the final day is always very slow. I cannot leave the booth unstaffed, so I will pack it up early to give us some time in the afternoon. Please let me know what time you would like to get together.

Sincerely,

Sam Hartford
East Ridge

13. What is indicated about the Fox Camping Equipment Convention?

(A) It is an annual event.
(B) It has had a change of name.
(C) It advertises on the radio.
(D) It visits different towns.

14. How are businesses directed to contact organizers?

(A) By filling out an online form
(B) By calling a telephone number
(C) By sending an e-mail
(D) By visiting the convention center

15. In the first e-mail, the word "idea" in paragraph 1, line 5 is closest in meaning to

(A) example
(B) plan
(C) theory
(D) understanding

16. When does Ms. Ruthers suggest she and Mr. Hartford meet?

(A) On December 12
(B) On December 13
(C) On December 14
(D) On December 15

17. What is implied about Mr. Hartford?

(A) He has hosted an event before.
(B) He will be absent from the event this time.
(C) He has not reserved the booth yet.
(D) He spent some time in Cincinnati last year.

TOEIC® L&R テスト全パートをひとつひとつわかりやすく。

著者
メディアビーコン

イラストレーション
坂木浩子

ブックデザイン
山口秀昭 (Studio Flavor)

英文校閲
Billie S

編集
メディアビーコン

データ作成
株式会社四国写研

録音
（財）英語教育協議会 (ELEC)

ナレーション
Andrée Dufleit, Emma Howard, Howard Colefield, Stuart O

【Part 1 写真クレジット一覧】
Lesson 1
1. Marius V/peopleimages.com/stock.adobe.com
2. BGStock72/stock.adobe.com
Lesson 2
1. JackF/stock.adobe.com
2. wavebreak3/stock.adobe.com
Lesson 3
1. annaia/stock.adobe.com
2. efired/stock.adobe.com
Lesson 4
1. JackF/stock.adobe.com
2. Syda Productions/stock.adobe.com
実戦テスト
1. Valerii Honcharuk/stock.adobe.com
2. EWY Media/stock.adobe.com
3. Monkey Business/stock.adobe.com
4. Myra/stock.adobe.com

TOEIC® L&Rテスト
全パートを
ひとつひとつわかりやすく。

【解答&解説】

Gakken

CONTENTS

この別冊には、本冊の各 LESSON の EXERCISE と章末の実戦テストの問題を再掲した上で、解答と詳しい解説を掲載しています。問題を見直したあと、解答だけでなく解説も読んで、解答の根拠をしっかり確認してください。

PART 1 / LESSON 01 人物が1人だけ写っている写真

01~02

⊝ 問題は本冊P.19

1 🇺🇸

答え (C)

(A) She's (taking) off her backpack.
(B) She's (cleaning) the shelf.
(C) She's (reaching) for a book.
(D) She's (carrying) a phone.

(A) 彼女はリュックサックを下ろしている。
(B) 彼女は棚を掃除している。
(C) 彼女は本に手を伸ばしている。
(D) 彼女は携帯電話を運んでいる。

解説 まずは写真を確認します。1人の人物が写っているので、何をしているのかに注目してみましょう。女性が本を掴んでいる動作を表した (C) が正解です。reaching for ～「～に手を伸ばしている」という表現を聞き取ることがポイントです。

•重要語句

☐ **take off ～** ～を下ろす　☐ **backpack** リュックサック　☐ **shelf** 棚
☐ **reach for ～** （～を取ろうと）手を伸ばす　☐ **carry** ～を運ぶ

---

2 🇨🇦

答え (B)

(A) The woman is searching through her bag.
(B) The woman is holding some items.
(C) The woman is handing cash to the cashier.
(D) The woman is standing in line.

(A) 女性はかばんの中を捜している。
(B) 女性は商品を手に持っている。
(C) 女性は現金をレジ係に手渡している。
(D) 女性は列に並んでいる。

解説 写真に写っているのは1人の人物なので、動作に注意しながら聞き取ります。女性は野菜を手に取って見ていますね。これを The woman is holding some items.「女性は商品を手に持っている」と表した (B) が正解です。女性が手に持っている野菜を、some items「商品」と言い換えています。

•重要語句

☐ **through** ～の中を　☐ **item** 商品　☐ **hand** ～を手渡す　☐ **cash** 現金
☐ **cashier** （お店の）レジ係　☐ **stand in line** 列に並ぶ

1

答え (D)

(A) One of the women is (leaning against) a wall.
(B) One of the women is (opening) her bag.
(C) Some people are (going down) the stairs.
(D) Some people are (facing) the same direction.

(A) 女性の1人は壁に寄りかかっている。
(B) 女性の1人はかばんを開けている。
(C) 何人かの人々が階段を下りている。
(D) 何人かの人々が同じ方向を向いている。

解説 写真には複数の人物が写っているので、人物の共通点や相違点に注意しながら聞きましょう。写真に大きく写っている3人が同じ方向を向いている様子を、facing the same direction「同じ方向を向いている」と表した (D) が正解です。

重要語句

☐ **lean against ~** ～に寄りかかる ☐ **stairs** 階段 ☐ **face** ～を向く ☐ **direction** 方向

2

答え (D)

(A) One of the men is working on a laptop.
(B) One of the men is writing down a note.
(C) The woman is drinking a glass of water.
(D) The woman is pointing at some paper on the stand.

(A) 男性の1人はノートパソコンで作業している。
(B) 男性の1人はメモを書き留めている。
(C) 女性は一杯の水を飲んでいる。
(D) 女性はスタンドの上の紙を指さしている。

解説 写真に写っている人たちの共通点もしくは相違点に注目します。今回の選択肢はすべて1人の人物に対するもの、つまり相違点を説明したものですね。そのうち、女性の動作を point at ~「～を指さす」を使って表した (D) が正解です。

重要語句

☐ **work** 作業をする ☐ **laptop** ノートパソコン ☐ **write down ~** ～を書き留める
☐ **a glass of ~** グラス一杯の～ ☐ **point at ~** ～を指さす ☐ **stand** スタンド、台

05~06

→ 問題は本冊P.23

1

答え (B)

(A) A drawer has been left (open).
(B) A vase is (next) to a bowl of fruit.
(C) Some lamps (are being) installed.
(D) Curtains are (covering) a window.

(A) 引き出しが開けたままにされている。
(B) 花瓶がフルーツのボウルの隣にある。
(C) ランプが設置されているところである。
(D) カーテンが窓を覆っている。

解説 人が写っていない風景の写真なので、ものの状態や位置関係に注目しましょう。机の上に、花瓶とフルーツのボウルが横並びに置かれていますね。これを next to ~「~の隣」を使って表している (B) が正解です。(C) は、設置している人物が写っていないので不正解です。

重要語句

☐ **drawer** 引き出し ☐ **leave A B** A を B のままにしておく ☐ **vase** 花瓶
☐ **next to ~** ~の隣 ☐ **install** ~を設置する ☐ **cover** ~を覆う

2

答え (A)

(A) Some vehicles have been parked along the road.
(B) Some windows are being repaired.
(C) Some bricks are piled in front of the door.
(D) Some street signs are being removed.

(A) 車が道路に沿って駐車されている。
(B) 窓が修理されているところである。
(C) レンガがドアの前に積み上げられている。
(D) 道路標識が除去されているところである。

解説 ものの状態や位置関係に注目すると、車が道路沿いに一列に並んでいるのがわかります。これを along「~に沿って」という位置関係を表す語を使って描写している (A) が正解です。(B) や (D) は、今まさに進行中のことを表す be being ~ed の形なので、動作をしている人物が写っている必要があります。

重要語句

☐ **vehicle** 車 ☐ **park** ~を駐車する ☐ **repair** ~を修理する ☐ **pile** ~を積み上げる
☐ **in front of ~** ~の前に ☐ **sign** 標識、看板 ☐ **remove** ~を除去する

⊙ 問題は本冊P.25

1

答え (B)

(A) They are (watering) some flowers.
(B) They are carrying some (cases).
(C) A truck is (parked) inside the garage.
(D) Some flowers are being (planted).

(A) 彼らは花に水をやっている。
(B) 彼らは箱を運んでいる。
(C) トラックが車庫の中に停められている。
(D) 花が植えられているところである。

解説 写真には2人の人物が写っています。選択肢には、ものが主語の選択肢と人が主語の選択肢があるので、視点を切り替えながら解いていきましょう。2人の男性は、トラックに野菜の入った箱を積んでいます。これを表している選択肢 (B) が正解です。

重要語句

☐ **water** ～に水をやる ☐ **case** 箱 ☐ **garage** 車庫 ☐ **plant** （植物など）を植える

2

答え (C)

(A) The man is walking down the stairs.
(B) The man is moving a shelf.
(C) A floor is being swept.
(D) A sofa is occupied.

(A) 男性は階段を歩いて下りている。
(B) 男性は棚を動かしている。
(C) 床が掃除されているところである。
(D) ソファが使われている。

解説 写真には1人の男性が写っています。男性が机を持ち上げながら床を掃いている様子を、「床が掃除されている」と表した (C) が正解です。このように、人物がある動作をしている様子を、ものが主語の受動態の文で表すこともありますので、注意しましょう。sweep はほうきやブラシで掃き掃除することを表します。

重要語句

☐ **stair** 階段 ☐ **floor** 床 ☐ **sweep** （床など）を掃除する、掃く ☐ **occupy** ～を使用する

1 🇦🇺

答え (B)

(A) The man is adjusting a desk lamp.
(B) The man is typing on a keyboard.
(C) The man is putting on glasses.
(D) The man is hanging a picture on the wall.

(A) 男性は卓上照明を調節している。
(B) 男性はキーボードにタイプしている。
(C) 男性はメガネをかけているところである。
(D) 男性は壁に絵を掛けているところである。

解説 写真には1人の人物が写っています。男性が何をしているのかに注目すると、パソコンを使っているのがわかります。この動作を「キーボードにタイプしている」と表した (B) が正解です。(C) の putting on glasses は、「メガネをかけようとしている」という動作を表すので不正解。wearing glasses「メガネをかけている」であれば正解です。

重要語句

☐ **adjust**	～を調節する	☐ **desk lamp**	卓上照明	☐ **type**	タイプする
☐ **put on ～**	～を身につける	☐ **glasses**	メガネ	☐ **hang**	～を掛ける、取り付ける

2 🇨🇦

答え (A)

(A) Some stairs lead to a door.
(B) The parasol has been set up.
(C) The grass is being mowed by a machine.
(D) The potted plant is in front of the window.

(A) 階段がドアに続いている。
(B) パラソルが設置されている。
(C) 芝生が機械によって刈られているところである。
(D) 植木鉢が窓の正面にある。

解説 風景の写真なので、ものの状態や位置関係を見てみましょう。一軒家の入り口付近に階段がありますね。これを、lead to ～「～に通じる、～につながっている」を使って描写した (A) Some stairs lead to a door.「階段がドアに続いている」が正解です。

重要語句

☐ **lead to ～**	～に通じる	☐ **parasol**	パラソル	☐ **set up ～**	～を設置する
☐ **grass**	芝生	☐ **mow**	～を刈り取る	☐ **potted plant**	植木鉢

3

答え (A)

(A) One of the women is serving customers.

(B) One of the women is reading a menu.

(C) One of the women is pouring coffee.

(D) One of the women is putting on an apron.

(A) 女性の 1 人は接客している。

(B) 女性の 1 人はメニューを読んでいる。

(C) 女性の 1 人はコーヒーを注いでいる。

(D) 女性の 1 人はエプロンを身につけているところである。

解説 写真には複数の人物が写っているので、共通点もしくは相違点を確認しましょう。同じ動作をしているのは席に座っている 2 人の女性、違う動作をしているのは飲み物を持っている店員の女性です。この女性の様子を「接客している」と表している、(A) One of the women is serving customers. が正解。(D) の putting on は動作を表し、女性はエプロンをすでに身につけている状態なので不正解です。

★重要語句

☐ **serve** ～に応対する ☐ **customer** 客 ☐ **pour** ～を注ぐ ☐ **apron** エプロン

4

答え (C)

(A) Some trees are being cut down.

(B) A fence is being repaired.

(C) The man is climbing a ladder.

(D) The man is assembling a table.

(A) 木が切り倒されているところである。

(B) 柵が修理されているところである。

(C) 男性ははしごを登っている。

(D) 男性はテーブルを組み立てている。

解説 画角の広い写真ですが、人物が 1 人だけ写っています。はしご（ladder）を登る男性の動作を表した (C) が正解です。(A)(B) はものが主語、(C)(D) は人物が主語の選択肢なので、主語が聞こえた瞬間に、視点を切り替えながら聞くことがポイントになります。

★重要語句

☐ **cut down ～** （木など）を切り倒す ☐ **fence** 柵、フェンス ☐ **climb** ～を登る
☐ **ladder** はしご ☐ **assemble** ～を組み立てる

疑問詞で始まる質問① when / where

🔊 13~18

⊙ 問題は本冊P.31

---

1 Ⓜ🇦🇺 Ⓦ🇨🇦

答え (C)

(When) is the deadline for this paperwork?

(A) Yes, we need the supply cabinet.

(B) The copier is out of paper.

(C) By the end of the week.

この書類の提出期限はいつですか。

(A) はい、私たちは備品用の棚が必要です。

(B) コピー機が紙が切れています。

(C) 週末までです。

解説 問いかけ文が when「いつ」で始まっているので、日時を答えている選択肢を選びましょう。書類の提出期限を聞かれて、「週末まで」と期限を述べている (C) が正解です。(B) は問いかけ文の paperwork と同じ音を含む paper を入れたひっかけです。

重要語句

☐ **deadline** 締め切り　☐ **paperwork** （事務）書類　☐ **supply** 備品　☐ **cabinet** 棚
☐ **copier** コピー機

---

2 Ⓜ🇺🇸 Ⓦ🇬🇧

答え (A)

(Where) can I get a ticket?

(A) You should go to the second floor.

(B) The movie will start at eight.

(C) Two tickets, please.

チケットはどこで手に入りますか。

(A) 2 階に行ってください。

(B) 映画は 8 時に始まります。

(C) チケットを 2 枚、お願いします。

解説 問いかけ文が where「どこ」で始まっているので、場所を答えている選択肢を選びます。「2 階に行ってください」と答えている (A) が正解です。(B) は時間を答えているので不正解。(C) は、チケットについて話してはいますが、where に対する質問の答えになっていないので不正解です。

重要語句

☐ **floor** 階

---

3 Ⓦ🇨🇦 Ⓜ🇦🇺

答え (B)

(Where) did you get the application form?

(A) It was last night.

(B) From the chief's desk.

(C) I got a discount coupon.

あなたは申込書をどこで手に入れましたか。

(A) それは昨日の夜でした。

(B) 課長のデスクからです。

(C) 私は割引券をもらいました。

解説 where「どこ」を使って、申込書を手に入れた場所を聞いています。「課長のデスクから」と場所を答えている (B) が正解です。(A) は日時を答えているので、where を when と聞き間違えて選ばないように気を付けてください。

重要語句

☐ **application form** 申込書　☐ **chief** （会社の）課長　☐ **discount coupon** 割引券

4 W🇬🇧 M🇺🇸

When will the new product be launched?

(A) It will be released next month.

(B) The survey about a new plant.

(C) Morning newspapers.

答え (A)

新製品はいつ売り出される予定ですか。

(A) 来月に発売される予定です。

(B) 新しい工場についての調査です。

(C) 朝刊です。

解説 問いかけ文は疑問詞 when「いつ」で始まり、新製品の発売日を聞いています。よって、next month「来月」と答えている (A) が正解です。問いかけ文で使われている launch「〜を売り出す」が、(A) では release「〜を発売する」と言い換えられています。「いつ」とたずねる問いかけですが、morning という単語を含む (C) に惑わされないようにしましょう。

• 重要語句

☐ **product** 製品　☐ **launch** 〜を売り出す　☐ **release** 〜を発売する　☐ **survey** 調査
☐ **plant** 工場　☐ **morning newspapers** 朝刊

---

5 M🇦🇺 W🇨🇦

When will you leave the office?

(A) To see my client.

(B) Please leave it on my desk.

(C) In ten minutes.

答え (C)

あなたはいつ会社を出ますか。

(A) 私の顧客に会うためです。

(B) 私のデスクに置いておいてください。

(C) 10 分後です。

解説 when「いつ」と聞かれているので、日時を答えている選択肢を選びます。〈in ＋時間〉は「〜後に」という意味で、時間の経過を表します。いつ会社を出るのかと聞かれ、「10 分後」と答えている (C) が正解です。(B) は、問いかけ文にある leave を使ったひっかけです。

• 重要語句

☐ **leave** 〜を出る、〜を置いておく

---

6 W🇨🇦 M🇺🇸

Where will the banquet be held?

(A) Around seven P.M., I think.

(B) At the hotel on Fifth Street.

(C) The bank is open.

答え (B)

宴会はどこで行われますか。

(A) 午後 7 時頃だと思います。

(B) 5 番街のホテルです。

(C) 銀行は開いています。

解説 疑問詞が where「どこ」で始まっているので、場所を聞かれています。場所を答えている (B) が正解です。where と when の聞き分けができていたら、時間を答えている (A) は不正解だとわかります。(C) は、問いかけ文中の banquet と似た音の bank を使ったひっかけの選択肢です。

• 重要語句

☐ **banquet** 宴会　☐ **hold** 〜を行う、〜を開催する　☐ **bank** 銀行

PART 2 LESSON 02 疑問詞で始まる質問② who / why

🎧 19~24

→ 問題は本冊P.33

1 Ⓦ🇨🇦 Ⓜ🇦🇺

(Why) was the luncheon rescheduled?

(A) My favorite dish is on the seasonal menu.

(B) Because the restaurant was full that day.

(C) Yes, I checked the schedule.

答え (B)

昼食会の予定はなぜ変更になったのですか。

(A) 私の好きな料理は季節のメニューにあります。

(B) その日はレストランが満席だったからです。

(C) はい、私はスケジュールを確認しました。

解説 問いかけ文は why「なぜ」で始まっているので、because「〜だから」を使って理由を答えている (B) が正解です。(C) は、問いかけ文の rescheduled と似た音の schedule を使ったひっかけの選択肢です。

＊重要語句

☐ **luncheon** 昼食会　☐ **reschedule** 〜の予定を変更する　☐ **dish** 料理

☐ **seasonal** 季節の　☐ **full** 満席の

---

2 Ⓜ🇺🇸 Ⓦ🇬🇧

(Who) is going to attend the trade show next month?

(A) About the marketing budget.

(B) I'll show you around the factory.

(C) Ms. Brown will.

答え (C)

来月の展示会には誰が出席する予定ですか。

(A) マーケティング予算についてです。

(B) 私が工場を案内しますよ。

(C) ブラウンさんがします。

解説 問いかけ文は who「誰」で始まっているので、人物を答えているものを選びましょう。よって、(C) が正解です。Ms. Brown will のあとには問いかけ文にある attend the trade show next month が省略されています。(B) は、問いかけ文にある show を含むひっかけです。

＊重要語句

☐ **attend** 〜に出席する　☐ **trade show** 展示会　☐ **budget** 予算

☐ **show A around B** A に B を案内する

---

3 Ⓦ🇨🇦 Ⓜ🇺🇸

(Why) are many people gathering here?

(A) For the employee training.

(B) Four times, I believe.

(C) How about some coffee?

答え (A)

なぜここに多くの人が集まっているのですか。

(A) 社員研修のためです。

(B) 4 回だと思います。

(C) コーヒーはいかがですか。

解説 問いかけ文は why「なぜ」で始まっているので、理由を答えている選択肢を選びます。for「〜のため」という理由を表す前置詞を使って答えている (A) が正解です。

＊重要語句

☐ **gather** 集まる　☐ **training** 研修、訓練　☐ **How about 〜?** 〜はいかがですか

4 W 🇬🇧 M 🇦🇺

Why is Conference Room A unavailable?

(A) Because the marketing team is using it.

(B) Yes, I'll make a reservation.

(C) They have a variety of colors.

答え (A)

会議室 A はなぜ利用できないのですか。

(A) マーケティングチームが使っているからです。

(B) はい、予約しておきます。

(C) さまざまな色があります。

解説 疑問詞 why「なぜ」を使って、会議室 A が利用できない理由を聞いています。理由を表す接続詞 because「〜だから」を使って、理由を伝えている (A) が正解です。

★重要語句

☐ **conference** 会議　☐ **unavailable** 利用できない　☐ **make a reservation** 予約する
☐ **a variety of 〜** さまざまな〜

---

5 M 🇦🇺 W 🇨🇦

Who is in charge of legal stuff?

(A) I got a call from a plumber.

(B) No, it's Friday.

(C) It's Mr. Jone's job.

答え (C)

法律に関することは誰が担当していますか。

(A) 配管工から電話がありました。

(B) いいえ、金曜日です。

(C) それはジョーンさんの仕事です。

解説 問いかけ文は who「誰」で始まっているので、人物を答えている選択肢を選びます。人名が含まれている選択肢は (C) のみ。「誰が担当しているか」という問いかけ文の内容とも合うので、これが正解です。(A) には plumber「配管工」という職業名が含まれていますが、内容が合いません。

★重要語句

☐ **be in charge of 〜** 〜を担当している　☐ **legal** 法律　☐ **stuff** こと、物
☐ **plumber** 配管工

---

6 M 🇺🇸 W 🇬🇧

Who should I ask about the software issue?

(A) Sure, it's no problem.

(B) The storeroom is on the second floor.

(C) You should call the technical department.

答え (C)

ソフトウェアの問題について誰に聞けばいいですか。

(A) もちろん、問題ありません。

(B) 倉庫は 2 階にあります。

(C) あなたは技術部に電話するべきです。

解説 who を使って聞いているのに対し、the technical department「技術部」と部署名を答えている (C) が正解です。疑問詞 who で始まる問いかけ文に対しては、部署名や会社名を答える場合もあります。(A) は、問いかけ文の issue と同じ意味の problem という単語を使った、ひっかけの選択肢です。

★重要語句

☐ **issue** 問題　☐ **storeroom** 倉庫　☐ **technical department** 技術部

1 W |✦| M ⚑

(What) file should I take to the Accounting Department?

(A) The one on top of my desk.

(B) No, he is from the Sales Department.

(C) It's only fifteen dollars.

答え (A)

どのファイルを経理部に持って行くべきですか。

(A) 私の机の上にあるものです。

(B) いいえ、彼は営業部です。

(C) それはたったの 15 ドルです。

解説 問いかけ文は what「何」で始まり、what file「どのファイル」と聞いています。「どのファイルを持って行くべきか」という質問に対して、「私の机の上にあるもの」と答えている (A) が正解です。(B) は、問いかけ文にもある department という単語が使われていますが、what で始まる質問に No と答えている時点で不正解です。

* 重要語句

☐ **file** ファイル　☐ **accounting** 経理、会計

---

2 M ▇ W |✦|

(What time) does the orientation start?

(A) I booked the venue yesterday.

(B) At three o'clock.

(C) It's for new employees.

答え (B)

オリエンテーションは何時に始まりますか。

(A) 私は昨日、会場を予約しました。

(B) 3 時です。

(C) それは新入社員向けです。

解説 What time ～？で「何時に～か」という意味になります。オリエンテーションが始まる時間をたずねているので、「3 時」と答えている (B) が正解です。(C) は「オリエンテーション」に関連する「新入社員」が入ったひっかけです。

* 重要語句

☐ **orientation** オリエンテーション、事前指導　☐ **book** ～を予約する　☐ **venue** 会場
☐ **new employee** 新入社員

---

3 W ✖ M ⚑

(What do you think of) the new package design?

(A) Two days ago.

(B) It's not far from here.

(C) I like the color.

答え (C)

新しいパッケージデザインについてどう思いますか。

(A) 2 日前です。

(B) ここから遠くないです。

(C) 色がいいですね。

解説 What do you think of ～？は「～についてどう思いますか」と意見をたずねる表現です。新しいパッケージデザインについて聞いているので、色に関する意見を述べている (C) が正解です。

* 重要語句

☐ **far** 遠い

4 W 🇨🇦 M 🇺🇸

What kind of workshop are you heading to?

(A) The coffee shop is closed.

(B) It's a creative writing workshop.

(C) At the community center.

答え (B)

あなたはどんなワークショップに向かっていますか。

(A) コーヒーショップは閉まっています。

(B) クリエイティブライティングのワークショップです。

(C) 公民館です。

解説 What kind of 〜? は、「どんな種類の〜か」とたずねる表現です。ワークショップの種類について答えている選択肢は、(B) のみです。(A) の shop は問いかけ文の workshop と音が一部同じなので、ひっかからないようにしましょう。

＊重要語句

☐ **workshop** ワークショップ（研修会や講習会など）　☐ **head to 〜** 〜へ向かう
☐ **creative** クリエイティブな、創造的な　☐ **community center** 公民館

---

5 M 🇺🇸 W 🇬🇧

What do you want to eat for dinner today?

(A) I'd like to have pizza.

(B) Yeah, that sounds nice.

(C) About thirty minutes.

答え (A)

あなたは今日の夕食に何を食べたいですか。

(A) ピザを食べたいです。

(B) ええ、それはいいですね。

(C) 30分くらいです。

解説 問いかけ文は疑問詞の what「何」で始まり、夕食に何を食べたいかを聞いています。よって、具体的な食べ物を答えている (A) が正解です。I'd like to do は「〜したい」と希望を伝えるときの表現です。

＊重要語句

☐ **would like to do** 〜したい

---

6 M 🇦🇺 W 🇨🇦

What time does the bookstore close?

(A) Sure, I'll do it.

(B) He booked the ticket.

(C) At ten o'clock.

答え (C)

書店は何時に閉まりますか。

(A) もちろん、私がしますよ。

(B) 彼はチケットを予約しました。

(C) 10時です。

解説 What time 〜?「何時に〜か」を使って、書店が閉まる時間を聞いています。「10時」と時間を答えている (C) が正解です。(B) の booked は「〜を予約をした」という意味。問いかけ文の bookstore に引っ張られて選ばないように注意が必要です。

＊重要語句

☐ **close** 閉まる　☐ **book** 〜を予約する

1 M🇦🇺 M🇺🇸

(How) should we send the discount coupons?

(A) Maybe about fifty copies.

(B) I got a question about the survey.

(C) We can include them in an e-mail.

答え (C)

私たちは割引券をどのように送ればいいでしょうか。

(A) おそらく 50 冊ほどです。

(B) アンケートに関する質問がきました。

(C) E メールにそれらを添付できます。

解説 問いかけ文は how「どのように」で始まっているので、手段を答えている選択肢を選びましょう。割引券の送り方について聞いているので、「(割引券を) E メールに添付できる」と答えている (C) が正解です。(C) の文中の them は、問いかけ文の the discount coupons を指しています。

*重要語句

☐ **discount coupon** 割引券　☐ **copy** （本や書類などの）部、冊、枚　☐ **survey** アンケート
☐ **include** ～を含む、～を同封する

2 W🇬🇧 M🇺🇸

(How often) do we need to inspect the fire alarms?

(A) No, I didn't set the alarm.

(B) Twice a year.

(C) The inspector is late.

答え (B)

どれくらいの頻度で火災報知器を点検する必要がありますか。

(A) いいえ、私はアラームをセットしていません。

(B) 年に 2 回です。

(C) 点検員が遅れています。

解説 How often ～？「どのくらいの頻度で～か」と聞かれているので、頻度を答えている (B) が正解です。(C) の inspector「点検員」は問いかけの文の inspect「点検」と関連していますが、聞かれている内容の答えになっていません。

*重要語句

☐ **inspect** ～を点検する　☐ **fire alarm** 火災探知機　☐ **set** ～を設定する、～をセットする
☐ **alarm** アラーム　☐ **inspector** 点検員

3 W🇨🇦 M🇦🇺

(How many) people will join the workshop?

(A) There'll be ten.

(B) Yes, that'll do.

(C) It was expensive.

答え (A)

ワークショップには何人参加しますか。

(A) 10 人いる予定です。

(B) はい、それで十分です。

(C) それは値段が高かったです。

解説 How many ～？「いくつの～か」と数を聞いているので、数字を答えているものを選びましょう。よって、(A) が正解です。there will be は there are ～「～がある」の未来を表す形です。

*重要語句

☐ **join** ～に参加する　☐ **expensive** 値段が高い

4 M W

How long is the meeting?

(A) The park near my house.

(B) OK, I'd love to.

(C) About two hours.

答え (C)

会議の時間はどれくらいかかりますか。

(A) 家の近くの公園です。

(B) いいですよ、ぜひ。

(C) およそ 2 時間です。

解説 問いかけ文は How long ～？「どのくらいの長さで～か」を使って、会議の時間の長さを聞いています。時間を答えている (C) が正解です。(B) の I'd love to.「ぜひしたいです」は、何か誘いを受けたときにする応答です。

---

5 M W

How do I get the machine to turn on?

(A) No, I'm fine.

(B) Not until recently.

(C) Here, press this button.

答え (C)

機械の電源を入れるにはどうしたらいいですか。

(A) いいえ、大丈夫です。

(B) 最近まではそうではありませんでした。

(C) ここです、このボタンを押してください。

解説 疑問詞 how を使って「どのように」と手段をたずねています。機械の電源の入れ方として、ボタンを押すように伝えている (C) が正解です。

＊重要語句

　□ **turn on** （電源などが）つく　□ **recently** 最近　□ **press** ～を押す

---

6 W M

How was your presentation?

(A) In front of the desk.

(B) It went well.

(C) The new manager.

答え (B)

あなたのプレゼンテーションはどうでしたか。

(A) デスクの前です。

(B) うまくいきました。

(C) 新しいマネージャーです。

解説 How was ～？には、「～はどうでしたか」と感想や状況をたずねる意味もあります。プレゼンテーションの感想として適切な応答は、「うまくいった」と答えている (B) です。(B) の主語の It は問いかけ文の (your) presentation を指しています。

＊重要語句

　□ **presentation** プレゼンテーション　□ **in front of ～** ～の前に　□ **go well** うまくいく

PART 2 LESSON 05 依頼・提案・勧誘表現

⊙ 問題は本冊P.39

1 Ｗ🇨🇦 Ｍ🇺🇸

(Can you) give me the list of our clients?

(A) (Yes), I'll give it to you later.

(B) More than twelve.

(C) Customer Support.

答え (A)

私たちの取引先のリストをいただけますか。

(A) はい、後で渡しますね。

(B) 12 より多いです。

(C) カスタマーサポートです。

解説 問いかけ文は Can you 〜？「〜してくれませんか」という依頼表現を使った文です。依頼に対してリアクションをしている選択肢を選びましょう。依頼に対して Yes「はい」と答え、「後で渡しますね」と答えている (A) が正解です。(A) の it は the list of our clients のことを指しています。

＊重要語句

☐ **client** 取引先　☐ **more than 〜** 〜より多い

2 Ｍ🇦🇺 Ｗ🇨🇦

(Could you) add sample images to this pamphlet?

(A) At the reception desk.

(B) (Sure), I'll do it immediately.

(C) (To go), please.

答え (B)

このパンフレットにサンプル画像を追加していただけますか。

(A) 受付です。

(B) もちろんです、すぐにやります。

(C) 持ち帰りでお願いします。

解説 Could you 〜？「〜していただけませんか」という依頼表現を使った問いかけ文です。依頼に対して Sure「もちろん」とリアクションをしている (B) が正解です。

＊重要語句

☐ **add** 〜を追加する　☐ **pamphlet** パンフレット　☐ **reception desk** 受付
☐ **immediately** すぐに

3 Ｗ🇬🇧 Ｍ🇦🇺

(How about) installing a new security camera?

(A) (Yes), a little faster.

(B) (Yeah), we need a new one.

(C) It suits you perfectly.

答え (B)

新しい防犯カメラを設置するのはどうですか。

(A) はい、もう少し早くしてください。

(B) そうですね、私たちは新しいものが必要です。

(C) それはあなたにとても似合っていますね。

解説 How about *doing* 〜？で「〜するのはどうですか」という提案の表現です。新しい防犯カメラを設置するという提案に対して、Yeah「そうですね」とリアクションし、「私たちは新しいもの（＝防犯カメラ）が必要です」と賛成している (B) が正解です。

＊重要語句

☐ **install** 〜を設置する　☐ **security camera** 防犯カメラ　☐ **suit** 〜に似合う
☐ **perfectly** 完璧に

4 M 🇦🇺 W 🇬🇧

Would you like to join us for lunch today?

(A) The grocery store will close at ten P.M.

(B) I'm sorry, I have an appointment this afternoon.

(C) In front of the post office.

今日のランチ、私たちとご一緒しませんか。

(A) 食料品店は午後 10 時に閉まります。

(B) すみません、今日の午後は予定があります。

(C) 郵便局の前です。

解説 Would you like to ～? は、「～しませんか」という勧誘の表現です。ランチに一緒に行かないか、という勧誘に対して I'm sorry「すみません」と断るリアクションをしている (B) が正解です。I have an appointment this afternoon「今日の午後は予定があります」とランチに行けない理由を続けています。

●重要語句

☐ **join** ～に加わる   ☐ **grocery store** 食料品店   ☐ **appointment** 予定、約束
☐ **post office** 郵便局

---

5 M 🇺🇸 W 🇬🇧

Why don't we take a break before the next agenda item?

(A) Sorry, that item is out of stock.

(B) We don't know the way to the airport.

(C) All right, I can give you a ten-minute break.

答え (C)

次の議題の前に休憩を取りませんか。

(A) 申し訳ありません、その商品は在庫切れです。

(B) 私たちは空港までの道がわかりません。

(C) わかりました、10 分の休憩をあげます。

解説 Why don't we ～? は「～しませんか」という意味の提案の表現です。「休憩を取ろう」という提案に対し、All right「わかりました」と承諾している (C) が正解です。(A) には問いかけ文にもある item が含まれていますが、「商品」という意味で使われています。

●重要語句

☐ **take a break** 休憩を取る   ☐ **agenda** 議題   ☐ **way** 道

---

6 W 🇨🇦 M 🇦🇺

Let's make plans for Ms. Yoshida's retirement party.

(A) That's a good idea.

(B) Next to the building.

(C) Around two o'clock.

答え (A)

ヨシダさんの退職記念パーティーの計画を立てましょう。

(A) それはいい考えですね。

(B) ビルの隣です。

(C) 2 時頃です。

解説 Let's ～.「～しましょう」は提案の表現です。退職記念パーティーの計画を立てよう、との提案に対し、That's a good idea.「それはいい考えですね」と肯定的なリアクションを返している (A) が正解です。

●重要語句

☐ **retirement** 退職   ☐ **next to ～** ～の隣に

PART 2 LESSON 06 否定疑問文・付加疑問文

⊙ 問題は本冊P.41

1 M 🇺🇸 M 🇦🇺

(Didn't you) meet the new manager of the
Technology Department?

(A) A lot of clothes are on sale.

(B) The department store is open.

(C) (Yes), I met her this morning.

答え (C)

あなたは技術部の新しい部長に会ったのではない
のですか。

(A) たくさんの洋服がセール中です。

(B) デパートは開いています。

(C) はい、私は今朝、彼女に会いました。

解説 技術部の新しい部長に会ったのかを聞かれて「はい」と答えている (C) が正解です。そのあと
に続けて I met her this morning.「私は今朝、彼女（＝技術部の新しい部長）に会った」と説明
を加えています。

☐ **on sale** セール中で、特売で

---

2 M 🇦🇺 W 🇬🇧

The restaurant on Second Street requires a
reservation, (doesn't it)?

(A) (Yes), we can make a reservation by phone.

(B) (No), you should go along Fifth Street.

(C) I think we need to buy a dining table.

答え (A)

2番街のレストランは予約が必要なのですよね？

(A) はい、電話で予約できますよ。

(B) いいえ、あなたは5番街沿いに行くべきです。

(C) 私たちはダイニングテーブルを買う必要があ
ると思います。

解説 レストランは予約が必要なのかどうかを聞かれています。「はい」「いいえ」で答えている (A)
と (B) のうち、予約が必要であると伝えている (A) が正解です。

☐ **require** ～を必要とする ☐ **reservation** 予約

---

3 W 🇬🇧 M 🇺🇸

(Didn't you) change the light bulb last week?

(A) It's quite a nice place.

(B) (No), I haven't done it yet.

(C) (Yeah), you can exchange money here.

答え (B)

先週、あなたは電球を交換したのではないのですか。

(A) なかなかいいところですね。

(B) いいえ、まだしていません。

(C) ええ、あなたはここで両替ができますよ。

解説 Didn't you ～? という否定疑問文で「電球を交換したのでないか」と確認する問いかけに対し、
「まだしていない」と伝えている (B) が正解です。(C) は Yeah「ええ」と答えていますが、カンマ
以降の内容が応答として合いません。

☐ **light bulb** 電球 ☐ **quite** なかなか、かなり ☐ **exchange** ～を両替する

4 M🇺🇸 W🇬🇧

Isn't today the deadline for applications for the seminar?

(A) The job application.

(B) No, I think it's tomorrow.

(C) It's rainy today.

答え (B)

今日がセミナーの申し込みの締切日ではないのですか。

(A) 求職申し込みです。

(B) いいえ、明日だと思います。

(C) 今日は雨ですね。

解説 否定疑問文で、申し込みの締切日を聞いています。それに対し「いいえ」と答えている (B) が正解です。そのあとに I think it's tomorrow と続けることで、締め切り日が明日であると伝えています。(C) は問いかけ文にもある today を含んでいますが、内容が合いません。

☐ **deadline** 締め切り ☐ **application** 申し込み ☐ **seminar** セミナー

---

5 W🇬🇧 W🇨🇦

We have to leave here soon, don't we?

(A) A week after the event.

(B) These products will be shipped soon.

(C) Yeah, the cleaning work will begin.

答え (C)

私たちはそろそろここを出なければなりませんよね？

(A) イベントの1週間後です。

(B) これらの商品はもうすぐ出荷されます。

(C) そうです、清掃作業が始まります。

解説 文末に don't we?「～ですよね？」をつけ、出発する必要があるかどうかを確認しています。Yeah「そうです」と答えたあと、the cleaning work will begin「清掃作業が始まる」と理由を付け加えている (C) が正解です。

☐ **product** 商品 ☐ **ship** ～を出荷する ☐ **cleaning work** 清掃作業

---

6 M🇦🇺 W🇨🇦

The materials for the conference haven't been sent out yet, have they?

(A) We need construction materials.

(B) No, we haven't received them yet.

(C) During the conference call.

答え (B)

会議の資料はまだ送られていませんよね？

(A) 私たちは建設資材が必要です。

(B) はい、私たちはまだ受け取っていません。

(C) 電話会議中にです。

解説 文末に have they?「～ですよね？」をつけ、会議の資料が送られてきていないことを確認しています。No と答え、「まだ受け取っていない」と伝えている (B) が正解です。日本語としては「はい」と答えるのが自然ですが、英語では「送られていない」ことを指して No と言うことに注意しましょう。

☐ **material** 資料 ☐ **send out ~** ～を送る ☐ **conference call** 電話会議

PART 2 / LESSON 07 Yes/No疑問文・選択疑問文

🔊 49~54

→ 問題は本冊P.43

1 🇺🇸 🇬🇧

(Are we) going to take an airplane for the business trip?

(A) (Yes), we should book tickets.

(B) (No), I went on vacation.

(C) It took two hours.

答え (A)

私たちは出張で飛行機を利用するつもりですか。

(A) はい、チケットを予約しておきましょう。

(B) いいえ、私は休暇を取りました。

(C) それは 2 時間かかりました。

解説 飛行機を利用するのかと聞いているので、Yes もしくは No で答えている選択肢を待ち受けましょう。問いかけ文の内容と合っているのは (A) です。

＊重要語句

☐ **business trip** 出張　☐ **book** 〜を予約する　☐ **vacation** 休暇

2 🇦🇺 🇨🇦

Should I put these boxes (into the cabinet) or (under the desk)?

(A) It's in the (storage room).

(B) Can you put them (under the desk)?

(C) Of course, I'd love to.

答え (B)

私はこれらの箱を棚の中に入れるべきですか、それとも机の下ですか。

(A) それは貯蔵庫にあります。

(B) それらを机の下に置いてもらえますか。

(C) もちろん、ぜひしたいです。

解説 into the cabinet「棚の中」か under the desk「机の下」のどちらを選んでいるかを聞き取りましょう。「机の下に置いてもらえますか」と答えている (B) が正解です。

＊重要語句

☐ **put into 〜** 〜を入れる　☐ **cabinet** 棚　☐ **storage room** 貯蔵庫

3 🇨🇦 🇬🇧

Will we have lunch (outside) or (order) food delivery?

(A) The library is (inside) this building.

(B) Chinese food would be nice.

(C) Let's (order) something.

答え (C)

私たちは外で昼食をとりますか、それとも出前を頼みますか。

(A) 図書館はこの建物の中にあります。

(B) 中華料理がいいかもしれませんね。

(C) 何か頼みましょう。

解説 問いかけ文は have lunch outside「外で昼食をとる」か order food delivery「出前を頼む」かをたずねています。出前を頼むことを選んでいる (C) が正解です。何を食べるかは聞かれていないので、(B) は不正解です。

＊重要語句

☐ **order** 〜を注文する　☐ **food delivery** 出前

4

Has the ink in the printer been replaced?

(A) We should place an advertisement.

(B) From Monday to Friday.

(C) Yes, Mr. Yamamoto has done it.

答え (C)

プリンターのインクは交換されていますか。

(A) 私たちは広告を出すべきです。

(B) 月曜日から金曜日までです。

(C) はい、ヤマモトさんがやってくれました。

解説 「プリンターのインクは交換されているか」と聞かれているので、Yes で答え、「ヤマモトさんがやってくれた」と付け加えている (C) が正解です。ここでの it はインクの交換を指しています。

＊重要語句

☐ **replace** ～を交換する

5

Are we supposed to submit this report today or tomorrow?

(A) Yes, I took the subway today.

(B) It's the sales figures for this quarter.

(C) By five P.M. tomorrow.

答え (C)

私たちは今日この報告書を提出することになっていますか、それとも明日ですか。

(A) はい、私は今日、地下鉄に乗りました。

(B) それは今期の売上高です。

(C) 明日の午後 5 時までです。

解説 A or B? の形で、報告書の提出日を聞いています。today もしくは tomorrow のどちらを答えているかを聞き取ります。tomorrow を含む (C) が正解です。(A) は today を含みますが、それ以外の部分が問いかけ文の内容とかみ合いません。

＊重要語句

☐ **be supposed to *do*** ～することになっている　☐ **submit** ～を提出する　☐ **subway** 地下鉄
☐ **sales figure** 売上高　☐ **quarter** 四半期

6

Have you discussed the budget for the new product's advertising?

(A) One of the popular rental cars.

(B) Yes, the candidate seemed nice.

(C) No, we'll discuss it later.

答え (C)

あなたは新商品の広告の予算について話し合いましたか。

(A) 人気のレンタカーの 1 つです。

(B) はい、候補者はいい人そうでした。

(C) いいえ、私たちはあとで話し合います。

解説 「もう話し合いをしたか」とたずねる Yes/No 疑問文です。「いいえ」と述べたあとに「あとで話し合う」と答えている (C) が正解です。(B) は、「はい」に続く内容が合っていません。

＊重要語句

☐ **discuss** ～を話し合う　☐ **budget** 予算　☐ **advertising** 広告　☐ **candidate** 候補者
☐ **seem** ～のように思われる

PART 2 LESSON 08 平叙文・遠回しな答え方

55~60

⊙ 問題は本冊P.45

1 W 🇨🇦 M 🇦🇺

I'm not sure how to subscribe to this (site).

(A) Let me see the Web page.

(B) About the update.

(C) It's ten percent off.

答え (A)

このサイトへの登録の仕方がよくわかりません。

(A) ウェブページを見せてください。

(B) 更新についてです。

(C) それは 10%オフです。

解説 「サイトの登録の仕方がよくわからない」と伝えているのに対し、「ウェブページを見せてください」と伝えている (A) が正解です。ウェブページを見て、登録の仕方を確認しようとしている場面だと考えられます。(B) の update「更新」は「サイト」と関連しそうな語ですが、内容が合わないので不正解です。

 ●重要語句

☐ **subscribe to ~** ～に登録する　☐ **update** 更新

---

2 M 🇦🇺 W 🇬🇧

How about going to the (park) near the city bank?

(A) It's always crowded.

(B) At the parking area.

(C) I'll pay with cash.

答え (A)

都市銀行の近くの公園に行くのはどうですか。

(A) そこはいつも混んでいますよ。

(B) パーキングエリアです。

(C) 現金で支払います。

解説 How about ~?「～はどうですか」という提案表現を使った問いかけ文に対し、「公園はいつも混んでいる」と、遠回しに断っている (A) が正解です。

●重要語句

☐ **crowded** 混みあった　☐ **cash** 現金

---

3 W 🇬🇧 M 🇺🇸

I thought Ms. Chris was (in charge of) arranging the workshop.

(A) The air conditioner was installed last week.

(B) No, the shop is open until midnight.

(C) She's handling the orientation right now.

答え (C)

ワークショップの手配はクリスさんが担当しているのだと思っていました。

(A) エアコンは先週設置されました。

(B) いいえ、店は深夜まで営業しています。

(C) 彼女は今、オリエンテーションを担当しています。

解説 「ワークショップの手配はクリスさんの担当だと思っていた」と伝えています。それに対し、クリスさんはオリエンテーションの担当だと訂正している (C) が正解です。She はクリスさんを指しています。

●重要語句

☐ **be in charge of ~** ～を担当している　☐ **arrange** ～を手配する
☐ **air conditioner** エアコン　☐ **midnight** 深夜　☐ **handle** ～を担当する

4 Ⓜ🇺🇸 Ⓦ🇨🇦

The meeting room on the fourth floor has a microphone, doesn't it?

(A) The board members.

(B) The room is available.

(C) I've never used that one.

答え (C)

4階の会議室にはマイクがありますよね？

(A) 役員です。

(B) 部屋は利用可能です。

(C) 私はそこを使ったことがないです。

解説 マイクがあるかどうかを聞かれていますが、Yes か No で答えているものは今回の選択肢の中にはありません。この場合、問いかけ文に対して遠回しに答えているものを選びます。「私はそこ（＝4階の会議室）を使ったことがない」と言うことで、使ったことがないのでマイクがあるかどうかわからない、ということを示唆している (C) が正解です。

* 重要語句

☐ **microphone** マイク ☐ **board member** 役員、取締役 ☐ **available** 利用できる

---

5 Ⓦ🇨🇦 Ⓜ🇦🇺

What do you think of the new design of the table lamp?

(A) I'm going to an appliance store.

(B) Ms. Martin is the dress designer.

(C) Isn't it supposed to be a ceiling light?

答え (C)

あなたはテーブルランプの新しいデザインについてどう思いますか。

(A) 私は家電量販店に行ってきます。

(B) マーティンさんはドレスのデザイナーです。

(C) シーリングライトのはずではなかったのですか。

解説 What do you think of 〜？「〜についてどう思いますか」を使って、デザインについての意見をたずねています。新しいデザインはテーブルランプではなくシーリングライトではないのかと確認している (C) が正解です。

* 重要語句

☐ **table lamp** テーブルランプ ☐ **appliance store** 家電量販店
☐ **be supposed to do** 〜することになっている ☐ **ceiling light** シーリングライト

---

6 Ⓦ🇨🇦 Ⓜ🇺🇸

The schedule of shifts for next month hasn't been updated yet.

(A) Five days a week.

(B) Didn't you read the e-mail?

(C) The interview went well.

答え (B)

来月のシフト表がまだ更新されていません。

(A) 週5日です。

(B) E メールを読んでいないのですか。

(C) 面接はうまくいきました。

解説 来月のシフト表がまだ更新されていないことを伝えています。「E メールを読んでいないのか」と質問を返し、シフト表の話が E メールで送られていることを示唆している (B) が正解です。

* 重要語句

☐ **update** 〜を更新する ☐ **interview** 面接

1 M W

Would you like to take a tour of this floor?

(A) I'd appreciate it.

(B) Next to the building.

(C) I'm sorry to hear that.

答え (A)

このフロアを見学しませんか。

(A) それはありがたいです。

(B) ビルの隣です。

(C) それは残念です。

解説 Would you like to *do* ～？は「(あなたは) ～しませんか」という意味の提案・勧誘表現です。「このフロアを見学しませんか」という提案に対して、「ぜひお願いします」と賛成している (A) が正解です。

★重要語句

☐ **tour** 見学　☐ **appreciate** ～をありがたく思う、～を歓迎する　☐ **sorry** 残念に思う

---

2 W M

Do you have the sample photos for the brochure?

(A) No, they haven't arrived yet.

(B) Here's the photo frame.

(C) The head of the institution.

答え (A)

あなたはパンフレットのサンプル写真を持っていますか。

(A) いいえ、まだ届いていません。

(B) こちらが写真立てです。

(C) 施設の責任者です。

解説 「パンフレットのサンプル写真を持っているか」とたずねている Yes/No 疑問文の問いかけに対し、No「いいえ」と否定したあと、they haven't arrived yet「まだ届いていない」と説明を加えている (A) が正解です。この they は「パンフレットのサンプル写真」を指しています。(B) は、「写真立て」の話はしていないので不正解。photo「写真」という語を聞いて飛びつかないようにしましょう。

★重要語句

☐ **brochure** パンフレット　☐ **arrive** (物が) 届く　☐ **institution** 施設

---

3 M W

When will the job candidate be coming?

(A) I saw the manager.

(B) After the lunch break.

(C) We met at the job fair.

答え (B)

求職者はいつ来るのですか。

(A) 私はマネージャーを見ました。

(B) 昼休みのあとです。

(C) 私たちは就職説明会で会いました。

解説 疑問詞 when「いつ」を使って求職者が来る時間を聞いています。After「～のあと」という時間を表す前置詞を使って、After the lunch break.「昼休みのあとです」と答えている (B) が正解です。(C) は問いかけ文にもある job を含むひっかけです。

★重要語句

☐ **job candidate** 求職者　☐ **job fair** 就職説明会

4 W 🏴󠁧󠁢󠁥󠁮󠁧󠁿 M 🇺🇸

Why don't we get to work on a prototype?

(A) The workshop for beginners.

(B) Sorry, I don't know him.

(C) Yeah, let's get started.

答え (C)

試作品に取りかかりませんか。

(A) 初心者のためのワークショップです。

(B) すみません、私は彼を知りません。

(C) ええ、始めましょう。

解説 Why don't we ～?「（私たちは）～しませんか」という提案表現を使って、試作品に取りかかることを促しています。提案に対するリアクションをしている選択肢を選びましょう。この提案に対して、Yeah「ええ」と肯定し、let's get started「始めましょう」と述べている (C) が正解です。(B) は Sorry のあとに続く内容が合っていません。

□ **prototype** 試作品　□ **beginner** 初心者

---

5 W 🇨🇦 M 🇺🇸

Don't you usually come to the office by bus?

(A) Yes, but I missed the bus this morning.

(B) No, it'll be held around eight o'clock.

(C) Can I pay with a credit card?

答え (A)

あなたはいつもバスで会社に来ているのではないのですか。

(A) はい、でも今朝はバスに乗り遅れたんです。

(B) いいえ、それは 8 時頃に開催される予定です。

(C) クレジットカードで支払いできますか。

解説 Don't you ～?「あなたは～ではないのですか」と聞かれているので、Yes もしくは No と答えている選択肢をヒントにしましょう。いつもバスで通勤しているのかどうかを聞かれたのに対し、Yes と肯定したあとに、but I missed the bus this morning「でも今朝はバスに乗り遅れたんです」と今日はバス通勤でない理由を述べている (A) が正解です。

□ **miss** ～を逃す　□ **hold** ～を開催する　□ **pay** 支払う

---

6 M 🇦🇺 W 🏴󠁧󠁢󠁥󠁮󠁧󠁿

Why is a truck parked in front of the office?

(A) In the back of the house.

(B) The park has a fountain.

(C) To throw away the old desks.

答え (C)

オフィスの前にトラックが止まっているのはなぜですか。

(A) 家の裏です。

(B) 公園には噴水があります。

(C) 古くなったデスクを捨てるためです。

解説 問いかけ文は疑問詞 why「なぜ」で始まっているので、理由を答えている選択肢を選びます。理由を表す to ～「～するため」を使って答えている (C) が正解です。(B) の park は問いかけ文の parked と同じ音を含むひっかけです。

□ **park** ～を駐車する　□ **fountain** 噴水　□ **throw away ～** ～を捨てる

7 W 🇬🇧 M 🇺🇸

This bicycle is broken, isn't it?

(A) The projector needs repair work.

(B) We should head to the station.

(C) No, it's already been fixed.

答え (C)

この自転車は壊れているんですよね？

(A) プロジェクターは修理が必要です。

(B) 私たちは駅に向かいましょう。

(C) いいえ、それはもう直っていますよ。

解説 問いかけ文の文末に isn't it?「～ですよね？」とあるので、Yes か No で答えている選択肢を選びます。自転車は壊れているのかと聞かれ、「それはもう直っていますよ」と訂正している (C) が正解です。(A) は修理の話をしているので関連性があるように聞こえますが、プロジェクターの話はしていません。

＊重要語句

☐ **broken** 壊れた、故障した　☐ **projector** プロジェクター　☐ **repair work** 修理作業
☐ **head to ～** ～に向かう　☐ **fix** ～を修理する

---

8 M 🇦🇺 W 🇨🇦

Could you make an estimate for the construction project?

(A) I used the projector yesterday.

(B) It's open to the public.

(C) Sure, when is the deadline?

答え (C)

建設プロジェクトの見積もりを作ってくれますか。

(A) 私は昨日、プロジェクターを使いました。

(B) それは一般公開されていますよ。

(C) もちろんです、期限はいつですか。

解説 問いかけ文は Could you ～?「～していただけませんか」という依頼表現で始まっています。見積もりの作成の依頼に対して適切なリアクションをしている選択肢を選びましょう。Sure「もちろん」と答えている (C) が正解です。そのあとに when is the deadline?「期限はいつですか」と、見積もりをいつまでに終えればよいかをたずねています。(A) の projector は問いかけ文にある project との音のひっかけです。

＊重要語句

☐ **estimate** 見積もり　☐ **construction** 建設、工事　☐ **open to the public** 一般公開された
☐ **deadline** 期限

---

9 W 🇨🇦 M 🇺🇸

Let's go to the museum this weekend.

(A) Yes, the hall is under renovation.

(B) The deadline is the end of March.

(C) Sorry, I already have plans.

答え (C)

今週末に美術館に行きましょう。

(A) はい、ホールは改装中です。

(B) 締め切りは 3 月末日です。

(C) すみません、私はすでに予定があるんです。

解説 Let's ～「～しましょう」という提案・勧誘表現に対してのリアクションとしてふさわしい選択肢を選びます。「美術館に行こう」という誘いに対して、断わったうえで理由を伝えている (C) が正解です。(A) は「はい」と答えていますが、続く内容が問いかけ文と合っていません。

＊重要語句

☐ **under renovation** 改装中の

10 M W

Should we examine the kitchen first or later?

(A) I'll call him later.
(B) Let's see the kitchen first.
(C) That's a good decision.

答え (B)

私たちは先にキッチンを検査するべきですか、それともあとにするべきですか。

(A) あとで彼に電話します。
(B) 先にキッチンを見ましょう。
(C) それはいい判断ですね。

解説 問いかけ文は A or B? の形の選択疑問文です。今回の場合、first「先」か later「後」かをたずねています。「先」だと答えている (B) が正解です。(A) は later を含んでいますが、him の指す人物が不明で話がつながらないので不適切です。

examine 〜を検査する   **decision** 判断

---

11 W M

How should I connect a monitor to a laptop?

(A) I prefer a light green cover.
(B) You should ask Mr. Lee about it.
(C) Some free software.

答え (B)

どうやってノートパソコンにモニターを接続すればよいですか。

(A) 私はライトグリーンのカバーが好きです。
(B) リーさんに聞いたほうがいいですよ。
(C) 無料のソフトウェアです。

解説 疑問詞 how「どのように」を使って、ノートパソコンにモニターを接続する方法を聞いています。直接方法を答えるのではなく、その情報を知っているであろう人物に聞くよう伝えている (B) が正解です。

connect _A_ to _B_ B に A を接続する   **laptop** ノートパソコン   **prefer** 〜が好きである

---

12 M W

Where will the training session take place?

(A) In Room B.
(B) At two P.M.
(C) I'm looking forward to it.

答え (A)

研修はどこで行われますか。

(A) ルーム B です。
(B) 午後 2 時です。
(C) 私はそれを楽しみにしています。

解説 where「どこ」を使って場所をたずねています。研修が行われる予定の場所を聞いているので、「ルーム B」と部屋の名前を答えている (A) が正解です。

training session 研修   **take place** 行われる
look forward to 〜 〜を楽しみにする

13 W 🇨🇦 M 🇦🇺

Could you lend me your mobile phone? あなたの携帯電話を貸していただけませんか。

(A) What happened to your phone? (A) あなたの電話に何があったのですか。

(B) Thank you for your help. (B) 助けていただいてありがとうございます。

(C) The calendar is in the drawer. (C) カレンダーは引き出しの中にあります。

（解説） 問いかけ文は依頼表現の Could you 〜？「〜していただけませんか」を使っているので、承諾もしくは断りのリアクションをしている選択肢を選びます。「電話を貸してもらえないか」という問いかけに対し、「あなたの電話に何かあったのか」と電話を貸してほしい理由をたずねている (A) が正解です。

● 重要語句

☐ **mobile phone** 携帯電話　☐ **happen** 起こる　☐ **drawer** 引き出し

---

14 M 🇺🇸 W 🇨🇦 （答え）(B)

I heard a fitness center is going to be built around here. このあたりにフィットネスセンターができると聞きましたよ。

(A) The members card, please. (A) メンバーズカードをお願いします。

(B) That's good news. (B) それは良い知らせですね。

(C) The new conference center. (C) 新しい会議場です。

（解説） 問いかけ文は平叙文なので話の流れから適切な応答を選びましょう。「このあたりにフィットネスセンターができる」という発言に対して、That's good news.「それは良い知らせですね」と反応をしている (B) が正解です。ここでの That は「フィットネスセンターができること」を指しています。

● 重要語句

☐ **fitness center** フィットネスセンター

---

15 M 🇺🇸 W 🇬🇧 （答え）(C)

How many keyboards do you need? キーボードは何台必要ですか。

(A) Yes, it needs to be cleaned. (A) はい、それは掃除が必要です。

(B) I left the room key at the mall. (B) 私は部屋の鍵をショッピングモールに置き忘れてきてしまいました。

(C) We want three of them. (C) 私たちは 3 つ欲しいです。

（解説） How many 〜？「いくつの〜か」を使って必要なキーボードの数を聞いています。数を答えている (C) が正解です。(C) の文中の them は、keyboards を指しています。(B) の key は問いかけ文の keyboards に似た音のひっかけです。

● 重要語句

☐ **clean** 〜を掃除する　☐ **mall** ショッピングモール

16 W 🇬🇧 M 🇦🇺

Isn't Mr. Harris leaving the office early?

(A) I turned off the light in the hallway.
(B) He has experience in Human Resources.
(C) No, he has some urgent tasks.

答え (C)

ハリスさんは早くオフィスを出る予定ではないのですか。

(A) 私は廊下の電気を消しました。
(B) 彼は人事の経験があります。
(C) いいえ、彼は急ぎの仕事があるのです。

解説 Isn't 〜？から始まる否定疑問文で、「ハリスさんは早くオフィスを出る予定ではないのか」と確認しています。No「いいえ」と答え、「彼は急ぎの仕事がある」と理由を付け加えている (C) が正解です。

重要語句

☐ **leave** 〜を去る ☐ **turn off 〜** 〜を消す ☐ **hallway** 廊下 ☐ **experience** 経験
☐ **Human Resources** 人事 ☐ **urgent** 緊急の ☐ **task** 仕事

---

17 W 🇨🇦 M 🇺🇸

Who is going to attend the seminar?

(A) The ceremony is on Saturday.
(B) Everyone from the Payroll Department.
(C) On page sixteen of the instructions.

答え (B)

セミナーに参加するのは誰ですか。

(A) 式は土曜日にあります。
(B) 給与部の全員です。
(C) 説明書の 16 ページです。

解説 疑問詞 who「誰」から始まる問いかけ文なので、人物を答えている選択肢を選びましょう。「給与部の全員」と答えている (B) が正解です。who の場合、人名以外に所属部署を答えるパターンがあることを押さえておきましょう。(A) は、問いかけ文の attend「〜に参加する」から「式」が連想できそうですが、日時は聞かれていないので不適切です。

重要語句

☐ **attend** 〜に参加する ☐ **payroll** 給与支払係 ☐ **instruction** 説明書

---

18 M 🇦🇺 W 🇬🇧

Will the band perform indoors or outdoors?

(A) The door is open.
(B) They will play at the community center.
(C) Thanks, but I'm good.

答え (B)

そのバンドは屋内で演奏しますか、それとも屋外ですか。

(A) ドアが開いています。
(B) 彼らはコミュニティーセンターで演奏する予定です。
(C) ありがとうございます、でも大丈夫です。

解説 問いかけ文は A or B? の形の疑問文です。「屋内」か「屋外」かで聞かれているのに対し、「コミュニティーセンターで演奏する予定だ」と答えることで、遠回しに「屋内」だと伝えている (B) が正解です。

重要語句

☐ **perform** 演奏する ☐ **indoors** 屋内で ☐ **outdoors** 屋外で
☐ **community center** コミュニティーセンター

Ⓦ 🇨🇦　Ⓜ 🇺🇸

Question 1 refers to the following conversation.

W: Hi, Jack. ❶I haven't seen you all week. Have you been out of town?

M: Oh, hi, Kate. Yeah. ❷I was in Boston filming a television advertisement for an insurance company. It took longer than we thought because of the weather.

W: I've been so busy with my own projects; I didn't notice you were gone. When did you get back?

M: Just last night. I have a meeting with Fred Day to discuss the editing this morning, then I plan to take the rest of the day off. How about having lunch together?

問題 1 は次の会話に関するものです。

女性: こんにちは、ジャック。今週はずっと会っていませんでしたね。町を出ていたのですか。

男性: ああ、こんにちは、ケイト。ボストンで保険会社のテレビ広告を撮影していたんです。天気のせいで、思ったよりも時間がかかってしまいました。

女性: 私は自分のプロジェクトでとても忙しくて、あなたがいないことに気づきませんでした。いつ帰ってきたのですか。

男性: ちょうど昨日の夜です。午前中にフレッド・デイと編集の打ち合わせをしてから、今日の残りは休みを取るつもりです。一緒にランチをとりませんか。

> ＊重要語句
>
> ☐ **out of 〜** 〜から離れて　☐ **film** 〜を撮影する　☐ **advertisement** 広告
> ☐ **insurance** 保険　☐ **notice** 〜に気づく　☐ **discuss** 〜を話し合う　☐ **editing** 編集
> ☐ **the rest of 〜** 残りの〜

---

1 答え (A)

What has the man been working on lately?　　男性は最近何に取り組んでいますか。

(A) A television advertisement　　　　　　　　(A) テレビの広告

(B) A software update　　　　　　　　　　　(B) ソフトウェアの更新

(C) A tour schedule　　　　　　　　　　　　(C) 旅行の計画表

(D) A conference presentation　　　　　　　　(D) 会議の発表

解説 男性は何に取り組んでいるか、とピンポイントの内容を聞かれているので、男性の発言に注意して会話を聞きましょう。❶で女性が、今週はずっと会っていなかったが町を出ていたのかと男性に聞いています。それに対し、❷で男性が「ボストンで保険会社のテレビ広告を撮影していた」と答えています。よって、(A) が正解です。選択肢 (A) の television advertisement という単語が、会話の中でそのまま読み上げられています。

> ＊重要語句
>
> ☐ **work on 〜** 〜に取り組む　☐ **lately** 最近　☐ **update** 更新　☐ **conference** 会議

M 🇦🇺

Question 2 refers to the following telephone message.

Hi. This is Travis Milton at Hartley Curtains. ❶I have an appointment to meet with Ms. Hopper at one o'clock. ❷I was supposed to show her some fabric samples. Unfortunately, the new material samples have not arrived from the manufacturer. I've been assured that they'll be here by tomorrow morning. Please let me know whether or not Ms. Hopper will be available to meet tomorrow. I'll adjust my schedule accordingly. I'm very sorry for this last-minute change of plans. I hope it doesn't cause too much inconvenience.

問題 2 は次の電話のメッセージに関するものです。

もしもし。ハートリー・カーテンのトラヴィス・ミルトンです。私は1時にホッパーさんと会う約束をしています。彼女にいくつか生地サンプルをお見せする予定でした。残念ながら、新しい素材のサンプルがメーカーから届いてないんです。それらは明日の朝までにはこちらに届くと聞いています。ホッパーさんが明日お会いできるかどうか教えてください。それに応じて私のスケジュールを調整します。直前の予定変更となり大変申し訳ありません。これがあまりにもご迷惑でないことを願っています。

・重要語句

☐ **appointment** 約束	☐ **be supposed to do** 〜することになっている	☐ **fabric** 生地
☐ **unfortunately** 残念ながら	☐ **material** 素材	☐ **manufacturer** メーカー
☐ **assure** 〜だと保証する	☐ **available** 都合が良い、（スケジュール等が）空いている
☐ **adjust** 〜を調整する	☐ **accordingly** それに応じて	☐ **last-minute** 直前の
☐ **cause** 〜を引き起こす	☐ **inconvenience** 不便

2 **答え** (D)

Why will the speaker meet with Ms. Hopper?

(A) To introduce her to a colleague
(B) To discuss arrangements for an event
(C) To provide advice about a sales campaign
(D) To show her a set of fabric samples

話し手はなぜホッパーさんに会うのですか。

(A) 彼女を同僚に紹介するため
(B) イベントの手配について話し合うため
(C) 販売キャンペーンに関するアドバイスをするため
(D) 彼女に生地サンプル一式を見せるため

解説 Ms. Hopper をキーワードに、話し手がホッパーさんと会う理由を聞き取りましょう。男性は❶で「私は1時にホッパーさんと会う約束をしています」と述べたあと、❷で I was supposed to show her some fabric samples.「彼女にいくつか生地サンプルを見せる予定だった」と続けています。生地サンプルを見せることが会う目的だったとわかるので、(D) が正解です。

・重要語句

☐ **introduce** 〜を紹介する	☐ **colleague** 同僚	☐ **discuss** 〜を話し合う
☐ **arrangement** 手配	☐ **provide** 〜を与える	☐ **sales campaign** 販売キャンペーン
☐ **set** 一式、ひとそろい

Ⓦ🇬🇧　Ⓜ🇦🇺

Question 1 refers to the following conversation.

W: Max. I've decided to visit the Sheffield office this afternoon. I'd like you to come and meet some of the new employees there.

M: Sure thing. I'll have to reschedule a couple of meetings. What time are we leaving?

W: Just after lunch. ❶Could you reserve train tickets for us? Make sure we're sitting together. I'd like to talk about a few things on the way there.

M: No problem. I'll look for a train leaving at about 1:30.

問題 1 は次の会話に関するものです。

女性：マックス。私は今日の午後、シェフィールドのオフィスを訪問することに決めました。あなたにそこへ来て何人かの新しい従業員に会ってほしいんです。

男性：もちろんです。いくつか会議の予定を変更する必要はありますが。何時に出発する予定ですか。

女性：昼食後すぐにです。私たちの列車のチケットを予約してくれますか。必ず私たちが一緒に座れるように手配してください。そこへ向かう途中で少し話したいことがあるので。

男性：大丈夫です。1 時 30 分くらいに出発する電車を探してみます。

* 重要語句

☐ **decide to do** 〜することを決める	☐ **employee** 従業員	☐ **Sure thing.** もちろん、了解
☐ **reschedule** 〜を変更する	☐ **a couple of 〜** いくつかの〜	☐ **reserve** 〜を予約する
☐ **make sure 〜** 必ず〜するように手配する	☐ **look for 〜** 〜を探す	

---

1 **答え** (B)

What does the woman ask the man to do?	女性は男性に何をするよう頼んでいますか。
(A) Call a colleague	(A) 同僚に電話をする
(B) Make a reservation	(B) 予約をする
(C) Order some furniture	(C) 家具を注文する
(D) Set up audio equipment	(D) 音響機器を設置する

解説 依頼の内容を問う設問です。設問文から、女性が男性に何かを依頼するのだとわかるので、女性の発言で依頼表現が出てくるのを待ち構えましょう。女性が男性に一緒にオフィスを訪問してほしいと述べ、昼食後に出発すると伝えたあと、❶で Could you 〜? を使って「私たちの列車のチケットを予約してくれますか」と依頼しています。reserve を make a reservation と言い換えた (B) が正解です。女性の最初の発言にも I'd like you to 〜を使った「新しい従業員に会ってほしい」という依頼が登場しますが、選択肢にあてはまるものがないので不正解です。

* 重要語句

☐ **reservation** 予約	☐ **furniture** 家具	☐ **audio equipment** 音響機器

Question 2 refers to the following excerpt from a meeting.

The final thing I'd like to talk about at this morning's meeting is our member numbers. Fewer new members have been joining the gym, and many of our existing members have been quitting. We need to work out the cause as soon as possible. ❶ Henri, please create a satisfaction survey that we can have our members complete. I want to know how satisfied they are now and how likely they are to stay with us. We should also find out what changes they would like us to make. To encourage as many people as possible to complete the survey, let's offer them a discount on their membership fees or something.

問題 2 は次の会議の抜粋に関するものです。
今朝のミーティングで私がお話ししたい最後のことは、会員数です。ジムに加入する新規会員は少なくなり、既存会員の多くが辞めていっています。私たちはできるだけ早くその原因を解明する必要があります。ヘンリー、会員に回答してもらえるような満足度調査を作成してください。彼らが現在、どれほど満足しているのか、継続する可能性はどれくらいなのかを知りたいんです。また、彼らが私たちにどのような変更をしてほしいと思っているのかも調べるべきですね。できる限り多くの人がアンケートに記入するよう促すために、彼らに会費の割引か何かを提供しましょう。

* 重要語句

existing 既存の	**quit** 〜を辞める	**work out 〜** 〜を解明する	**cause** 原因
as soon as possible できるだけ早く	**create** 〜を作成する		
satisfaction survey 満足度調査	**find out 〜** 〜を調べる	**encourage** 〜を促す	
complete 〜に記入する	**membership fee** 会費		

2 **答え** (B)

What does the speaker ask Henri to do? | 話し手はヘンリーに何をするよう頼んでいますか。
(A) Take a course | (A) 講座を受講する
(B) Make a survey form | (B) 調査用紙を作る
(C) Write a report | (C) 報告書を書く
(D) Place an advertisement | (D) 広告を出す

解説 設問文から、話し手がヘンリーさんに何かを頼むとわかるので、依頼表現を聞き取りましょう。話し手はジムの会員数が減っていることに触れ、その原因を突きとめる必要があると述べています。❶でヘンリーさんに呼びかけ、please 〜「〜してください」と依頼表現を使い、please create a satisfaction survey「満足度調査を作成してください」と頼んでいます。create を make、a satisfaction survey を a survey form と言い換えた (B) が正解です。

survey form 調査用紙	**place** （広告）を出す

W 🇨🇦 M 🇦🇺

Question 1 refers to the following conversation.

W: Sales are up by 37 percent this year. The marketing department has done a magnificent job.

M: I heard about that from Ms. White. It's fantastic news. ❶ Why don't we celebrate by inviting all the employees to a special dinner in their honor?

W: It'll be expensive, but it could boost morale, and we haven't held a social event for them for a couple of years.

M: I'll call the Regent Hotel and have them suggest a package. It might cost less than you think.

問題 1 は次の会話に関するものです。

女性: 今年は売上が 37％アップしています。マーケティング部門が素晴らしい仕事をしてくれました。

男性: それについてホワイトさんから聞きましたよ。素晴らしいニュースですね。彼らを称える特別な夕食会に、全従業員を招待してお祝いしませんか。

女性: 費用はかかりますが、士気を高めることができるかもしれませんね。それに、ここ数年間、従業員のための社交行事を開催していませんしね。

男性: リージェント・ホテルに電話して、パッケージを提案してもらいます。あなたが思っているよりも費用がかからないかもしれません。

⋆重要語句
- **sales** 売上 **marketing department** マーケティング部門 **magnificent** 見事な
- **celebrate** 〜を祝う **in** *one's* **honor** 〜に敬意を示して **expensive** 費用のかかる
- **boost** 〜を高める **morale** 士気 **suggest** 〜を提案する
- **package** パッケージ、一括の提案

---

1 **答え** (C)

What does the man suggest doing?

(A) Reviewing a proposal

(B) Watching some news

(C) Arranging a special dinner

(D) Taking a vacation

男性は何をすることを提案していますか。

(A) 提案書を見直すこと

(B) ニュースを見ること

(C) 特別な夕食会を手配すること

(D) 休暇を取ること

解説 設問文から、会話文中で男性が何かを提案するとわかります。提案・勧誘の表現を待ち構えながら聞きましょう。冒頭で女性が、売上が上がったと述べています。それに対し、男性は素晴らしいニュースだと返したあと、❶で Why don't we 〜？「（私たちは）〜しませんか」という表現を使い、cerebrate by inviting all the employees to a special dinner「特別な夕食会に全従業員を招待してお祝いする」ことを提案しています。これを arranging a special dinner「特別な夕食会を手配すること」と表している (C) が正解です。会話文と (C) のどちらにもある a special dinner というキーワードを聞き逃さないことが重要です。

⋆重要語句
- **review** 〜を見直す **proposal** 提案書 **vacation** 休暇

W 🇬🇧

Question 2 refers to the following broadcast.

Good morning listeners. You're listening to Radio 6TG. This is Kerry White with the 8:00 A.M. traffic update. This week construction crews are working on the Gledhill Bridge. They've closed two lanes, and it's causing a huge traffic jam. More people than usual seem to be using the D5 Freeway, and traffic there is moving very slowly, too. Until the construction work is complete, ❶I encourage motorists to leave their vehicles at the Jones Point Ferry Terminal and take the ferry into the city. The ferry service has not been used since it was opened last year. This is a wonderful opportunity to experience its many benefits.

問題 2 は次の放送に関するものです。
リスナーの皆さん、おはようございます。あなたはラジオ 6TG を聴いています。ケリー・ホワイトが午前 8 時の最新の交通情報をお伝えします。今週、工事作業員がグレッドヒル橋で作業しています。彼らは 2 車線を閉鎖しており、そのことが大渋滞を引き起こしています。通常よりも多くの人が D5 幹線道路を利用しているようで、そこでの交通の流れも非常に遅いです。建設工事が終わるまで、運転手は車をジョーンズ・ポイント・フェリー・ターミナルに置き、フェリーに乗って市内に入ることをお勧めします。そのフェリーサービスは昨年オープンしてから、まだ利用されていません。これはそのたくさんの恩恵を体験する素晴らしい機会です。

> **●重要語句**
> ▢ **traffic update** 最新の交通情報　▢ **construction crew** 工事作業員　▢ **traffic jam** 交通渋滞
> ▢ **complete** 完了した　▢ **motorist** （自動車の）運転手　▢ **vehicle** 車
> ▢ **opportunity** 機会　▢ **experience** 〜を経験する　▢ **benefit** 恩恵

2 答え (D)

What does the speaker encourage the listeners to do?

(A) Buy a new car
(B) Check a train schedule
(C) Listen for updates
(D) Take a ferry

話し手は聞き手に何をするよう勧めていますか。

(A) 新しい車を買う
(B) 電車の予定表を確認する
(C) 最新情報に耳を傾ける
(D) フェリーに乗る

解説 提案表現に注意し、話し手が何を勧めているのかを聞き取りましょう。話し手は渋滞が起こっている車線の交通情報を伝えています。❶で I encourage 〜「〜することを勧めます」という表現を使い、運転手に車を置いてフェリーで市内へ行くことを勧めています。よって、(D) Take a ferry「フェリーに乗る」が正解です。〈encourage ＋人＋ to do〉で、「人に〜することを勧める」という意味になります。

> **●重要語句**
> ▢ **update** 最新情報

W 🇬🇧 M 🇺🇸

Question 1 refers to the following conversation.

W: We need to send someone to the Harper Fashion Convention in Milwaukee this year. They'd need to arrive early on May 6 and stay overnight to attend on the second day.

M: ❶I'd be happy to go to the event. Can I take someone along with me?

W: Sure. We've reserved a booth, but we forgot to arrange transportation or accommodations. You'll have to do that yourselves. Who would you like to take?

M: I don't care who it is. I'll ask around the office and see who's interested.

問題1 は次の会話に関するものです。
女性: 今年、ミルウォーキーのハーパー・ファッション大会に誰かを派遣する必要があります。彼らは2日目に参加するために、5月6日に早めに到着して1泊する必要があります。
男性: 私はそのイベントに喜んで行きますよ。誰かを私と一緒に連れて行ってもいいですか。
女性: もちろんです。ブースを予約しましたが、交通手段や宿泊施設を手配することを忘れていました。あなたたち自身でそれをしなければならないでしょう。あなたは誰を連れて行きたいですか。
男性: 誰でも構いません。社内で聞いて回って、誰が興味を持っているか確かめてみます。

重要語句

☐ **convention** 大会　☐ **overnight** 1泊、一晩　☐ **be happy to** *do* 喜んで~する
☐ **forget to** *do* ~することを忘れる　☐ **transportation** 交通手段
☐ **accommodation** 宿泊施設

---

1 **答え** (C)

What does the man offer to do?　　　男性は何をすることを申し出ていますか。

(A) Transport some goods　　　　　　(A) 商品を輸送する
(B) Introduce a client　　　　　　　(B) 顧客を紹介する
(C) Attend a convention　　　　　　(C) 大会に参加する
(D) Announce a promotion　　　　　(D) 昇進を発表する

解説 設問文から、男性が何かを申し出るのだとわかります。女性が「大会に誰かを派遣する必要がある」と述べたあと、男性が❶で I'd be happy to go to the event.「私はそのイベントに喜んで行きますよ」と申し出ています。go to the event「イベントに行く」を attend a convention「大会に参加する」と言い換えた (C) が正解です。I'd happy to *do*「喜んで~します」という申し出の表現を覚えておきましょう。

重要語句

☐ **transport** ~を輸送する　☐ **announce** ~を発表する　☐ **promotion** 昇進

Question 2 refers to the following telephone message.

Hi Veronica. It's Pete from the IT section. ❶You left your laptop computer with us yesterday because you were having trouble getting some software to work. I've performed some updates, and it seems to be working perfectly now. I understand that you're working at the West Logan office this afternoon. ❷I can deliver it to you there if you need it urgently. Alternatively, you can pick it up from our office here at any time before four o'clock. We'll all be at a training seminar between four and five, so the office will be shut. Give me a call back, and let me know which suits you better.

問題 2 は次の電話のメッセージに関するものです。
こんにちは、ベロニカさん。IT 部門のピートです。昨日、あなたが私たちのもとにノートパソコンを預けていったのは、あるソフトウェアの動作に問題があったからでした。いくつかのアップデートを行ったところ、現在それは完璧に作動しているようです。今日の午後はウエスト・ローガン・オフィスで働いていますよね。もしあなたが急ぎでそれを必要としているのであれば、私がそちらのあなたのもとへ、パソコンをお届けできます。もしくは、4 時前であればいつでも、こちらの私たちのオフィスからそれを受け取ることが可能です。私たちは全員、4 時から 5 時の間は研修に入るのでオフィスは閉まる予定です。折り返しお電話いただき、どちらがあなたに好都合かをお知らせください。

> **●重要語句**
> ☐ **IT section** IT 部門　☐ **laptop computer** ノートパソコン
> ☐ **have trouble *doing*** ～するのに苦労している　☐ **perform** ～を行う　☐ **perfectly** 完璧に
> ☐ **deliver** ～を届ける　☐ **urgently** 緊急に　☐ **alternatively** もしくは
> ☐ **pick up ～** ～を受け取る　☐ **training seminar** 研修　☐ **suit** ～に好都合である

---

2 **答え** (C)

What does the speaker offer to do?

(A) Recommend a computer
(B) Schedule a meeting
(C) Deliver a computer
(D) Lead a workshop

話し手は何をすることを申し出ていますか。

(A) コンピューターを勧める
(B) 会議の予定を立てる
(C) コンピューターを届ける
(D) ワークショップを率いる

解説 話し手が何を申し出ているのかを、申し出の表現をヒントに聞き取りましょう。❶から、話し手は聞き手のノートパソコンを修理のために預かっているということがわかります。話し手はノートパソコンが無事作動したと伝え、❷で I can ～「～できる」という申し出の表現を使い、deliver it to you there「そちらのあなたのもとへ届ける」と伝えています。it は laptop computer を指しているので、(C) Deliver a computer「コンピューターを届ける」が正解です。

> **●重要語句**
> ☐ **recommend** ～を勧める　☐ **schedule** ～の予定を立てる　☐ **lead** ～を率いる
> ☐ **workshop** ワークショップ

🎧 87~88

⊙ 問題は本冊P.63

Ⓦ🏴 Ⓜ🇺🇸

Question 1 refers to the following conversation.

W: ❶I'm concerned about the cost of building materials. They've gone up a lot this year.

M: Don't worry. I made allowances for some price increases when I made the proposal. It'll affect our profit margin, though.

W: Good thinking. I hope the prices don't go up any further.

M: I doubt they will. I was listening to the business news on the radio this morning. They said prices were already starting to come down.

W: That's good to hear. I feel much better now.

問題1 は次の会話に関するものです。

女性：建築資材のコストを心配しています。それらは今年ずいぶん値上がりしました。

男性：心配しないでください。提案したときに、多少の値上げを考慮に入れたので。それは私たちの利益率には影響しますが。

女性：いい判断ですね。これ以上値段が上がらないことを願っています。

男性：私はそうはならないと思います。今朝、ラジオでビジネスニュースを聴いていました。値段はすでに下がり始めていると言っていましたよ。

女性：それはよかったです。今、だいぶ気が楽になりました。

🔖重要語句

☐ **be concerned about 〜** 〜を心配する		☐ **building material** 建築資材	☐ **go up** 上がる
☐ **allowance** 考慮	☐ **price increase** 値上げ	☐ **proposal** 提案（書）	
☐ **affect** 〜に影響する	☐ **profit margin** 利益率	☐ **any further** これ以上〜ない	
☐ **doubt** 〜でないと思う	☐ **come down** 下がる		

---

1 答え **(A)**

What does the woman say she is concerned about?　女性は何について心配していると言っていますか。

(A) Price increases
(B) Construction delays
(C) A project deadline
(D) A scheduling conflict

(A) 値上げ
(B) 建設の遅れ
(C) プロジェクトの締め切り
(D) スケジュールが重なること

解説 設問文から、女性の心配・懸念を表す発言を聞き取ればよいのだとわかります。❶で女性が I'm concerned about 〜「〜を心配している」という表現を使い、建築資材のコストを心配していると述べています。続いて、They've gone up a lot this year.「それらは今年ずいぶん値上がりした」と述べており、建築資材の値上がりについて心配していることがわかります。よって (A) が正解です。

🔖重要語句

☐ **construction** 建設	☐ **deadline** 締め切り	☐ **conflict** 衝突

Question 2 refers to the following excerpt from a meeting.

Thanks for coming to this meeting on such short notice. I want to discuss the inventory problem. ❶A few of our departments have informed me that they're running out of stock. I asked head office to expedite some shipments yesterday, but ❷I'm worried that they won't be able to deliver the goods in time for the weekend. I'd like you to call some of our other locations and see if any of them have a surplus. If they do, ask them to set them aside. I'll send someone over in the van to pick them up this afternoon.

問題 2 は次の会議の抜粋に関するものです。

突然のお知らせにもかかわらず、打ち合わせにご出席いただきありがとうございます。在庫の問題について話し合いたいと思います。いくつかの部署が私に、在庫が切れかかっていると伝えてきました。昨日、出荷を早めるよう本社に頼みましたが、彼らが週末に間に合うように物品を配達できないのではないかと、私は心配しています。私はあなたたちに、他の店舗に電話をして余りがある店がないかどうかを確認してほしいです。もし余りがあれば、それらを取り置きするよう頼んでください。今日の午後、誰かにワゴン車で取りに行かせます。

＊重要語句

short notice 突然の知らせ	**inventory** 在庫	**out of stock** 在庫切れ	
head office 本社	**expedite** ～を早める	**shipment** 出荷	**surplus** 余り
set aside ～ ～を取っておく	**send** ～を行かせる、～を派遣する	**van** ワゴン車	

---

2 **答え** (A)

What is the speaker concerned about?

(A) The shipment might be delayed.
(B) A staff member is unavailable.
(C) A device has malfunctioned.
(D) Advertising costs are increasing.

話し手は何について心配していますか。

(A) 出荷が遅れるかもしれない。
(B) スタッフの手が空いていない。
(C) 装置が正常に作動していない。
(D) 広告費が増加している。

解説

話し手が懸念していることを聞き取りましょう。話し手は在庫の問題について話しています。❶で、複数の部署で在庫が切れかかっていると述べたあと、「出荷を早めるよう本社に頼んだ」と続けています。さらに、❷で I'm worried ～「～が心配だ」という表現を使い、they won't be able to deliver the goods in time for the weekend「彼らが週末に間に合うように物品を配達できないのではないか」と懸念を述べています。物品を時間通りに配達できないことを「出荷が遅れるかもしれない」と言い換えた (A) が正解です。

＊重要語句

delay ～を遅らせる	**unavailable** 手が空いていない	**device** 装置
malfunction うまく作用しない	**increase** 増加する	

PART 3&4 / LESSON 06 詳細⑥ いつ何が起こるか

🔊 89~90

⟳ 問題は本冊P.65

Ⓦ 🇨🇦 Ⓜ 🇦🇺

Question 1 refers to the following conversation.

W: ❶ Would you mind doing the orientation for the new employees? Kerry usually does it, but she's on vacation at the moment.

M: Sure. I don't mind. ❷ They will be starting work next week, right?

W: ❸ Yes, Monday will be orientation, and training will start on Tuesday. Most of them will work in software development.

M: Wow, Monday? That's not much time to prepare. I wish you'd told me earlier.

W: I know. I'm sorry about that. You can use the documents Kerry prepared last year, though. I'll send them to you now.

問題1 は次の会話に関するものです。
女性：新入社員のオリエンテーションを行っていただけませんか。ケリーが普段それをしているのですが、彼女は今ちょうど休暇中なんです。
男性：いいですよ。構いません。彼らは来週から働き始めるのですよね？
女性：はい、月曜日がオリエンテーションで、研修が火曜日に始まります。彼らのほとんどはソフトウェア開発の仕事をする予定です。
男性：へえ、月曜日ですか。それは準備するには時間があまりないですね。もっと早く教えてもらえればよかったのですが。
女性：そうですよね。それについては申し訳なく思っています。しかし、ケリーが去年用意した書類を使うことができます。今、それらをあなたに送りますね。

> **＊重要語句**
> ☐ **Would you mind *doing* ～？** ～していただけませんか ☐ **at the moment** ちょうど今
> ☐ **mind** 気にする ☐ **software development** ソフトウェア開発 ☐ **document** 書類

---

1 **答え** (D)

What will happen next week?
(A) A new restaurant will open.
(B) A sporting event will be held.
(C) Some construction work will be completed.
(D) Some new employees will start working.

来週何が起こりますか。
(A) 新しいレストランがオープンする。
(B) スポーツのイベントが開催される。
(C) 建設作業が完了される。
(D) 何人かの新入社員が仕事を始める。

解説 設問文中の next week「来週」という日時を表すキーワードをヒントに、会話文を聞きましょう。女性が❶で「新入社員のオリエンテーションを行ってもらえないか」と男性に頼んでいます。それを聞いた男性はそれを承諾したあと、❷で They will be starting work next week, right?「彼らは来週から働き始めるのですよね？」と確認しています。それに対して、女性は❸Yes「はい」と答えています。よって、新入社員が来週から働き始めるのだとわかるので、(D) が正解です。

> **＊重要語句**
> ☐ **construction work** 建設作業

040

W 🇬🇧

Question 2 refers to the following broadcast.

Welcome back to the show. This is *What's on in Brooklyn*. We talk about things to see and do in and around Brooklyn. It's a great time to be in Brooklyn. ❶Tomorrow is the biggest event on the Brooklyn sporting calendar. ❷Of course, it's the Annual York Street Marathon. Every year, thousands of runners from all across the USA take part in this marathon. You can cheer on the participants along the route. The start and finish lines are both on York Street, so it always attracts the most people, but the Brooklyn Bridge and the Manhattan Bridge both offer excellent views, too.

問題 2 は次の放送に関するものです。

当番組へおかえりなさい。こちらは『ワッツ・オン・イン・ブルックリン』です。ブルックリンとその周辺で見るべきものや行うべきことについてお話しします。今はブルックリンに滞在する絶好の時期です。明日は、ブルックリンのスポーツカレンダー上で最大のイベントです。もちろん、それは毎年恒例のヨーク・ストリート・マラソンのことです。毎年、アメリカ全土から何千人ものランナーがこのマラソン大会に参加しています。沿道で参加者を応援することもできます。スタートラインとゴールラインはどちらもヨーク通りにあるので、そこにはいつも一番多く人が集まるのですが、ブルックリン橋とマンハッタン橋からの眺めも素晴らしいです。

＊重要語句

☐ **annual** 毎年の	☐ **take part in ～** ～に参加する	☐ **cheer on ～** ～を応援する
☐ **participant** 参加者	☐ **route** 道	☐ **attract** ～を呼び寄せる	☐ **view** 眺め

---

2 **答え** (D)

What will happen tomorrow?

(A) A clearance sale

(B) A grand opening

(C) A training session

(D) A sporting event

明日何が起こりますか。

(A) 在庫一掃セール

(B) グランドオープン

(C) 研修

(D) スポーツイベント

解説 設問文の tomorrow「明日」という語をキーワードに、何が起こるかを聞き取ります。話し手はブルックリンのことについて話しています。❶では、「明日は、ブルックリンのスポーツカレンダー上で最大のイベントだ」と述べています。続く❷で、そのイベントとはマラソン大会であることがわかります。これを a sporting event「スポーツイベント」と表している (D) が正解です。❶の冒頭でキーワードの tomorrow が出てくるので、そのあとの部分を特に注意深く聞き取りましょう。

PART 3&4　LESSON 07　詳細⑦ **次にする行動を問う問題**

🔊 91~92

➔ 問題は本冊P.67

Ⓜ🇺🇸　Ⓦ🇨🇦

Question 1 refers to the following conversation.

M: Welcome to the Sanderson Art Gallery. How can I help you?

W: Hi. My name's Luisa Wu. Um, I've reserved a guided tour of the museum. We're supposed to start at one o'clock. We're a little early. Are any of the guides available now?

M: Unfortunately, all the guides are still showing groups around. We'll have to wait for them to finish, I'm afraid.

W: I see. That's fine. ❶ We'll have some lunch at the café and come back at one.

問題 1 は次の会話に関するものです。

男性：サンダーソン美術館へようこそ。どのようなご用件でしょうか。

女性：こんにちは。私の名前はルイサ・ウーです。ええと、美術館のガイドツアーを予約しました。1 時から開始の予定です。少し早いですね。今、空いてるガイドはいますか。

男性：残念ながら、ガイドは全員、まだ団体客を案内している最中です。恐れ入りますが、彼らが終わるまで待たなければいけません。

女性：なるほど。構いませんよ。カフェで昼食をとって、1 時に戻ってきます。

---

* 重要語句

- ☐ **reserve** ～を予約する　☐ **guided tour** ガイドツアー
- ☐ **be supposed to** *do* ～することになっている
- ☐ **available** （スケジュールが）空いている、利用できる　☐ **unfortunately** 残念ながら
- ☐ **show ~ around** ～を案内する

---

1 答え (B)

What will the woman do next?

(A) Change a reservation

(B) Visit a café

(C) Consult with a colleague

(D) Purchase a ticket

女性は次に何をしますか。

(A) 予約を変更する

(B) カフェを訪問する

(C) 同僚に相談する

(D) チケットを購入する

解説 女性が次にする行動を問う設問です。未来を表す表現をヒントに聞き取りましょう。女性は予約していたツアーより早い時間に来てしまい、男性に待つ必要があると言われています。それを聞いた女性は「構いません」と了承し、❶で We'll have some lunch at the café and come back at one. 「カフェで昼食をとって、1 時に戻ってくる」と、このあとの行動について答えています。have some lunch at the café を、visit a café と言い換えた (B) が正解です。We'll ～は We will ～を省略した形で、未来を表す表現です。

---

* 重要語句

- ☐ **consult with ~** ～に相談する　☐ **purchase** ～を購入する

042

W I+I

Question 2 refers to the following talk.

Welcome back. I hope you all enjoyed your lunch in our new cafeteria. In this afternoon's orientation session, you'll see a welcome message from our company president, Jane Tanaka. Usually, Ms. Tanaka would be here in person to welcome you all, but she's in London on a business trip, and she wasn't able to make it back here in time. ❶I'm going to hand out some employee manuals first, though. I'd like you to open them up and read the introduction on the first page while I set up the projector and prepare the video.

問題 2 は次の話に関するものです。

おかえりなさい。皆さんに新しい食堂でのランチをお楽しみいただけたことと思います。今日の午後の説明会では、弊社の社長であるジェーン・タナカからの歓迎メッセージをご覧いただきます。通常であれば、皆さんを歓迎するためにタナカさんが直接こちらに出向くはずでしたが、彼女は出張でロンドンにいるため、間に合うようにこちらに戻ってくることができませんでした。とはいえ、まずは従業員マニュアルをお配りしようと思います。私がプロジェクターを立ち上げて動画を準備する間に、皆さんには従業員マニュアルを開いて、1 ページ目に載っているイントロダクションを読んでいただきたいです。

* 重要語句

- **cafeteria** 食堂 ■ **welcome message** 歓迎メッセージ ■ **president** 社長
- **in person** 直接 ■ **business trip** 出張 ■ **hand out ~** ～を配る
- **employee manual** 従業員マニュアル ■ **open up ~** ～を開く
- **introduction** イントロダクション ■ **set up ~** ～（機械や装置）を立ち上げる

---

2 **答え** (B)

What will the speaker do next?　　　　話し手は次に何をしますか。

(A) Record a video　　　　　　　　　　(A) ビデオを録画する

(B) Distribute a manual　　　　　　　　(B) マニュアルを配布する

(C) Explain a procedure　　　　　　　　(C) 手順を説明する

(D) Make a speech　　　　　　　　　　(D) スピーチをする

解説 未来を表す表現に注意して聞き取りましょう。「社長から歓迎メッセージがある」といった内容から、話し手はオリエンテーションで新入社員に向けて話しているとわかります。話し手は❶で、I'm going to hand out some employee manuals「従業員マニュアルを配る」と言っています。hand out を distribute と言い換えた (B) が正解です。I'm going to ~「～する予定だ」という未来を表す表現を聞き逃さないようにしましょう。

* 重要語句

- **record** ～を記録する ■ **distribute** ～を配布する ■ **explain** ～を説明する
- **procedure** 手順

043

PART 3&4 LESSON 08 全体① 職業を問う問題

93~94

⊙ 問題は本冊P.69

W1 🇨🇦 W2 🇬🇧 M 🇦🇺

Question 1 refers to the following conversation with three speakers.

W1: Good morning, viewers and welcome back to *Morning Matters* with Haley Greene and Mary Walsh. I understand that we have a very exciting guest about to join us, Mary.

W2: That's right, Haley. Todd Sugiyama is here this morning. ❶He's just arrived back from London, where he took part in the International Tennis Championships.

W1: Oh yes! Welcome to the show Todd. It's lovely to finally meet you.

M: Thank you for having me. It's great to be here. ❷I wish I could have brought back the trophy with me.

W2: Never mind about that. You played magnificently and everyone in Australia is very proud of you.

M: Thanks for saying that. ❸As a sportsperson, I can tell you that the support from the people at home means a lot.

問題1は3人の話し手による次の会話に関するものです。

女性1: おはようございます、視聴者の皆さん。そして、ヘイリー・グリーンとメアリー・ウォルシュの『モーニング・マターズ』へおかえりなさい。メアリー、とてもエキサイティングなゲストがこれからいらっしゃるそうですね。

女性2: その通りです、ヘイリー。今朝はトッド・スギヤマが来ています。彼は国際テニス選手権に参加したロンドンからちょうど戻ってきたところです。

女性1: ああ、そうでしたね! トッド、番組へようこそ。ついにお会いできてうれしいです。

男性: お招きいただきありがとうございます。ここに来ることができてうれしいです。トロフィーを持って帰ってくることができたらよかったのですが。

女性2: そのことについては気にしないでください。あなたは堂々とプレーしましたし、オーストラリアの人はみな、あなたのことをとても誇りに思っていますよ。

男性: そう言ってくださり、ありがとうございます。スポーツ選手として、私が言えるのは母国の人々の応援は重要な意味を持つということです。

* 重要語句

☐ **viewer** 視聴者　☐ **exciting** 興奮させる　☐ **finally** ついに　☐ **magnificently** 堂々と
☐ **be proud of ~** ~を誇りに思う　☐ **support** 応援　☐ **mean** ~を意味する

1 答え (D)

Who most likely is the man?

(A) A political commentator

(B) A clothing designer

(C) A financial expert

(D) A professional athlete

男性は誰だと考えられますか。

(A) 政治評論家

(B) 衣服デザイナー

(C) 金融専門家

(D) プロスポーツ選手

解説 設問文から、男性の職業を問われているのがわかります。会話文の全体の内容から職業を推測していきましょう。2人目の女性がゲストである男性を紹介したあと、❶で「彼は国際テニス選手権に参加した」と説明をしています。その後、男性は❷で「トロフィーを持って帰ってくることができたらよかった」と述べています。また、最後に❸で「スポーツ選手として、私が言えるのは…」と話しています。これらの発言から、男性はプロのテニスプレイヤーだと推測できます。よって、(D) A professional athlete「プロスポーツ選手」が正解です。

☐ **financial** 金融の　☐ **expert** 専門家　☐ **professional** プロの
☐ **athlete** 運動選手、スポーツマン

Question 2 refers to the following talk.

❶ First, I'd like to thank you all for taking part in this walking tour of Melbourne City. My name is Leeroy Brown, and ❷ I'll be showing you around some of our most popular sightseeing spots. ❸ If you have any questions during the tour, please feel free to ask. Our first stop is the botanical gardens on Bradman Street. After that, we'll head over to William Avenue for a little souvenir shopping and lunch. We'll be dining at Sanderson's Bistro. It's an award-winning restaurant with a wonderful atmosphere. You can choose from steak, chicken, or seafood.

問題2は次の話に関するものです。
まずは、このメルボルン市のウォーキングツアーにご参加いただき、ありがとうございます。私の名前はリーロイ・ブラウンで、私が皆さんをいくつかの最も有名な観光スポットへご案内します。ツアー中に何かご質問があれば、お気軽にお尋ねください。私たちが最初に立ち寄るのは、ブラッドマン通りにある植物園です。その後、ちょっとしたお土産巡りや昼食のために、ウィリアム大通りへ向かいます。サンダーソンズ・ビストロで食事をとる予定です。そこは受賞歴のある素晴らしい雰囲気のレストランです。ステーキ、チキン、シーフードから選ぶことができます。

重要語句

□ **sightseeing spot** 観光スポット	□ **botanical garden** 植物園	□ **head over ～** ～へ向かう
□ **souvenir** お土産	□ **dine** 食事をとる	□ **award-winning** 受賞歴のある
□ **atmosphere** 雰囲気		

---

2 **答え** (C)

Where does the speaker most likely work?

(A) At a restaurant
(B) At a public library
(C) At a travel agency
(D) At a flower shop

話し手はどこで働いていると考えられますか。

(A) レストラン
(B) 公共図書館
(C) 旅行代理店
(D) 花屋

解説 設問文から、話し手の職業を問う問題だとわかります。トーク文のキーワードから関連する職業を推測しましょう。話し手は❶で、ウォーキングツアーに参加してくれたことに対して聞き手にお礼を述べています。また、❷では話し手が有名な観光スポットへ案内することがわかります。さらに、❸で during the tour「ツアー中に」という発言があり、そのあとも観光の目的地の説明を続けていることから、男性はツアーガイドだと考えられます。よって、(C) At a travel agency「旅行代理店」が正解です。

重要語句

□ **agency** 代理店

M 🇺🇸　W 🇬🇧

Question 1 refers to the following conversation.

M: Hi, Fatima. If you have a moment, ❶I'd like to talk to you about the parking lot. It's in really poor condition, and there's a lot of mud whenever it rains.

W: I know. We really should do something about it. ❷Shall I have a couple of contractors come in and give us some quotes?

M: Good idea. I'd like to know how much it would cost to get it concreted instead of asphalt.

W: Sure. I'll get quotes for both.

問題 1 は次の会話に関するものです。

男性：こんにちは、ファティマ。もし時間があれば、駐車場についてあなたと話したいのですが。それは本当に状態が悪く、雨が降るときはいつでも泥だらけなんです。

女性：そうですね。私たちは本当にそれを何とかしないといけませんね。何人かの業者に来てもらって、見積もりを出してもらいましょうか。

男性：いい考えですね。アスファルトの代わりにコンクリートで舗装してもらう場合、いくらかかるのかを知りたいです。

女性：わかりました。両方の見積もりを出してもらいます。

・重要語句

☐ **moment** 時間　☐ **parking lot** 駐車場　☐ **poor** 良くない　☐ **condition** 状態　☐ **mud** 泥
☐ **contractor** 業者　☐ **quote** 見積もり　☐ **instead of ～** ～の代わりに
☐ **concreted** コンクリートの　☐ **asphalt** アスファルト

1　答え (D)

What are the speakers discussing?	話し手たちは何について話し合っていますか。
(A) Conducting a survey	(A) 調査を実施すること
(B) Selling a company vehicle	(B) 社用車を売ること
(C) Canceling an event	(C) イベントを中止すること
(D) Repairing a parking lot	(D) 駐車場を修繕すること

解説　会話の概要を問われているので、会話の最初に注意して聞きましょう。冒頭の❶で男性は「駐車場について話したい」と述べ、駐車場の状態が悪いと伝えています。それを聞いた女性は❷で、業者に見積もりを出してもらうことを提案しています。その後も駐車場の修繕について話しているので、(D) が正解です。冒頭で parking lot「駐車場」という単語が出てくるので、これを聞き逃さなければ答えることができる問題です。

・重要語句

☐ **conduct** ～を行う　☐ **company vehicle** 社用車　☐ **repair** ～を修繕する

Question 2 refers to the following telephone message.

Hi. This is Tim Fleishman from Regent Auto. ❶I'm just calling to let you know that the repairs on your car are complete. You can come and pick it up when you're ready. The bill comes to $650. You can pay by cash or credit card. The mechanic found a couple of problems that you should have fixed soon. We need to replace the brake pads and adjust the power steering. You should have them looked at in the next few weeks. Please let me know if you'd like to schedule the work when you pay the bill.

問題2は次の電話のメッセージに関するものです。
もしもし。こちらはリージェント自動車店のティム・フライシュマンです。お車の修理が完了したことをお知らせするために、お電話しています。ご都合がよいときに来店してお引き取りいただけます。ご請求は650ドルです。現金かクレジットカードでのお支払いが可能です。修理工は、あなたが早く修理してもらうべき2つの問題を発見しました。私たちはブレーキパッドを取り替えて、パワーステアリングを調整する必要があります。今後数週間のうちにそれらを見てもらった方がよいです。お支払いの際に、修理の予定を入れたいとお考えかどうかをお知らせください。

* **重要語句**
  - **repair** 修理　　**complete** 完了した　　**bill** 請求（書）
  - **come to ~** （合計などが）~となる　　**mechanic** 修理工　　**a couple of ~** 2つの~
  - **fix** ~を修理する　　**replace** ~を交換する　　**brake pad** ブレーキパッド
  - **adjust** ~を調整する
  - **power steering** パワーステアリング（ハンドルの回転をアシストする機構）
  - **schedule** ~の予定を立てる　　**pay** ~を支払う

2　**答え** (D).

Why is the speaker calling?　　　　話し手はなぜ電話をかけていますか。

(A) To reserve a hotel　　　　　　　　(A) ホテルを予約するため

(B) To arrange some transportation　　(B) 交通手段を手配するため

(C) To promote an item　　　　　　　(C) 商品を促進するため

(D) To provide information about car repairs　(D) 車の修理についての情報を提供するため

解説 電話の目的を聞かれているので、トーク文の最初に注意して聞きましょう。❶の I'm just calling to ~.「~するために電話しています」という表現のあとに続く内容が正解の根拠です。「車の修理が完了したことを知らせるために、電話している」と述べ、そのあとも修理に関する内容が続いています。let you know「あなたに知らせる」を provide information「情報を提供する」と言い換えた (D) が正解です。

* **重要語句**
  - **transportation** 交通手段　　**provide** ~を提供する

M 🇦🇺　W 🇨🇦

Question 1 refers to the following conversation.

M: ❶ I need someone to come with me to the printers. We have to pick up the new brochures and deliver them to the conference center.

W: I'm free this afternoon.

M: ❷ Great, thanks, Jenny. We'll leave at two thirty. We're taking the van. I haven't reserved it yet. Could you do that for me?

W: I'd be happy to. I think it's low on fuel. We'd better fill it up while we're out.

問題 1 は次の会話に関するものです。

男性： 私は印刷所まで同伴してくれる人を必要としているんです。私たちは新しいパンフレットを受け取って、それらを会議場まで届けなければいけません。

女性： 今日の午後は空いていますよ。

男性： よかった、ありがとうございます、ジェニー。2 時 30 分に出発しましょう。バンで行くつもりです。まだそれを予約していませんが。私のためにそれをしていただけますか。

女性： 喜んで。バンは燃料が少ないと思います。外出中に満タンにしたほうがいいですね。

* 重要語句

printer 印刷所	**pick up ~** ~を受け取る	**brochure** パンフレット	
deliver ~を配達する	**conference center** 会議場	**van** バン（小型の運搬用トラック）	
reserve ~を予約する	**yet** まだ	**low** （量が）少ない	**fuel** 燃料
fill up ~ ~をいっぱいにする			

1　答え (C)

What does the woman imply when she says, "I'm free this afternoon"?

(A) She has changed her schedule.

(B) She can take some time off work.

(C) She is available to help the man.

(D) She has finished writing a report.

女性は "I'm free this afternoon" という発言で、何を示唆していますか。

(A) 彼女はスケジュールを変更した。

(B) 彼女は仕事の休みを取ることができる。

(C) 彼女は男性を手伝うことができる。

(D) 彼女は報告書を書き終わった。

解説 発言の意図を問う問題です。I'm free this afternoon は、「今日の午後は空いている」という意味ですが、文脈によって意図が変わるので会話の流れに注意して聞きましょう。男性が❶で、印刷所まで同伴してくれる人が必要だと言っています。そのあとに女性は問われている発言をし、男性が❷でお礼を述べていることから、女性は男性と一緒に印刷所へ行くことができるという意図でこの発言をしたのだとわかります。男性に同伴することを「手伝う」と表した (C) が正解です。

* 重要語句

available 手が空いている	**report** 報告書

Question 2 refers to the following podcast.

In this week's episode of *Film Journey*, we'll be talking about two really famous films. The first one is *Tricks or Treats*. It was directed by Tim Harding. ❶We reviewed one of his other films last month. It was the most popular episode of our show. ❷Tim Harding had worked as a film director for over 40 years. ❸*Tricks or Treats* was Harding's last film and it's clear that <u>he learned from his previous experiences</u>. I'm sure you're going to love it.

問題 2 は次のポッドキャストに関するものです。

今週の『フィルム・ジャーニー』のエピソードでは、とても有名な 2 つの映画についてお話します。1 本目は『トリック・オア・トリート』です。それはティム・ハーディングによって監督されました。当番組では先月、彼の他の映画の 1 つをレビューしました。それは当番組で最も人気のあるエピソードでした。ティム・ハーディングは 40 年以上の間、映画監督として働きました。『トリック・オア・トリート』はハーディングの最後の映画で、彼がそれ以前の経験から学んだということは明らかです。私はあなたがきっとそれを気に入るだろうと思っています。

*重要語句

episode 1 回分の話	**direct** ～を監督する	**review** ～を論評する
show （ラジオの）番組	**director** 監督	**previous** 以前の	**experience** 経験
sure 確信して		

---

2 答え (A)

What does the speaker imply when she says, "he learned from his previous experiences"?

話し手は "he learned from his previous experiences" という発言で、何を示唆していますか。

(A) The quality of the director's work has improved.

(B) The director expects to be nominated for an award.

(C) The movie promotion was highly successful.

(D) The interview with the actors went very smoothly.

(A) 監督の作品の質が向上した。

(B) 監督は賞に推薦されることを期待している。

(C) 映画のプロモーションは大きな成功を収めた。

(D) 俳優との面接は非常にスムーズに進んだ。

解説 下線部の発言は、「彼はそれ以前の経験から学んだ」という意味です。この発言の意図を、話の流れから推測しましょう。話し手はティム・ハーディング監督の映画についての話をしています。❶で、先月彼の作品をレビューした回が最も人気だったことを述べ、❷で「ティム・ハーディングは 40 年以上の間、映画監督として働いた」と紹介しています。❸の「『トリック・オア・トリート』はハーディングの最後の映画だった」のあとに、下線部の発言が続きます。つまり、彼の 40 年以上の映画監督としての経験が、最後の作品である『トリック・オア・トリート』に反映され、その結果映画が好評を得たということだと考えられるので、(A) の「監督の作品の質が向上した」が正解です。(B)、(C)、(D) についてはまったく述べられていないので不正解です。

*重要語句

quality 質	**improve** 向上する	**expect to do** ～することを期待する
nominate ～を推薦する	**award** 賞	**promotion** プロモーション
successful 成功した	**interview** 面接	**actor** 俳優	**smoothly** スムーズに

M🇺🇸 W🇬🇧

Question 1 refers to the following conversation and catalog.

M: I bought a new vase for the waiting room. Doesn't it look nice?

W: It does. It looks expensive, though. How much did you pay for it?

M: I bought it from this catalog. Look. ❶It was only $43. I think it was a bargain. I wanted to get two, but they've sold out.

W: That is cheap. Can I borrow that catalog? I'm interested in buying some new furniture for my home.

問題1 は次の会話とカタログに関するものです。

男性：待合室用に新しい花瓶を買いました。素敵ではありませんか。

女性：素敵ですね。高そうですが。それにいくら支払ったのですか。

男性：このカタログから買ったんです。見てください。それはたったの43ドルでした。特売品だったと思います。2個買いたかったのですが、売り切れでした。

女性：それは安いですね。そのカタログを借りてもいいですか。自宅用に新しい家具を買いたいと思っているんです。

Items for sale		セール中の商品	
Brown Glass Vase	$120	茶色のガラス製の花瓶	120 ドル
Hand-made Clay Vase	$43	手作りの陶器の花瓶	43 ドル
Small Copper Vase	$39	小さい銅製の花瓶	39 ドル
Modern White Vase	$29	モダンな白い花瓶	29 ドル

◆重要語句

☐ **vase** 花瓶 ☐ **waiting room** 待合室 ☐ **though** ～だけれども ☐ **bargain** 特売品
☐ **sell out** （商品が）売り切れる ☐ **borrow** ～を借りる ☐ **furniture** 家具

---

1 **答え** (B)

Look at the graphic. Which vase did the man buy?

(A) Brown Glass Vase

(B) Hand-made Clay Vase

(C) Small Copper Vase

(D) Modern White Vase

図を見てください。男性はどの花瓶を購入しましたか。

(A) 茶色のガラス製の花瓶

(B) 手作りの陶器の花瓶

(C) 小さい銅製の花瓶

(D) モダンな白い花瓶

解説 図表には商品の種類の欄と、値段の欄があります。選択肢に商品の種類が並んでいるので、放送文では値段に関する情報を聞き取るべきだとわかります。女性が花瓶の値段を尋ねると、男性は❶で It was only $43.「それはたったの43ドルだった」と述べています。図表より、$43 の商品は Hand-made Clay Vase「手作りの陶器の花瓶」であるとわかるので、(B) が正解です。

◆重要語句

☐ **hand-made** 手作りの ☐ **clay** 陶器の ☐ **copper** 銅 ☐ **modern** 現代風の

Question 2 refers to the following announcement and store directory.

Good morning shoppers. Thanks for shopping at Cranston's Department Store. We're in the middle of our summer clearance sale, and there're hundreds of amazing bargains for you to take advantage of throughout the store. I'm also happy to announce that we'll be providing some free entertainment for shoppers today. ❶ If you go to the menswear department, you can listen to a brief concert by Phil Bobson. He'll be here between 10 o'clock and 11 o'clock this morning. He's also agreed to sign copies of his latest album. You can buy it in our music section on the second floor.

問題 2 は次のお知らせと店舗案内板に関するものです。

おはようございます、お買い物中の皆さま。クランストン百貨店でお買い物いただきありがとうございます。私たちは夏の在庫一掃セールの真っ最中で、お客さまにご利用いただける驚きのお買い得品が百貨店中に何百とあります。また、本日はお客さまのために無料のエンターテインメントを提供する予定だとお知らせすることができ、うれしく思います。紳士服売り場へ行けば、フィル・ボブソンによる短いコンサートをお聞きいただけます。彼は今朝、10時から11時までここにいる予定です。彼はまた、彼の最新アルバムにサインをすると同意してくれました。2階の音楽コーナーでそれをお買い求めいただけます。

Directory	
Fourth Floor	Women's Fashion
Third Floor	Menswear
Second Floor	Music and Appliances
First Floor	Furniture and Kitchenware

案内板	
4 階	女性用ファッション
3 階	紳士服
2 階	音楽と電化製品
1 階	家具とキッチン用品

＊重要語句

- **directory** 案内板　■ **shopper** 買い物客　■ **department store** 百貨店
- **clearance sale** 在庫一掃セール　■ **hundreds of ～** 何百もの～　■ **amazing** 驚くべき
- **bargain** 特売品　■ **take advantage of ～** ～を利用する
- **throughout** ～の至るところで　■ **announce that ～** ～ということを知らせる
- **provide A for B** A を B に提供する　■ **entertainment** エンターテインメント
- **menswear department** 紳士服売り場　■ **brief** 短い　■ **concert** コンサート
- **agree to do** ～することに同意する　■ **sign** ～にサインをする　■ **copy** 部
- **latest** 最新の　■ **section** 仕切られた場所

2 答え **(B)**

Look at the graphic. Where can shoppers enjoy a live musical performance?

(A) On the fourth floor
(B) On the third floor
(C) On the second floor
(D) On the first floor

図を見てください。買い物客はどこで生演奏を楽しむことができますか。

(A) 4 階
(B) 3 階
(C) 2 階
(D) 1 階

解説 図表の左列には階数が、右列にはその階での取り扱い商品が書かれています。選択肢には階数が並んでいるので、右列の語句に注意をしながら聞き取りましょう。トークの冒頭から、これは百貨店でのお知らせだとわかります。話し手は❶で If you go to the menswear department, you can listen to a brief concert by Phil Bobson. 「紳士服売り場へ行けば、フィル・ボブソンによる短いコンサートを聞くことができる」と伝えています。図表を見ると、menswear「紳士服」は3 階で売られているので、ここに行けば生演奏を楽しむことができるとわかります。よって、(B) が正解です。

☐ **live** 生の、ライブの　☐ **musical** 音楽の　☐ **performance** 演奏

⊙ 問題は本冊P.77

M 🇦🇺 W 🇨🇦

Question 1 refers to the following conversation and map.

M: Where shall we have lunch this afternoon? I feel like having seafood.

W: ❶ How about the restaurant next to Sunrise Park? I heard it's great.

M: That sounds great. I have to call a client now. Shall we meet in the lobby at 11:30?

W: I might need a bit longer than that. I have to drop off some dry cleaning. How's 11:45?

M: Sure. The weather's great, and it's not far from here. Let's walk to the restaurant.

問題1は次の会話と地図に関するものです。

男性: 今日の午後はどこでランチを食べましょうか。私はシーフードを食べたい気分です。

女性: サンライズ公園の隣にあるレストランはいかがですか。そこはおいしいと聞きました。

男性: それはいいですね。私はこれからクライアントに電話しなければいけません。11時30分にロビーで会いませんか。

女性: 私はそれよりもう少し時間が必要かもしれません。クリーニングを預けなければいけないので。11時45分はどうですか。

男性: いいですよ。天気が良いですし、レストランはここからそれほど遠くありません。レストランまで歩いて行きましょう。

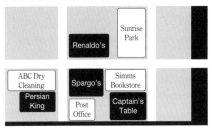
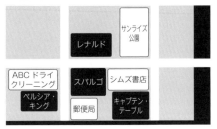

⭐ 重要語句

☐ **feel like *doing*** ～したい気分である ☐ **lobby** ロビー ☐ **drop off ～** ～を置いていく

☐ **dry cleaning** ドライクリーニング用の衣類 ☐ **far from ～** ～から遠い

---

1 答え (A)

Look at the graphic. Where will the speakers most likely have lunch?

(A) At Renaldo's
(B) At Captain's Table
(C) At Spargo's
(D) At Persian King

図を見てください。話し手たちはどこでランチをとると考えられますか。

(A) レナルド
(B) キャプテン・テーブル
(C) スパルゴ
(D) ペルシア・キング

解説 地図の図表問題なので、位置関係を表すキーワードを聞き取りましょう。男性がランチをどこで食べるべきかたずねると、女性は❶で How about the restaurant next to Sunrise Park?「サンライズ公園の隣にあるレストランはどうか」と提案しています。男性はそれに対して同意をしています。図表を見ると、Sunrise Park の隣にあるのは Renaldo's なので (A) が正解です。

M 🇺🇸

Question 2 refers to the following telephone message and map.

Hi Jacky. It's Travis. My meeting with the people at Altman Engineering went well. I had lunch with their CEO after the meeting, and she seemed very interested in our proposal. I'm trying to get back to the office, but I can't get a taxi. I think they're all busy taking people to TRN Stadium to see the basketball game. ❶ Would you mind coming and picking me up? ❷ I'm right across the road from the post office on Wilson Avenue. Let's pick up some supplies for the office party on the way back. We won't have much time for shopping tomorrow.

問題 2 は次の電話のメッセージと地図に関するものです。

もしもし、ジャッキー。トラヴィスです。アルトマン・エンジニアリングの方々とのミーティングはうまくいきました。会議のあと、彼らの最高経営責任者とランチをしたのですが、彼女は私たちの提案にとても興味を持ってくれたようです。私は事務所に戻ろうとしているのですが、タクシーを拾うことができません。彼らはみな、バスケットボールの試合を見る人々を TRN スタジアムへ連れて行くのに忙しいのだと思います。私を迎えに来ていただけませんか。ウィルソン大通りにある郵便局の道路のちょうど向こう側にいます。戻る途中で、オフィスパーティー用の備品を買いましょう。明日は買い物の時間があまりないでしょうから。

* ★重要語句

☐ **go well** うまくいく ☐ **CEO** 最高経営責任者 ☐ **seem** 〜のように見える
☐ **proposal** 提案 ☐ **busy** *doing* 〜するのに忙しい
☐ **Would you mind** *doing* 〜 ？ 〜していただけませんか ☐ **pick up** 〜 〜を車で迎えに行く
☐ **post office** 郵便局 ☐ **pick up** 〜 〜を買う ☐ **supplies** 供給品
☐ **on the way back** 戻る途中で

---

2 答え (D)

Look at the graphic. Where is the speaker waiting?

(A) At Altman Engineering
(B) At Milton Shoes
(C) At Valentino's Café
(D) At Black's Books

図を見てください。話し手はどこで待っていますか。

(A) アルトマン・エンジニアリング
(B) ミルトン靴屋
(C) ヴァレンティーノ・カフェ
(D) ブラック書店

解説 位置関係を表すキーワードを放送文から聞き取ります。話し手は聞き手に、❶「迎えに来てくれないか」と頼んだあと、❷で I'm right across the road from the post office on Wilson Avenue.「ウィルソン大通りにある郵便局の道路のちょうど向こう側にいる」と伝えています。この right across 〜「〜の真向かいに」がキーワードです。図表を見ると、郵便局の向かいにある建物は Black's Books なので、(D) が正解です。

01 ～ 12 実戦テスト

→ 問題は本冊P.78

Ⓦ🇨🇦 Ⓜ🇦🇺

Questions 1 through 3 refer to the following conversation.

W: ❶I know you want to get all the furniture for the break room from Savage Furniture. ❷I agree that it looks great, but have you seen the prices? It's just too expensive.

M: ❸Well, would you take a look at the reviews, though? Their furniture lasts a really long time. The styles are timeless, so we won't need to buy furniture again for years.

W: I need to see it for myself. ❹They have a showroom here in Montgomery. ❺Why don't we take a look this morning?

M: Good idea. I'm sure you'll change your mind when you see it.

問題 1-3 は次の会話に関するものです。

女性: あなたは休憩室のすべての家具をサベージ家具店から購入したいのですよね。見た目がいいことは同意しますが、価格を確認しましたか。ちょっと高すぎますね。

男性: うーん、でも、レビューを見ていただけませんか。彼らの家具は本当に長持ちするんです。そのスタイルは不朽なので、何年間もの間、再び家具を買う必要はなくなるでしょう。

女性: 自分でそれを確かめる必要がありますね。彼らにはここモンゴメリーに展示室があります。今日の午前中、見に行きませんか。

男性: いい考えですね。見たらきっと、考えが変わると思いますよ。

★重要語句

- [ ] **furniture** 家具　　- [ ] **break room** 休憩室　　- [ ] **price** 価格　　- [ ] **expensive** 高価な
- [ ] **take a look at ～** ～を見る　　- [ ] **review** レビュー、評価　　- [ ] **though** ～だけれども
- [ ] **last** 長持ちする　　- [ ] **timeless** 不朽の　　- [ ] **showroom** 展示室　　- [ ] **sure** 確信して
- [ ] **mind** 考え、意見

1　答え (A)

What does the woman dislike about Savage Furniture?

(A) The prices
(B) The designs
(C) The sizes
(D) The materials

女性はサベージ家具店について何を嫌っていますか。

(A) 価格
(B) デザイン
(C) サイズ
(D) 素材

解説 設問文は会話の中の情報についてピンポイントで聞いています。Savage Furniture をキーワードに会話文を聞き取りましょう。女性は❶で、サベージ家具店から家具を購入するということについて切り出し、❷で have you seen the prices?「価格を確認したか」とたずね、商品の値段が高すぎると述べています。よって、(A) が正解です。

2 答え (A)

What does the man ask the woman to do?　　　　男性は女性に何をするよう頼んでいますか。

(A) Read some reviews　　　　(A) レビューを読む
(B) Watch an advertisement　　　　(B) 広告を見る
(C) Speak with an expert　　　　(C) 専門家と話す
(D) Increase a budget　　　　(D) 予算を増やす

解説 依頼の内容を問う問題です。男性が話す依頼表現を聞き取りましょう。女性が「値段が高すぎる」と述べたあと、男性は Would you 〜？「〜していただけますか」という依頼表現を使い、❸Well, would you take a look at the reviews, though?「うーん、でも、レビューを見ていただけませんか」と頼んでいます。take a look at を read と言い換えた (A) Read some reviews が正解です。

□ **advertisement**　広告　□ **expert**　専門家　□ **budget**　予算

---

3 答え (D)

What does the woman suggest doing?　　　　女性は何をすることを提案していますか。

(A) Renovating a room　　　　(A) 部屋を改装すること
(B) Holding a meeting　　　　(B) 会議を開くこと
(C) Checking a menu　　　　(C) メニューを確認すること
(D) Visiting a store　　　　(D) 店を訪れること

解説 女性が提案する表現を聞き取って答える問題です。サベージ家具店の家具は長持ちだと説明する男性に対し、女性は「自分で確かめる必要がある」と言い、❹で They have a showroom here in Montgomery.「彼らにはここモンゴメリーに展示室がある」と展示室に言及します。そのあと❺で Why don't we 〜？「〜しませんか」という提案の表現を使い、展示室にある家具を見に行こうと述べています。これを visiting a store「店を訪れること」と言い換えている (D) が正解です。

□ **renovate**　〜を改装する　□ **hold**　〜を開催する

W 🇬🇧 M 🇺🇸

Questions 4 through 6 refer to the following conversation.

W: ❶ I have a customer who wants to buy the Vance 162 refrigerator. Have we run out of stock?

M: ❷ I sold the last one this morning. It's already been shipped.

W: That's too bad. ❸ She's interested in buying an oven and a dishwasher, too. I hope she doesn't decide to go somewhere else.

M: ❹ In that case, you should tell her that we can reduce the price of the BTR 2334 so that it's the same price as the Vance 162. It's a much better refrigerator, and we have two colors in stock.

W: That's a great deal. ❺ I'll let her know and see what she says.

問題 **4-6** は次の会話に関するものです。

女性：ヴァンス 162 の冷蔵庫を購入したいと思っているお客さまがいます。在庫を切らしていますか。

男性：私は今朝、最後の 1 台を売りましたよ。それはすでに出荷されました。

女性：それは残念ですね。彼女はオーブンと食洗機も買いたいと思っています。彼女がどこかほかの店へ行くと決めていないことを願っています。

男性：それなら、ヴァンス 162 と同じ値段になるよう BTR2334 の値段を下げることができると彼女に伝えたらいいですよ。それははるかに性能の良い冷蔵庫ですし、2 色在庫がありますから。

女性：それは非常にお得ですね。彼女に知らせて、彼女が何と言うか確認します。

✦ 重要語句

☐ **customer** 顧客	☐ **refrigerator** 冷蔵庫	☐ **run out of ~** ~を切らす	☐ **stock** 在庫
☐ **ship** ~を出荷する	☐ **be interested in ~** ~に興味がある	☐ **oven** オーブン	
☐ **dishwasher** 食洗機	☐ **in that case** その場合	☐ **reduce** （値段）を下げる	☐ **price** 値段

4 答え (A)

Where do the speakers most likely work?

(A) At an appliance store
(B) At a car dealership
(C) At a restaurant
(D) At a post office

話し手たちはどこで働いていると考えられますか。

(A) 電化製品店
(B) 自動車販売代理店
(C) レストラン
(D) 郵便局

解説 話し手たちの職場を問う問題です。会話文の全体を聞いて、出てくるキーワードから推測をします。❶で女性が冷蔵庫の在庫についてたずねると、男性は❷で「今朝、最後の 1 台を売った」と述べています。さらに女性は、❸でオーブンや食洗機についても言及しています。冷蔵庫やオーブン、食洗機などの電化製品を取り扱う職場は、(A) At an appliance store「電化製品店」です。

✦ 重要語句

☐ **appliance** （家庭用）電化製品	☐ **dealership** 販売代理店

5 答え (A)

What does the man suggest the woman do?

(A) Provide a discount

(B) Change some plans

(C) Carry out some repairs

(D) Schedule an appointment

男性は女性に何をするよう提案していますか。

(A) 割引を提供する

(B) 予定を変更する

(C) 修理を行う

(D) 面会の予約をする

解説 男性の発言から提案の表現を聞き取りましょう。あるお客さんがほかの店に行ってしまうことを心配している女性に対し、男性は❹で、「それなら、ヴァンス 162 と同じ値段になるよう BTR2334 の値段を下げることができると彼女に伝えたらいい」と返しています。ここの you should tell her の should が提案の表現です。reduce the price を、provide a discount「割引を提供する」と言い換えた (A) が正解です。

● 重要語句

| | **provide** ～を提供する | **discount** 割引 | **carry out ～** ～を実行する | **repair** 修理 |
| | **schedule** ～の予定を決める | **appointment** (面会などの) 約束 | | |

6 答え (D)

What will the woman do next?

(A) Drive a vehicle

(B) Read a manual

(C) Send a file

(D) Speak with a customer

女性は次に何をしますか。

(A) 自動車を運転する

(B) マニュアルを読む

(C) ファイルを送る

(D) 顧客と話をする

解説 設問文に do next があることから、次の行動を問う問題だとわかります。女性の未来を表す発言を聞き逃さないよう、放送文の最後まで注意深く聞き取りましょう。❹での男性の値下げの提案に対し、女性は賛成しています。❺で I will ～「～するつもりだ」という未来を表す表現を使い、I'll let her know and see what she says.「彼女に知らせて、彼女が何と言うか確認する」と伝えています。女性はお客さんともう一度話してくるのだとわかるので、これを言い換えた (D) Speak with a customer「顧客と話をする」が正解です。

● 重要語句

| | **vehicle** 自動車 | **manual** マニュアル、取扱説明書 |

Questions 7 through 9 refer to the following speech.

Good evening everyone. I'm so happy that you were all able to join us here at the Prescot Ballroom in the New Carleton Hotel. ❶As you all know, we're all here for our annual employee appreciation dinner. ❷Later we'll be handing out various awards to people who have made exceptional efforts over the year. First, though, I have a rather sad announcement to make. ❸Max Lin has informed me that he'll be retiring from Stinson Architects next month. ❹Max joined our architectural firm about two decades ago. ❺He and I designed many of Seattle's important commercial buildings together.

問題 7-9 は次のスピーチに関するものです。
皆さん、こんばんは。ここ、ニュー・カールトン・ホテルにあるプレスコット大宴会場にて、皆さんにお集まりいただくことができ、とてもうれしく思います。ご存知のように、毎年恒例の従業員感謝ディナーのために、私たちはみなここにいます。この後、1 年間にわたって非常に素晴らしい努力をした人たちにさまざまな賞を授与する予定です。しかし、その前に、少し悲しいお知らせがあります。マックス・リンから、来月でスティンソン建築事務所を退職する予定だとの連絡がありました。マックスは約 20 年前に私たちの建築事務所に入りました。彼と私は、シアトルの重要な商業施設の多くを一緒に設計しました。

•重要語句

ballroom 大宴会場	**annual** 毎年の	**appreciation** 感謝
hand out ~ ~を配る	**various** さまざまな	**award** 賞	**make an effort** 努力する
exceptional 非常に優れた	**announcement** 発表	
inform A that ~ A に~ということを知らせる	**retire from ~** ~を退職する	
join ~に加わる	**architectural** 建築の	**firm** 事務所	**decade** 10 年間
design ~を設計する	**commercial** 商業用の	

---

7 **答え** (B)

What is the purpose of the talk?

(A) To discuss a project
(B) To award employees
(C) To review client feedback
(D) To decide a price

話の目的は何ですか。

(A) プロジェクトについて話し合うこと
(B) 従業員に賞を授与すること
(C) 顧客のフィードバックを検討すること
(D) 価格を決定すること

解説 トークの最初に注意し、話の目的を聞き取りましょう。❶の発言から、このスピーチは従業員感謝ディナーの場で行われているとわかります。さらに❷で Later we'll be handing out various awards to people who have made exceptional efforts over the year. 「この後、1 年間にわたって非常に素晴らしい努力をした人たちにさまざまな賞を授与する予定だ」と続けています。people は従業員のことを指しているので、(B) To award employees「従業員に賞を授与すること」が正解です。

•重要語句

project プロジェクト	**award** ~を授与する	**review** ~を検討する	**client** 顧客

8 答え (B)

What will happen next month?   来月何が起こりますか。

(A) A contest will be held.   (A) コンテストが開催される。

(B) An employee will retire.   (B) 従業員が退職する。

(C) A guest will make a visit.   (C) 招待客が訪問する。

(D) A new branch will be opened.   (D) 新しい支店がオープンされる。

解説 設問文の next month「来月」をヒントに、何が起こるかを聞き取りましょう。話し手は、❸ で Max Lin has informed me that he'll be retiring from Stinson Architects next month. 「マックス・リンから、来月でスティンソン建築事務所を退職する予定だとの連絡があった」と述べています。マックス・リンは従業員であることがわかるので、(B) An employee will retire.「従業員が退職する」が正解です。

重要語句

■ **contest** コンテスト   ■ **make a visit** 訪問する   ■ **branch** 支店

---

9 答え (D)

Who most likely is the speaker?   話し手は誰だと考えられますか。

(A) A musician   (A) 音楽家

(B) A salesperson   (B) 販売員

(C) An accountant   (C) 会計士

(D) An architect   (D) 建築家

解説 話し手の職業を問う問題なので、トーク文中の単語から職業を推測していきます。❸から、話し手たちが働いているのは、Stinson Architects「スティンソン建築事務所」だとわかります。❹では「マックスは約20年前に私たちの建築事務所に入った」と説明し、❺で「彼と私は、シアトルの重要な商業施設の多くを一緒に設計した」と続けています。これらのことから、話し手たちは建築家として一緒に働いていたことがわかるので、(D) が正解です。

M 🇺🇸

Questions 10 through 12 refer to the following telephone message and map.

Hi Gayle. It's Art Vandelay. I'm down at the new branch office helping them get things set up. ❶ I just noticed that they don't have any of the new brochures down here. ❷ Would you mind bringing us a couple of boxes? ❸ The new office is in front of the parking garage called Starr Parking. I'll meet you there. They don't charge if you park for less than 10 minutes. ❹ I'm going to have a meeting with the manager here. We'll be finished at about 11:30. If you could try to be here at around that time, that'd be great. Text me if you're going to be late.

問題 10-12 は次の電話のメッセージと地図に関するものです。

もしもし、ゲイル。アート・ヴァンデレイです。新しい支店にいて、準備の手伝いをしています。たった今気づいたのですが、こちらには新しいパンフレットがありません。何箱か持ってきていただけませんか。新しい事務所はスター・パーキングと呼ばれる駐車場の前にあります。そこで会いましょう。10 分未満の駐車なら、料金はかかりません。私はこれからこのマネージャーと打ち合わせをする予定です。11：30 くらいには終わります。その頃にこちらに来られるようにしてもらえたら助かります。遅くなりそうであれば、私に E メールを送ってください。

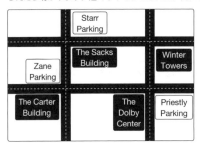 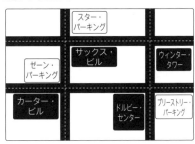

---

10 **答え** (A)

What does the speaker ask the listener to do?

(A) Deliver some brochures
(B) Hire an assistant
(C) Make a video
(D) Request some repairs

話し手は聞き手に何をするよう頼んでいますか。

(A) パンフレットを届ける
(B) 助手を雇う
(C) 動画を撮影する
(D) 修理を要請する

解説 依頼表現をトーク文から聞き取りましょう。新しい支店の準備を手伝っている話し手が、❶で「新しいパンフレットがない」と伝えています。さらに❷では Would you mind bringing us a couple of boxes?「何箱か持ってきていただけませんか」と頼んでいます。よって (A) が正解です。Would you mind *doing* ～？「～していただけませんか」という依頼の表現がポイントですね。

11 答え (B)

Look at the graphic. Where most likely is the new office?

(A) In the Carter Building
(B) In the Sacks Building
(C) In Winter Towers
(D) In the Dolby Center

図を見てください。新しい事務所はどこにあると考えられますか。

(A) カーター・ビル
(B) サックス・ビル
(C) ウィンター・タワー
(D) ドルビー・センター

解説 地図の図表問題なので、位置関係の表現に注意して聞き取ります。話し手は、箱を持ってくるよう頼んだあと、❸で in front of ～「～の前に」という位置関係の表現を使い、「新しい事務所はスター・パーキングと呼ばれる駐車場の前にある」と伝えています。図表を見ると、Starr Parking の前にあるのは The Sacks Building なので、(B) が正解です。

12 答え (A)

What does the speaker say he will do next?

(A) Have a meeting
(B) Fill out a form
(C) Move some furniture
(D) Open a bank account

話し手は次に何をすると言っていますか。

(A) 打ち合わせをする
(B) 用紙に記入する
(C) 家具を移動させる
(D) 銀行口座を開設する

解説 未来を表す表現を聞き取り、話し手の次の行動を掴みましょう。話し手は❹で I'm going to have a meeting with the manager here.「私はこれからここのマネージャーと打ち合わせをする予定だ」と述べています。よって、(A) Have a meeting が正解です。

* 重要語句
- **fill out ～** ～に記入する
- **form** 用紙
- **move** ～を移動させる
- **furniture** 家具
- **bank account** 銀行口座

1 答え (B)

The novels written by Rose Pemberton while she lived in Paris became ------- famous.

(A) international

(B) internationally

(C) internationalize

(D) internationalization

彼女がパリにいる間にローズ・ペンバートンによって書かれた小説は、国際的に有名になりました。

(A) 形容詞「国際的な」

(B) 副詞「国際的に」

(C) 動詞（原形）「～を国際化する」

(D) 名詞「国際化」

解説 見た目が似ていて語尾が違う語が並んでいます。空所前後の単語の品詞を確認してみましょう。〈動詞（became）------- ＋形容詞（famous）〉の並びに注目すると、形容詞を修飾するのは副詞なので、空所に入るのは副詞だとわかります。副詞は -ly で終わっている internationally なので、(B) が正解です。

☐ **novel** 小説　☐ **famous** 有名な

2 答え (C)

The company's engineers have developed an ------- that could revolutionize the manufacturing industry.

(A) invent

(B) inventive

(C) invention

(D) inventor

その企業のエンジニアたちは、製造業に大改革をもたらす可能性のある発明品を開発しました。

(A) 動詞（原形）「～を発明する」

(B) 形容詞「発明の」

(C) 名詞「発明品」

(D) 名詞「発明家」

解説 空所前後の品詞を確認すると、〈動詞（have developed）＋冠詞（an）＋ -------〉の並びになっています。develop は目的語を取る他動詞の働きを持つので、うしろには目的語となる名詞が必要です。また、空所前に冠詞 an があることからも、空所に名詞が入るとわかります。選択肢の中で、名詞であるのは語尾が -tion の (C) か、-tor の (D) であると判断できます。意味から考えると、developed an invention「発明品を開発した」となり文意が通る (C) が正解です。

☐ **engineer** エンジニア　☐ **develop** ～を開発する　☐ **revolutionize** ～に大改革をもたらす
☐ **manufacturing industry** 製造業

PART 5 LESSON 01 品詞問題

→ 問題は本冊P.83

3　答え (A)

TGYN Productions recently published an ------- video on factory health and safety issues.

(A) informative
(B) informatively
(C) informing
(D) inform

TGYN 制作会社は最近、工場の衛生と安全の諸問題に関する有益な動画を公開しました。

(A) 形容詞「有益な」
(B) 副詞「有益に」
(C) 現在分詞「知らせている」
(D) 動詞（原形）「～に知らせる」

解説　空所前後の単語の品詞を見ると、〈動詞（published）＋冠詞（an）＋ ------- ＋名詞（video）〉となっています。この並びから、名詞とペアになる形容詞が空所に入るとわかります。冠詞は名詞や、形容詞と名詞の前につく語です。選択肢の中で形容詞なのは、語尾が -ive である informative なので、(A) が正解です。

* 重要語句

☐ **production** 制作　☐ **publish** ～を公開する　☐ **factory** 工場　☐ **health** 衛生
☐ **issue** 問題

4　答え (D)

Mr. Tennent ------- attends trade shows to network and showcase the company's products.

(A) regularity
(B) regular
(C) regulate
(D) regularly

テネントさんは、人脈を作って会社の商品を紹介するために、定期的に見本市に参加しています。

(A) 名詞「規則性」
(B) 形容詞「いつもの」
(C) 動詞（原形）「～を規制する」
(D) 副詞「定期的に」

解説　空所前後は〈主語（Mr. Tennent）＋ ------- ＋動詞（attends）〉となっています。主語と動詞の間に入るのは、動詞を修飾する副詞です。語尾が -ly である (D) regularly が副詞です。空所に (D) を入れると、Mr. Tennent regularly attends trade shows「テネントさんは定期的に見本市に参加している」となり意味も通るので正解です。

* 重要語句

☐ **attend** ～に参加する　☐ **trade show** 見本市　☐ **network** 人脈を作る
☐ **showcase** ～を展示する　☐ **product** 商品

PART 5　LESSON 02　動詞問題

→ 問題は本冊P.85

1　答え (B)

The committee members ------- once a month to discuss preparations for the Annual Normandy Fruit Festival.

(A) gathers

(B) gather

(C) to gather

(D) is gathering

その委員会のメンバーは、年次ノルマンディー・フルーツ祭りの準備について話し合うために、月に一度集まっています。

(A) 動詞（3単現のs）「集まる」

(B) 動詞「集まる」

(C) to不定詞「集まること、集まるための、集まるために」

(D) 現在進行形「集まっている」

解説 本文を見てみると、主語に続く動詞の部分が空所になっています。選択肢には動詞の異なる形が並んでいるので、この中から適切なものを選びましょう。主語である The committee members は複数形なので、続く動詞はこれに対応する形である必要があります。よって、(B) が正解です。(A) と (D) は、主語が三人称単数のときに使う形です。(C) to gather は to 不定詞なので、動詞として使うことはできません。

重要語句

☐ **committee** 委員会　☐ **preparation for ～** ～の準備　☐ **annual** 年次の

2　答え (B)

The head analyst ------- that the company invest in new accounting software which will improve efficiency.

(A) are recommended

(B) recommends

(C) recommend

(D) to recommend

主任アナリストは、会社が効率を向上させる最新の会計ソフトウェアに投資することをすすめている。

(A) 受動態「すすめられる」

(B) 動詞（3単現のs）「すすめる」

(C) 動詞「すすめる」

(D) to不定詞「すすめること、すすめるための、すすめるために」

解説 空所は主語のあとの動詞の位置にあります。主語である The head analyst は単数形なので、三人称単数現在形の (B) recommends が正解です。文の中には invest という動詞もありますが、これは that 節中の動詞です。なお、recommend のような「提案」を表す動詞は、うしろが〈that＋主語＋（should）＋動詞の原形〉の形になります。should は省略可能で、この問題の本文でも省略されているため、動詞 invest は原形のままになっています。

重要語句

☐ **head** （集団・組織の）リーダー　☐ **analyst** アナリスト　☐ **invest in ～** ～に投資する
☐ **accounting** 会計　☐ **improve** ～を向上させる　☐ **efficiency** 効率

3 答え (D)

Thanks to VQ Auto, the company van ------- just in time for the busy season.

(A) to repair
(B) is repairing
(C) has repaired
(D) was repaired

VQ 自動車社のおかげで、会社の小型トラックは繁忙期にちょうど間に合うよう修理されました。

(A) to 不定詞「修理すること、修理するための、修理するために」
(B) 現在進行形「修理している」
(C) 現在完了「修理した」
(D) 受動態「修理された」

解説 本文には動詞がないので、空所には動詞が入ります。(A) は to 不定詞なので正解候補から外しましょう。the company van は単数形ですが、(B)(C)(D) はどれも単数形の主語を取る動詞の形です。ポイント③の「能動態（動作をする側）か受動態（される側）か」という観点で見てみましょう。the company van「会社の小型トラック」は修理「される側」なので、受動態の (D) が正解です。空所後は修飾の語句が続いており、目的語がないことからも、空所には受動態の形が入ることがわかります。

□ **thanks to ~** ～のおかげで   □ **van** 小型トラック   □ **in time for ~** ～に間に合う

---

4 答え (A)

Mr. Rosen ------- a position in the accounting division at HGT Engineering last year.

(A) accepted
(B) accepts
(C) will accept
(D) have accepted

ローゼンさんは去年、HGT エンジニアリング社の会計部の職を受け入れました。

(A) 過去形「受け入れた」
(B) 動詞（3 単現の s）「受け入れる」
(C) 助動詞＋動詞（原形）「受け入れるだろう」
(D) 現在完了「受け入れた」

解説 Mr. Rosen を主語にとることができるのは、(A)(B)(C) です。正解を絞るため、ポイント②の「時」の観点で見てみましょう。文末に last year「去年」という過去を意味する語があります。よって、過去形の (A) accepted が正解です。

□ **position** 職   □ **accounting** 会計   □ **division** 部署

前置詞・接続詞問題

→ 問題は本冊P.87

1 **答え** (C)

Work at the factory stopped briefly ------- the power failure, and time was needed to reset the machines.

(A) at

(B) while

(C) during

(D) once

停電の間、工場での作業は一時的に停止し、機械をリセットするのに時間が必要とされました。

(A) 前置詞「〜に」

(B) 接続詞「〜している間に」

(C) 前置詞「〜の間」

(D) 接続詞「いったん〜すると」

解説 選択肢には前置詞と接続詞が並んでいます。空所の直後には the power failure という名詞句が続いているので、空所には前置詞が入るとわかります。選択肢の中で前置詞は (A) と (C) です。「the power failure（停電）の間、作業が停止した」と考えると意味が通るので、(C) during「〜の間」が正解です。

* 重要語句

☐ **briefly** 一時的に ☐ **power failure** 停電 ☐ **reset** 〜をリセットする

2 **答え** (C)

Mr. Martin was unable to attend the programming convention ------- he had to oversee the product launch.

(A) due to

(B) even if

(C) because

(D) except

マーティンさんは製品の発売を監督しなければならなかったので、プログラミング協議会に参加することができませんでした。

(A) 前置詞句「〜が原因で」

(B) 接続詞句「たとえ〜だとしても」

(C) 接続詞「〜なので」

(D) 前置詞「〜を除いて」・接続詞「〜ということを除いて」

解説 空所のうしろには he had to oversee the product launch と文が続いているので、文と文をつなぐ働きを持つ接続詞（句）が入るとわかります。(B) と (C) の 2 つの中から、意味がふさわしい方を選びます。空所に続く「製品の発売を監督しなければならなかった」という内容は、空所の前の「プログラミング協議会に参加することができなかった」ことの理由になっているので、正解は (C) の because「〜なので」です。

* 重要語句

☐ **be unable to *do*** 〜することができない ☐ **attend** 〜に参加する ☐ **convention** 協議会
☐ **oversee** 〜を監督する ☐ **launch** 発売

3 （答え）(A)

The Thornton City Fun Run will go ahead as planned ------- the rainy forecast.

(A) despite

(B) though

(C) among

(D) since

雨の予報にもかかわらず、ソーントン市の市民マラソンは計画通りに実施されるでしょう。

(A) 前置詞「〜にもかかわらず」

(B) 接続詞「〜だけれども」

(C) 前置詞「〜の間に」

(D) 前置詞「〜以来」・接続詞「〜して以来」

（解説）空所のうしろには the rainy forecast という名詞句が続いているので、空所には前置詞が入るとわかります。選択肢 (A)(C)(D) は前置詞の働きを持つ語なので、意味から当てはまる語を選びましょう。空所の前には「市民マラソンは計画通りに実施される」、空所のあとには「雨の予報」とあるので、空所には逆接を表す (A) despite「〜にもかかわらず」が入ると考えられます。よって、(A) が正解です。(B) though も逆接の意味を表しますが、接続詞なので空所にはふさわしくありません。

＊重要語句

☐ **fun run** 市民マラソン ☐ **go ahead** （計画・行事などが）行われる ☐ **rainy** 雨の ☐ **forecast** 予報

---

4 （答え）(A)

Ms. Walsh decided not to apply for a promotion ------- she was more than qualified for the position.

(A) although

(B) without

(C) in spite of

(D) ever since

ウォルシュさんはそのポジションに適任でしたが、昇進に応募しないことに決めました。

(A) 接続詞「〜だけれども」

(B) 前置詞「〜なしに」

(C) 前置詞句「〜にもかかわらず」

(D) 接続詞句「その後ずっと」

（解説）空所のうしろには she was more than...と文が続いているので、空所には接続詞が入ります。選択肢の中で接続詞の働きを持つ語句は (A) と (D) です。「昇進に応募しないことに決めた」と「ウォルシュさんはそのポジションに適任だった」という 2 つの内容をつなぐのは、(A) although「〜だけれども」です。(C) の in spite of「〜にもかかわらず」も意味は似ていますが、前置詞句なので空所には当てはまりません。

＊重要語句

☐ **apply for 〜** 〜に応募する ☐ **promotion** 昇進 ☐ **qualified** 適任の

1　答え (B)

Travis Wong wrote reviews of several restaurants while ------- was traveling around Wyoming.

(A) his
(B) he
(C) him
(D) himself

トラビス・ウォンがいくつかのレストランのレビューを書いたのは、彼がワイオミング州を旅行している間でした。

(A) 代名詞（所有格）「彼の」
(B) 代名詞（主格）「彼は」
(C) 代名詞（目的格）「彼らを［に］」
(D) 再帰代名詞「彼自身を［に］」

解説　選択肢には代名詞が並んでいます。空所前後を見ると、空所前には接続詞の while、空所後には動詞の was traveling が続いているので、主語となる語が欠けているとわかります。よって、主格の (B) he が正解です。

* 重要語句
　review　レビュー　■ several　いくつかの

2　答え (B)

Ms. Collins is a talented engineer, so Freshence Company hired ------- to lead the development team.

(A) she
(B) her
(C) hers
(D) herself

コリンズさんは才能のあるエンジニアなので、フレッシェン社は彼女を雇って開発チームを率いてもらいました。

(A) 代名詞（主格）「彼女は」
(B) 代名詞（目的格）「彼女を」
(C) 所有代名詞「彼女のもの」
(D) 再帰代名詞「彼女自身を［に］」

解説　空所の前には動詞 hired があり、空所以降は to lead the development team「開発チームを率いるため」と目的を表す to 不定詞が続いています。動詞のうしろが空所であることから、目的語が欠けているとわかるので、目的格を選択肢から選びましょう。(B) her を空所に入れると、「フレッシェン社は彼女（＝コリンズさん）を雇った」となり意味も通るので正解です。

* 重要語句
　talented　才能のある　■ hire　～を雇う　■ lead　～を率いる　■ development　開発

3 答え (D)

Visto Tech provides technical support to ------- customers for 10 years from the time of sale.

(A) them
(B) themselves
(C) theirs
(D) their

ビスト・テク社は販売時から10年間、顧客に技術的なサポートを提供しています。

(A) 代名詞（目的格）「彼らを［に］」
(B) 再帰代名詞「彼ら自身を［に］」
(C) 所有代名詞「彼らのもの」
(D) 代名詞（所有格）「彼らの」

解説 空所の前は前置詞の to があり、空所の直後に customers という名詞があります。空所には名詞を修飾する所有格が入ります。選択肢の中で所有格なのは (D) their です。(D) を空所に入れると「ビスト・テク社は彼らの顧客に技術的なサポートを提供している」となり意味も通ります。

□ **provide** ～を提供する　□ **technical** 技術的な

---

4 答え (B)

Max Scott decided to train all the new employees of ------- team, as none of the other staff had enough experience.

(A) him
(B) his
(C) he
(D) himself

マックス・スコットは、他のスタッフが誰も十分な経験を持っていなかったので、彼のチームの新入社員全員のトレーニングをすることに決めました。

(A) 代名詞（目的格）「彼を［に］」
(B) 代名詞（所有格）「彼の」
(C) 代名詞（主格）「彼は」
(D) 再帰代名詞「彼自身を［に］」

解説 空所前には前置詞の of、空所の直後には名詞の team が続いています。名詞の前が空所なので、名詞を修飾する語、つまり所有格が欠けているとわかります。選択肢の中で所有格なのは (B) his なので、これが正解です。

□ **train** ～を訓練する　□ **as** ～なので　□ **none** 誰も～ない　□ **enough** 十分な

→ 問題は本冊P.91

1 答え **(A)**

Because the new Ridgerunner truck is ------- than previous models, it has been popular with construction workers.

(A) larger
(B) largest
(C) largely
(D) large

新しいリッジャーランナーのトラックは以前のモデルよりも大きいので、建設作業員に人気があります。

(A) 形容詞（比較級）「より大きい」
(B) 形容詞（最上級）「最も大きい」
(C) 副詞「大部分は」
(D) 形容詞「大きい」

解説 形容詞の比較級や最上級が選択肢に含まれています。本文を見てみると、空所の直後に than があります。よって、比較級の (A) larger が正解です。

● 重要語句

☐ **previous** 以前の　☐ **popular** 人気のある　☐ **construction** 建設

2 答え **(C)**

Registering with Sitemax is the ------- way to start your own Web site.

(A) easier
(B) ease
(C) easiest
(D) easiness

サイトマックスに登録することは、あなた自身のウェブサイトを始める最も簡単な方法です。

(A) 形容詞（比較級）「より簡単な」
(B) 名詞「容易さ」
(C) 形容詞（最上級）「最も簡単な」
(D) 名詞「容易さ」

解説 空所前には冠詞の the、空所後には名詞の way があるので、空所には名詞を修飾する形容詞が入ります。形容詞の比較級である (A) と、最上級である (C) が候補となりますが、空所前には the があるので、最上級が空所に入るとわかります。よって、(C) が正解です。-er は比較級の形、-est は最上級の形であると覚えておきましょう。

● 重要語句

☐ **register with ～** ～に登録する　☐ **way** 方法

3 **答え** (D)

Mr. Green said Seattle is the most ------- of the locations being considered for the new office.

(A) attraction
(B) attractively
(C) attract
(D) attractive

グリーンさんは、新しいオフィスに検討されている場所の中でシアトルが最も魅力的だと言いました。

(A) 名詞「観光名所」
(B) 副詞「魅力的に」
(C) 動詞「〜を引きつける」
(D) 形容詞「魅力的な」

解説 空所の前には the most という語句があります。〈the most ＋形容詞の原級〉で、「最も〜な」という最上級の表現になります。よって、(D) attractive が正解です。

重要語句

location 場所 **consider** 〜を検討する

---

4 **答え** (B)

Regulations at Fielding Research Institute are ------- than those at any other research facility in British Columbia.

(A) strict
(B) stricter
(C) strictly
(D) strictness

フィールディング研究施設の規則は、ブリティッシュコロンビア州にある他のいかなる研究施設のものよりも厳しいです。

(A) 形容詞「厳しい」
(B) 形容詞（比較級）「より厳しい」
(C) 副詞「厳しく」
(D) 名詞「正確性」

解説 空所の前に〈名詞（主語）＋ be 動詞〉の形があり、空所のうしろに than があるので、空所には形容詞の比較級が入ります。選択肢の中で比較級なのは、語尾が -er になっている (B) stricter です。stricter than 〜で「〜よりも（より）厳しい」という意味になります。

重要語句

regulation 規則 **institute** 研究所 **facility** 施設

⊙ 問題は本冊P.93

1 答え (C)

The break room on the second floor is available for use by ------- salespeople and technical personnel.

(A) or
(B) neither
(C) both
(D) also

2階の休憩室は、販売員と技術職員の両方による使用が可能です。

(A) 接続詞「あるいは」
(B) 副詞「〜も（…しない）」
(C) 副詞「〜も（両方とも）」
(D) 副詞「〜もまた」

解説 選択肢には、neither や both などセット表現の一部が並んでいます。文中の語句とセットになる語を選びましょう。空所以降には salespeople and technical personnel「販売員と技術職員」と続いています。この and とセットになる (C) both を空所に入れると、both A and B「A と B の両方」という表現ができます。「販売員と技術職員の両方」という意味になり、文意も通ります。よって (C) が正解です。

重要語句

☐ **break room** 休憩室　☐ **available** 利用可能な　☐ **use** 使用　☐ **salespeople** 販売員
☐ **personnel** 職員

2 答え (A)

Ms. Hanson indicated that she would be pleased to ------- changes to the plans up until the week of the event.

(A) discuss
(B) discussion
(C) discussed
(D) discussing

ハンソンさんは、イベントの週までに計画の変更について話し合うことができたらうれしいということを示唆しました。

(A) 動詞「〜について話し合う」
(B) 名詞「話し合い」
(C) 過去形「〜について話し合った」・過去分詞「話し合われた」
(D) 現在分詞「話し合っている」

解説 空所の前にある動詞 pleased に注目しましょう。please は be pleased to *do* という形で「〜してうれしい」という意味で使われます。この *do* には動詞の原形が入るので、選択肢の中で動詞の原形である (A) discuss が正解です。she would be pleased to discuss changes「彼女は変更について話し合うことができたらうれしい」となり意味も通ります。

重要語句

☐ **indicate that 〜** 〜ということを示唆する　☐ **pleased** うれしい　☐ **up until** 〜まで

3 答え (B)

Freeman Hotel offers ------- gym facilities nor a pool, but it does have an in-room dining menu.

(A) both
(B) neither
(C) either
(D) some

フリーマン・ホテルはジム施設とプールのどちらも提供していませんが、室内の食事メニューはたしかに提供しています。

(A) 副詞「～も（両方とも）」
(B) 副詞「～も（…しない）」
(C) 副詞「～か（どちらか）」
(D) 形容詞「いくらかの」

解説 本文にある nor がキーワードです。nor とセットで使われる語は (B) neither です。neither A nor B で「A も B もどちらもない」という意味になります。空所に neither を入れてみると、Freeman Hotel offers neither gym facilities nor a pool「フリーマン・ホテルはジム施設とプールのどちらも提供していない」という意味になり、文意も通るので（B）が正解です。

 facility 施設 **in-room** 室内の

---

4 答え (D)

Venec Company has decided to ------- a new product line in order to acquire more customers.

(A) launches
(B) launched
(C) launching
(D) launch

ベネック社は新しい顧客を獲得するために、新しい製品ラインを発売することに決めました。

(A) 動詞（3単現の s）「～を発売する」
(B) 過去形「～を発売した」・過去分詞「発売された」
(C) 現在分詞「発売している」
(D) 動詞「～を発売する」

解説 空所の前にある動詞句 has decided to に注目しましょう。動詞 decide は decide to do「～することを決める」という表現で使われます。この do には動詞の原形が入るので、(D) launch が空所に当てはまります。Venec Company has decided to launch a new product line「ベネック社は新しい製品ラインを発売することに決めた」となり文の意味も通ります。

 product line 製品ライン **in order to do** ～するために **acquire** ～を獲得する

⊙ 問題は本冊P.95

1 答え (C)

Oxyscrub allows users to remove stubborn dirt ------- damaging the surface of their kitchen counter.

(A) instead of

(B) as

(C) without

(D) up to

オキシスクラブは、使用者がキッチンカウンターの表面を傷つけることなく頑固な汚れを取り除くことを可能にします。

(A) 前置詞句「〜の代わりに」

(B) 前置詞「〜として」・接続詞「〜なので、〜するときに」

(C) 前置詞「〜なしに」

(D) 前置詞句「〜次第で」

解説 選択肢には前置詞と前置詞句が並んでいます。本文を確認し、意味から当てはまるものを探しましょう。空所前は「オキシスクラブは使用者が頑固な汚れを取り除くことを可能にする」という意味です。空所後は動名詞句（動詞の ing 形）で、「使用者がキッチンカウンターの表面を傷つけること」という内容が続いています。この 2 つの内容をつなぐことができるのは (C) without「〜なしに」です。「表面を傷つけることなしに、汚れを取り除くことができる」となり、文意が通ります。

□ **allow *A* to *do*** A が〜するのを可能にする　□ **remove** 〜を取り除く　□ **stubborn** 頑固な
□ **dirt** 汚れ　□ **surface** 表面

---

2 答え (D)

You must fill ------- a request form before taking any equipment from the storage room.

(A) along

(B) off

(C) up

(D) out

いかなる備品を貯蔵室から持ち出す前に、リクエスト用紙に記入しなければなりません。

(A) 前置詞「〜に沿って」

(B) 前置詞「〜から」

(C) 前置詞「〜の上へ」

(D) 副詞「完全に」

解説 空所前に動詞 fill があり、空所後には名詞 a request form があるため、fill と結びついて動詞句を作る語を選びます。(D) の out を入れると、fill out 〜「〜に記入する」という表現になり、fill out a request form「リクエスト用紙に記入する」と意味も通ります。よって、(D) が正解です。

□ **form** 用紙　□ **equipment** 備品　□ **storage** 貯蔵

3 答え (C)

The winner of the employee-of-the-year award will not be announced ------- the middle of December.

(A) into

(B) due to

(C) until

(D) as

最優秀従業員賞の受賞者は、12 月半ばまで公表されません。

(A) 前置詞「〜の中へ」

(B) 前置詞句「〜が原因で」

(C) 前置詞「〜まで」

(D) 前置詞「〜として」

解説 選択肢には前置詞と前置詞句が並んでいます。空所後には the middle of December「12 月半ば」という語句があることから、空所には時期を表す前置詞（句）が入ると考えられます。よって、正解は (C) until「〜まで」です。until the middle of December「12 月半ばまで」となり意味も通ります。

☐ **award** 賞 ☐ **announce** 〜を発表する ☐ **middle** 中間

4 答え (B)

Customer service personnel are often expected to deal ------- problems arising from incorrect use of the appliances.

(A) on

(B) with

(C) to

(D) from

カスタマーサービスの職員はしばしば、電化製品の誤った使用から生じる問題に対処することを期待されます。

(A) 前置詞「〜の上に」

(B) 前置詞「〜と一緒に」

(C) 前置詞「〜へ」

(D) 前置詞「〜から」

解説 選択肢には前置詞が並んでいます。空所前の動詞 deal と組み合わさる前置詞を選びましょう。(B) with を空所に入れると、deal with 〜「〜に対処する」という意味になります。deal with problems「問題に対処する」という意味になり、文意も通るので正解です。

☐ **personnel** 職員 ☐ **be expected to** *do* 〜することを期待される
☐ **arise from 〜** 〜から生じる ☐ **incorrect** 誤った ☐ **appliance** （家庭用）電化製品

1 答え (A)

------- member of the kitchen staff has been trained to use the new dishwasher.

(A) Every

(B) Several

(C) Other

(D) None

キッチンのあらゆるスタッフは、新しい食洗機を使用する訓練を受けました。

(A) 形容詞「あらゆる」

(B) 形容詞「いくつかの」

(C) 形容詞「ほかの」

(D) 代名詞「誰一人〜ない」

解説 数を表す語句が並んでいます。空所後の単語に注目しましょう。member は数えられる名詞であることと、単数形であることから、(A) Every が正解です。(B)(C) は複数形を修飾するので不正解です。(D) は代名詞もしくは副詞の働きを持つ語であり、ここでは名詞 member を修飾することはできません。

* 重要語句

☐ **train** 〜を訓練する ☐ **dishwasher** 食洗機

2 答え (C)

------- new cars come with several advanced safety features included as standard.

(A) Neither

(B) Another

(C) Most

(D) Almost

ほとんどの新車は標準装備として、いくつかの最先端の安全機能が付いてきます。

(A) 形容詞「どちらも〜ない」

(B) 形容詞「別の」

(C) 形容詞「ほとんどの」

(D) 副詞「ほとんど」

解説 空所後の new cars に注目します。cars が名詞の複数形であることから、これを修飾できるのは (C) です。(A) はうしろに複数形が続く場合、Neither of 〜の形になる必要があるので不正解です。(B) は、単数形のみを修飾する語なので不正解。(D) は副詞なので形容詞である new を修飾することはできますが、意味が通りません。

* 重要語句

☐ **several** いくつかの ☐ **advanced** 進歩した ☐ **feature** 機能 ☐ **include** 〜を含む

3 答え (A)

Employees should be careful to return ------- camera equipment to the storage cabinet after use.

(A) all

(B) every

(C) both

(D) each

従業員は使用後、すべてのカメラの備品を収納棚に戻すよう注意すべきです。

(A) 形容詞「すべての」

(B) 形容詞「あらゆる」

(C) 形容詞「両方の」

(D) 形容詞「それぞれの」

解説 空所後の camera equipment に注目します。camera equipment は数えられない名詞扱いです。選択肢の中で数えられない名詞を修飾することができるのは (A) all のみなので、(A) が正解です。camera equipment は 2 語で「カメラの備品」という意味になる複合名詞です。

| □ **careful** 注意深い | □ **return** 〜を戻す | □ **equipment** 備品 | □ **storage cabinet** 収納棚 |

---

4 答え (B)

It will be ------- week before replacement parts for the delivery van arrive.

(A) each

(B) another

(C) other

(D) every

配達トラックの交換用部品が届くまで、もう一週間かかるでしょう。

(A) 形容詞「それぞれの」

(B) 形容詞「別の」

(C) 形容詞「ほかの」

(D) 形容詞「あらゆる」

解説 空所直後の名詞 week は数えられる名詞かつ、単数形で使われています。数えられる名詞の単数形を修飾する語は (A)(B)(D) の 3 つなので、本文の意味から当てはまる選択肢を考えましょう。(B) another を空所に入れると、another week で「もう一週間」という意味になります。「交換用部品が届くまで、もう一週間かかるだろう」という意味になり、文意が通るので (B) が正解です。

| □ **replacement** 交換 | □ **delivery van** 配達トラック | □ **arrive** （物が）届く |

⊙ 問題は本冊P.99

1 答え **(D)**

Staff members ------- have been with the
company for more than five years enjoy an
additional three days off every year.

(A) which

(B) whose

(C) what

(D) who

5年を超えて会社に在籍している職員は、毎年追加で3日間の休日を享受しています。

(A) 関係代名詞（主格）「〜する（もの）」

(B) 関係代名詞（所有格）「〜する（人・もの）」

(C) 関係代名詞「〜するもの［こと］」

(D) 関係代名詞（主格）「〜する（人）」

解説 選択肢には関係代名詞が並んでいます。初めに、先行詞となる空所の前の語句を確認します。Staff members とあるので、人を先行詞にとる (B)(D) が正解の候補に残ります。また、空所のうしろには have been という動詞が続いているので、主語になる要素が欠けているとわかります。よって、人を先行詞にとる、主格の (D) who が正解です。

* 重要語句

☐ **enjoy** （特権など）を享受する ☐ **additional** 追加の

2 答え **(B)**

The new copier, ------- cost more than $20,000,
is much faster than the previous model.

(A) whom

(B) which

(C) who

(D) what

新しいコピー機は、2万ドル以上かかりましたが、以前のモデルよりもずっと動作が速いです。

(A) 関係代名詞（目的格）「〜する（人）」

(B) 関係代名詞（主格）「〜する（もの）」

(C) 関係代名詞（主格）「〜する（人）」

(D) 関係代名詞「〜するもの［こと］」

解説 空所の前の単語は The new copier なので、先行詞はものであるとわかります。ものを先行詞にとる関係代名詞は (B) と (D) のどちらかです。空所のうしろを見てみると、cost と動詞が続いています。主語になる要素が欠けているとわかるので、ものを先行詞にとり、主格である (B) which が正解です。(D) what は先行詞を必要としないので不正解です。

* 重要語句

☐ **copier** コピー機 ☐ **previous** 以前の

3 答え (A)

The products of Markson Company had a
significant impact on individuals ------- jobs
involve writing code.

(A) whose

(B) who

(C) whom

(D) them

マークソン社の製品は、コードを書くことが含ま
れる仕事をする人々に大きな影響を与えました。

(A) 関係代名詞（所有格）「〜する（人・もの）」

(B) 関係代名詞（主格）「〜する（人）」

(C) 関係代名詞（目的格）「〜する（人）」

(D) 代名詞（目的格）「彼らを［に］」

解説 先行詞は individuals なので、人を先行詞にとる関係代名詞を選びます。(A)(B)(C) が正解の
候補に残ります。空所の直後には jobs と名詞が続いているので、名詞を修飾する語、つまり所有格
が欠けているとわかります。人を先行詞にとり、所有格である (A) whose が正解です。

| | significant 重大な | | impact 影響 | | individual 人 |

---

4 答え (A)

Edylon Hotel distributes surveys ------- ask about
customers' experiences during their visits.

(A) that

(B) what

(C) where

(D) how

エディロン・ホテルは、客の滞在中の体験につい
て尋ねるアンケートを配布しています。

(A) 関係代名詞（主格）「〜する（もの）」

(B) 関係代名詞「〜するもの［こと］」

(C) 関係副詞「〜する（場所）」

(D) 関係副詞「〜する（方法）」

解説 空所前の先行詞は surveys なので、ものを先行詞にとる語が空所に入ります。選択肢の中で当
てはまるのは (A) that です。関係代名詞節の中の主語の役割をします。関係代名詞の what は先行
詞をとらないので、(B) は不正解です。(C) は場所、(D) は方法を先行詞にとる関係副詞なので、う
しろには〈主語＋動詞〉の形が続きます。

| | distribute 〜を配布する | | survey アンケート | | visit 滞在 |

→ 問題は本冊P.101

1　答え (D)

The successful ------- will be notified by e-mail after a decision has been made.

(A) selection

(B) location

(C) acceptance

(D) candidate

採用者は決定がなされたあと、E メールで知らされます。

(A)「選ぶこと」

(B)「場所」

(C)「受け入れること」

(D)「候補者」

解説 本文を確認して、文脈から適切な語を選びましょう。空所直前の successful「好結果の」と組み合わさって意味を持つ語を選びます。(D) candidate「候補者」を空所に当てはめると、successful candidate で「合格者」という意味になり、文意も通るので正解です。

重要語句

☐ **notify**　～に知らせる

2　答え (A)

A list of ------- events is available from the FGB Hall Web site.

(A) upcoming

(B) delighted

(C) bright

(D) limiting

近々起こるイベントの一覧表は、エフ・ジー・ビー・ホールのウェブサイトから入手可能です。

(A)「近々起こる」

(B)「喜んでいる」

(C)「明るい」

(D)「制限する」

解説 空所前後の語句に注目します。空所には、events「イベント」を修飾する形容詞が入ります。「イベント」を修飾するのにふさわしい語は (A) upcoming「近々起こる」です。upcoming events で「近々起こるイベント」という意味になります。

重要語句

☐ **available**　入手可能な

3 （答え）(C)

Sales of air-conditioning units are expected to increase ------- at the start of summer.

(A) purely

(B) closely

(C) sharply

(D) deeply

エアコンの売上高は、夏の開始時に急激に増加することが予想されます。

(A)「まったく」

(B)「密接に」

(C)「急激に」

(D)「深く」

（解説）選択肢には副詞が並んでいます。空所前にある動詞 increase を修飾するのにふさわしい語を選びましょう。(C) sharply「急激に」を空所に入れると、increase sharply「急激に増加する」という意味になります。売上高が急激に増加することが予想される、となり文意も通るので、(C) が正解です。

 air-conditioning unit　エアコン　 be expected to *do*　〜することが予想される

---

4 （答え）(A)

After the new menu was introduced, the restaurant ------- a survey to get feedback from diners.

(A) conducted

(B) afforded

(C) resembled

(D) touched

新しいメニューが導入されたあと、レストランは食事客からフィードバックを得るためにアンケートを実施しました。

(A)「〜を実施した」

(B)「〜する余裕があった」

(C)「〜に似ていた」

(D)「〜に触った」

（解説）選択肢には動詞が並んでいます。空所後の a survey を目的語にとる動詞を選びましょう。(A) conducted「〜を実施した」を空所に入れると、conducted a survey で「アンケートを実施した」という意味になり、文意が通るので正解です。

 introduce　〜を導入する　 survey　アンケート　 diner　食事客

⊙ 問題は本冊P.102

1　答え (C)

Kayton Conference Center hosts ------- events, including conventions, concerts, and film screenings.

(A) vary
(B) variously
(C) various
(D) variousness

ケイトン会議場は会議やコンサート、そして映画の上映会を含む、さまざまなイベントを主催しています。

(A) 動詞「～を変化させる」
(B) 副詞「さまざまに」
(C) 形容詞「さまざまな」
(D) 名詞「多様性」

解説 選択肢には語尾が異なる単語が並んでいるので、空所の前後の品詞を見て、当てはまる語を選びます。〈動詞 (hosts) ＋ ------- ＋名詞 (events)〉の形になっているので、名詞を修飾する形容詞が空所に入ります。語尾が -ous で終わる語は形容詞なので、(C) various が正解です。Kayton Conference Center hosts various events「ケイトン会議場はさまざまなイベントを主催しています」となり意味も通ります。

重要語句
☐ **conference center**　会議場　☐ **host**　～を主催する　☐ **including**　～を含めて
☐ **screening**　上映

2　答え (A)

The antique table is in excellent ------- despite having been used for almost 80 years.

(A) condition
(B) conditional
(C) conditionally
(D) conditioned

そのアンティークのテーブルは、およそ 80 年間使用されていたにもかかわらず、非常に良い状態です。

(A) 名詞「状態」
(B) 形容詞「条件付きの」
(C) 副詞「条件付きで」
(D) 形容詞「条件づけられた」

解説 選択肢には語尾が異なる単語が並んでいます。〈前置詞 (in) ＋形容詞 (excellent) ＋ -------〉という並びになっているので、形容詞とペアになる名詞が空所に入るとわかります。また、空所の前には前置詞 in がありますが、その後に名詞がない、という点からも名詞が必要だと考えられます。(A) ～ (D) のうち名詞は、語尾が -tion である (A) condition です。よって (A) が正解です。in ～ condition で「～な状態で」という意味になります。

重要語句
☐ **antique**　アンティークの、年代物の　☐ **excellent**　非常に良い　☐ **despite**　～にもかかわらず

3 答え (B)

At Carter Office Machines, salespeople ------- to all sales inquiries within 20 minutes.

(A) to respond

(B) respond

(C) responds

(D) were responded

カーター事務機器では、販売員があらゆる販売のお問い合わせに 20 分以内に返答します。

(A) to 不定詞「返答すること、返答するための、返答するために」

(B) 動詞「返答する」

(C) 動詞（3 単現の s）「返答する」

(D) 受動態「返答された」

解説 選択肢には動詞のさまざまな形が並んでいるので、空所に適する形を選びます。空所以外に動詞はないので、空所には主語に対応する動詞が必要です。主語の salespeople は複数扱いの単語なので、(B) の respond が正解です。(D) も複数扱いの単語を主語にとることができますが、受動態の形になっており、販売員は返答「される側」ではないので不正解です。respond は自動詞のため、目的語を必要としません。このように、空所の後に目的語がなくても、能動態が入るパターンもあるので、注意しましょう。

★重要語句

☐ **salespeople** 販売員　☐ **inquiry** 問い合わせ　☐ **within** ～以内に

---

4 答え (B)

Ms. Lee attended a number of musicals ------- she was staying in London last year.

(A) during

(B) while

(C) from

(D) unless

リーさんは去年ロンドンに滞在している間に、たくさんのミュージカルに参加しました。

(A) 前置詞「～の間に」

(B) 接続詞「～している間に」

(C) 前置詞「～から」

(D) 接続詞「～しない限り」

解説 選択肢には前置詞と接続詞が並んでいます。空所のうしろを確認すると、she was staying in London last year と文の形が続いています。よって、空所には文と文をつなぐ働きを持つ接続詞が入るので、(B) と (D) が正解の候補です。「リーさんはたくさんのミュージカルに参加した」と「彼女は去年ロンドンに滞在していた」という空所前後の内容から考えると、(B) while「～している間に」が正解です。(A) の during も同じ意味を表しますが、前置詞のため不正解です。

★重要語句

☐ **attend** ～に参加する　☐ **a number of ～** たくさんの～

5　答え (D)

People needing office supplies will find ------- in the cabinet beside the reception desk.

(A) they
(B) their
(C) themselves
(D) them

事務用品を必要としている人々は、受付カウンターの隣にある棚の中に、それらを見つけることができるでしょう。

(A) 代名詞（主格）「彼らは」
(B) 代名詞（所有格）「彼らの」
(C) 再帰代名詞「彼ら自身（を［に］）」
(D) 代名詞（目的格）「彼らを［に］」

解説 選択肢には代名詞が並んでいるので、空所前後を確認し、欠けている要素をヒントに当てはまる語を選びます。空所前に他動詞の find「～を見つける」があります。他動詞は目的語を必要とするので、目的格である (D) them が正解です。もしくは、空所後には前置詞 in が続いているため、空所に目的語が必要だと判断する方法もあります。(C) themselves も目的語の働きを持ちますが、「事務用品を必要としている人々は彼ら自身を見つけることができるだろう」となり文意が通らないので、不正解です。

● 重要語句

☐ **office supplies** 事務用品　☐ **cabinet** 棚　☐ **beside** ～の隣に　☐ **reception** 受付

6　答え (A)

FDT Health Clubs have only the ------- exercise equipment from the top manufacturers.

(A) latest
(B) lately
(C) late
(D) later

FDT ヘルスクラブは、一流メーカーの最新の運動器具のみ取り扱っています。

(A) 形容詞（最上級）「最新の」
(B) 副詞「最近」
(C) 形容詞「遅い」
(D) 形容詞（比較級）「より遅い」

解説 選択肢には形容詞の比較の形と副詞があります。本文を見ると、空所前に the があるので、空所には最上級が入ります。選択肢の中で語尾が -est と変化している最上級 (A) latest が正解です。

● 重要語句

☐ **equipment** 装置　☐ **manufacturer** メーカー、製造業者

7 （答え）(C)

Oden Air provides daily flights between Edinburgh ------- Amsterdam at very reasonable prices.

(A) with
(B) or
(C) and
(D) from

オーデン航空会社は、非常に手ごろな価格でエディンバラとアムステルダムの間の毎日の便を提供しています。

(A) 前置詞「～と一緒に」
(B) 接続詞「あるいは」
(C) 接続詞「～と」
(D) 前置詞「～から」

（解説）本文に、セット表現の between があることに注目しましょう。選択肢の中で between とセットになる語は (C) and です。between A and B で「A と B の間」という表現になります。Oden Air provides daily flights between Edinburgh and Amsterdam「オーデン航空会社はエディンバラとアムステルダムの間の毎日の便を提供している」となり、意味も通ります。

● 重要語句
- **provide** ～を提供する
- **daily** 毎日の
- **reasonable** 手頃な

---

8 （答え）(D)

The City library is open usually from 9:00 A.M. ------- 8:00 P.M. except for holidays.

(A) after
(B) in
(C) along
(D) to

市立図書館は休業日を除き、通常午前 9 時から午後 8 時まで開館しています。

(A) 前置詞「～のあと」
(B) 前置詞「～に」
(C) 前置詞「～と」
(D) 前置詞「～まで」

（解説）選択肢には前置詞の働きを持つ語が並んでいます。空所前後は、from 9:00 A.M. ------- 8:00 P.M.「午前 9 時から午後 8 時 -------」と時間について述べる内容になっています。空所に to「～まで」を入れると、from A to B「A から B まで」と時間の範囲を指定する表現になります。「午前 9 時から午後 8 時まで」と図書館の営業時間を表すことになり、文意も通るので (D) が正解です。

● 重要語句
- **except for ～** ～を除いて

9 答え (C)

Because the free version of OPT Graphic Software is excellent, ------- users upgrade to the professional version.

(A) only

(B) little

(C) few

(D) much

OPT グラフィックソフトウェアの無料版は性能が高いので、プロフェッショナル版にアップグレードする利用者はほとんどいません。

(A) 形容詞「たった一つの」

(B) 形容詞「ほとんど（量が）ない」

(C) 形容詞「ほとんど（数が）ない」

(D) 形容詞「たくさんの」

解説 選択肢には数や量を表す語が並んでいるので、空所後の単語を確認しましょう。空所後の users は数えられる名詞かつ複数形です。数えられる名詞の複数形を修飾する語は (C) few のみです。空所に (C) few を入れると、「プロフェッショナル版にアップグレードする利用者はほとんどいない」となり、意味も通ります。

☐ **excellent** 優れた ☐ **upgrade** アップグレードする ☐ **professional** プロの

---

10 答え (C)

The marketing campaign, ------- was led by Gregory Cho, has been extremely successful.

(A) what

(B) whose

(C) which

(D) who

グレゴリー・チョーによって指導されたマーケティングキャンペーンは、大成功を収めています。

(A) 関係代名詞「～するもの［こと］」

(B) 関係代名詞（所有格）「～する（人・もの）」

(C) 関係代名詞（主格）「～する（もの）」

(D) 関係代名詞（主格）「～する（人）」

解説 選択肢に関係代名詞が並んでいるので、先行詞を確認しましょう。空所の前には The marketing campaign があるので、ものを先行詞にとる語を選びます。よって、(C) が正解です。which は関係代名詞節のなかで主語の働きをします。(A) what は先行詞なしで使われるので不正解です。

☐ **lead** ～を率いる ☐ **extremely** 非常に ☐ **successful** 成功した

11 答え (D)

------- you receive your membership card, you will be eligible for substantial discounts on a variety of items.

(A) From

(B) Under

(C) And

(D) Once

いったん会員カードを受け取ったら、さまざまな商品が大幅な割引価格の対象になります。

(A) 前置詞「〜から」

(B) 前置詞「〜の下に」

(C) 接続詞「そして」

(D) 接続詞「いったん〜すると」

解説 選択肢には前置詞と接続詞が並んでいます。空所のうしろを確認すると、you receive your membership card と文の形が続いています。文と文をつなぐ働きを持つ接続詞を選びましょう。選択肢の中では (C) か (D) が候補です。you receive your membership card「会員カードを受け取る」と、you will be eligible for substantial discounts「大幅な割引価格の対象になる」という2つの内容をつなぐのは、(D) Once「いったん〜すると」です。

* 重要語句

☐ **be eligible for 〜** 〜の資格がある　☐ **substantial** かなりの　☐ **discount** 割引
☐ **a variety of 〜** さまざまな〜

---

12 答え (B)

The Annual Dalton Bay Fishing Festival ------- visitors from all over the world.

(A) complies

(B) attracts

(C) attends

(D) surrounds

年次ダルトン湾フィッシングフェスティバルは、世界中から訪問者を呼び寄せています。

(A)「〜を編集する」

(B)「〜を呼び寄せる」

(C)「〜に参加する」

(D)「〜を囲む」

解説 選択肢にはさまざまな意味を持つ動詞が並んでいるので、文脈から空所に当てはまる語を選びましょう。空所は The Annual Dalton Bay Fishing Festival「年次ダルトン湾フィッシングフェスティバル」という主語に対応する動詞の位置にあります。目的語は visitors「訪問者」なので、空所に (B) attracts を入れると、attracts visitors「訪問者を呼び寄せている」となり意味が通ります。

* 重要語句

☐ **bay** 湾　☐ **annual** 年次の

Questions 1-2 refer to the following memo.

To: All Staff
From: Jemima Cage
Date: February 8
Subject: New phones

Dear All,

In order to make it easier for staff to contact each other, the company is issuing each staff member a mobile phone. You will be expected to keep your company mobile phone charged and switched on during working hours. ❶The phone must not be used for personal calls. ❷---¬---, for security purposes, you must not install any unapproved apps.
1.

❸You will be able to pick up your new phone from Ms. Davis in the administration office tomorrow. ---¬--- has written employee names on the box for each phone. Please double-check to make sure that you have the correct one.
2.

問題 1-2 は次のメモに関するものです。

受信者：従業員各位
送信者：ジェミマ・ケイジ
日付：2月8日
件名：新しい電話

皆様へ

スタッフ間の連絡を容易にするため、会社は各スタッフに携帯電話を支給します。勤務時間中は会社の携帯電話が充電された状態で、電源が入っていることが求められます。携帯電話は個人的な通話に使用してはなりません。また、セキュリティのため、許可されていないアプリをインストールしてはなりません。

新しい携帯電話は、明日、管理オフィスのデイビスさんから受け取ることができます。彼女はそれぞれの携帯電話の箱に従業員の名前を書きました。正しいものを受け取っているか再確認するようお願いします。

● 重要語句

in order to *do* 〜するために	**contact** 〜に連絡をとる	**each other** お互い
issue 〜を支給する	**charge** 〜を充電する	**switch on 〜** 〜の電源を入れる
personal 個人的な	**security** 安全性	**purpose** 目的
unapproved 承認されていない	**pick up 〜** 〜を受け取る	**administration** 管理
double-check 〜を再確認する	**make sure 〜** 確実に〜する	

1 答え (A)

(A) Also	(A) 〜もまた
(B) Therefore	(B) それゆえに
(C) Nevertheless	(C) それにもかかわらず
(D) Whereas	(D) 〜だが一方

解説 選択肢にはつなぎ言葉が並んでいるので、文書の流れから空所に入るのに適切な語を選びます。このメモでは、携帯電話の支給についての話をしていますね。空所前には❶「携帯電話を個人的な通話に使ってはならない」とあり、空所を含む文では❷「セキュリティのため、許可されていないアプリをインストールしてはならない」と、どちらも「してはならないこと」に言及しています。よって、前の内容に加えて重要な点や補足情報を続けるときに使う (A) Also「〜もまた」が空所に入る語として適切です。

---

2 答え (D)

(A) It	(A) それは
(B) He	(B) 彼は
(C) You	(C) あなたは
(D) She	(D) 彼女は

解説 選択肢には代名詞が並んでいるので、空所部分の語が何を指すのか、空所前後の内容から判断しましょう。空所前の❸では「新しい携帯電話は、明日、管理オフィスのデイビスさんから受け取ることができる」と人物について述べられています。Ms. Davis から、デイビスさんは女性だとわかります。空所に (D) She が入ると、「彼女(=デイビスさん)はそれぞれの携帯電話の箱に従業員の名前を書いた」となり、意味が通ります。

PART **6** LESSON **02** 文脈問題② 全体を読んで解く問題

⊕ 問題は本冊P.112

Questions 1-2 refer to the following e-mail.

To: Randy Lee <rlee@pricemarketing.com>
From: Frida Montgomery <fmontgomery@montgomerygarages.com>
❶ Date: May 25
❷ Subject: Survey results
Attachment: surveyscan

Dear Mr. Lee,

❸ Please find the attached scans of the completed surveys. I hope they help you with the ---₁.--- for our new marketing campaign. In total, 123 people filled out the surveys between May 17 and May 23. Please let me know if you require physical copies. ❹ I ---₂.--- them to your New York office by courier on May 27. In order to encourage participation, we offered a five percent discount on our clients' next bill.

I look forward to meeting with you again to discuss your ideas. At present, I have openings in my schedule between June 23 and 27; please contact my personal assistant to schedule a meeting.

Sincerely,

Frida Montgomery
Montgomery Garages

問題 1-2 は次の E メールに関するものです。

受信者：ランディ・リー <rlee@pricemarketing.com>
送信者：フリーダ・モンゴメリー <fmontgomery@montgomerygarages.com>
日付：5 月 25 日
件名：アンケート結果
添付ファイル：アンケートスキャン

リー様

ご記入いただいたアンケートのスキャンを添付いたします。私たちの新しいマーケティング・キャンペーンの調査にお役立ていただければ幸いです。5 月 17 日から 5 月 23 日の間に、合計で 123 名の方々にアンケートにご協力いただきました。現物が必要でしたらお知らせください。5 月 27 日に、ニューヨークのオフィスに宅配便でお送りします。アンケートへのご協力をお願いするため、お客様には次回のご請求額から 5％割引を提供しました。

またお会いしてご意見を伺えることを楽しみにしております。現在のところ、6月23日から27日の間に私のスケジュールに空きがありますので、会議の予定を立てるために私の個人秘書までご連絡ください。

敬具

フリーダ・モンゴメリー

モンゴメリー・ガレージーズ

---

1 答え (D)

(A) funding	(A) 資金
(B) career	(B) キャリア
(C) agency	(C) 代理店
(D) research	(D) 研究

解説 選択肢には同じ品詞のさまざまな語彙が並んでいるので、話の流れから当てはまる語を選びましょう。❷から、アンケート結果についての話題であること、❸から、このEメールには記入されたアンケートのスキャンが添付されていることがわかります。選択肢の中から、アンケートに関係がある語は (D) research「研究」だと考えられます。空所に (D) を入れると、「それら（＝アンケート）が新しいマーケティング・キャンペーンの調査の役に立てば嬉しい」となり、アンケートの用途が調査のためであるという自然な流れになります。

---

2 答え (A)

(A) will send	(A)（助動詞＋動詞の原形）
(B) sent	(B)（動詞の過去形または過去分詞）
(C) was sending	(C)（動詞の過去進行形）
(D) am sent	(D)（動詞の受動態）

解説 選択肢には動詞 send「~を送る」の時制や態が違う形が並んでいます。文書に登場する日付などに注意して、適切なものを選びましょう。空所を含む❹では「5月27日に、ニューヨークのオフィスに宅配便でそれらを -------」と述べられています。ここで、Eメールの送信日❶を見ると、このEメールは5月25日に送信されたとわかります。よって、5月27日は、このEメールを書いた時点から見て未来のことであると判断できるので、未来を表す助動詞 will を使った (A) will send が正解です。

Questions 1-2 refer to the following article.

Landsborough (2 June)—The new Landsborough International Airport will open this Friday, 6 June. ❶ Work on the airport started almost two years ago. ❷ During that time, inclement weather caused some major issues. ---1.---. ❸ "It's a minor miracle that we were able to complete the construction on time," explained project manager Jake Dore. "I really appreciate the ---2.--- we received from all the builders on the project."

Landsborough Mayor Jane Quimby will be at the grand opening to cut the ribbon and welcome the first travelers. The first flight from the airport is scheduled to depart at 12:35 P.M.

問題 1-2 は次の記事に関するものです。

　ランズボロー（6月2日）—新しいランズボロー国際空港が今週金曜日、6月6日に開港する。空港の工事は約2年前に始まった。その間、悪天候がいくつかの大きな問題を引き起こした。それにもかかわらず、プロジェクトは予定通りに完了した。「予定通りに工事を完了できたのは、ちょっとした奇跡だ」とプロジェクト・マネージャーのジェイク・ドーアは説明した。「プロジェクトに参加したすべての建設業者の協力に本当に感謝している」。

　グランドオープンにはランズボローのジェーン・クインビー市長も出席し、テープカットと最初の旅行者の歓迎を行う。空港からの最初のフライトは午後12時35分に出発する予定である。

＊重要語句

international 国際的な	**inclement** 荒れ模様の	**major** 大きな	**issue** 問題
minor 小さな	**miracle** 奇跡	**on time** 予定通りに	
appreciate ～をありがたく思う	**mayor** 市長	**welcome** ～を歓迎する	
depart 出発する			

1　答え (B)

(A) As a result, travelers have been left waiting for their flights.

(B) Despite this, the project was completed according to schedule.

(C) This was really something to be thankful for.

(D) No one expected the work to be canceled after 12 months.

(A) その結果、旅行者はフライトを待たされたままである。

(B) それにもかかわらず、プロジェクトは予定通りに完了した。

(C) これは本当に感謝すべきことであった。

(D) 12ヵ月後に工事が中止になるとは誰も予想していなかった。

解説 選択肢には文が並んでいるので、文脈から当てはまるものを選びましょう。❶から、この記事は空港の工事に関する内容であるとわかります。❷では、その工事の間、悪天候によって大きな問題が生じたと述べています。しかし、空所後の❸では we were able to complete the construction on time「予定通りに工事を完了できた」とあるので、空所にはこの 2 つの内容をつなぐ文が入ると考えられます。空所に (B) を入れると、悪天候にもかかわらず予定通りに工事が完了したことを知らせる流れとなり、適切です。逆接の意味を表す前置詞 despite「～にも関わらず」もキーワードになりますね。

> ・重要語句
>
> | **as a result** 結果として | **despite** ～にもかかわらず | **according to ～** ～に従って |
> | **thankful** 感謝している | **cancel** ～を中止する | |

2　答え (C)

(A) cooperate
(B) cooperated
(C) cooperation
(D) cooperative

(A) 協力する
(B) 協力した
(C) 協力
(D) 協力的な

解説 選択肢にはさまざまな品詞が並んでいるので、空所を含む文を見て文法の観点から解きましょう。空所前を見てみると、〈副詞（really）＋動詞（appreciate）＋冠詞（the）＋ ------- 〉という形になっています。appreciate「～をありがたく思う」は他動詞の働きを持つ語なので、後ろにくる語は目的語となる名詞です。また、空所の前に冠詞の the がありますが、空所の直後には名詞の役割をするものがありません。よって、(C) cooperation が空所に入るとわかります。I really appreciate the cooperation「協力に本当に感謝している」となり、文意も通ります。

Questions 1-4 refer to the following e-mail.

To: Hans Milano <hmilano@allweatherroofco.com>
From: Dianne Walsh <dwalsh@thirduck.com>
Date: May 3
Subject: Regarding the replacement

Dear Mr. Milano,

❶ I am writing about the water leak in the kitchen. We have identified the cause of the leak. ❷ It appears that the water is coming from the skylight. ---_{1.}---. The other day, when we had Weather & Roofing Company come over for a different matter, ❸ a worker mentioned that the skylight would need to be replaced soon. ❹ ---_{2.}---, he was not able to source one at the time.

❺ I was searching for other companies which handle skylights and this morning I called Hardware Shop in Greenwood. ❻ ---_{3.}--- informed me that a shipment of skylights had just arrived. I would like you to ---_{4.}--- an installation date.

Sincerely,

Dianne Walsh

問題 1-4 は次の E メールに関するものです。

受信者：ハンス・ミラノ <hmilano@allweatherroofco.com>
送信者：ダイアン・ウォルシュ <dwalsh@thirduck.com>
日付：5月3日
件名：交換について

ミラノ様へ

キッチンの水漏れについてご連絡しています。私たちは水漏れの原因を特定しました。どうやら水は天窓から漏れているようです。それは 20 年前に設置されたものなので、かなり古いのです。先日、別件でウェザー＆ルーフィング社に来てもらった際、作業員が近いうちに天窓を交換する必要があると言っていました。しかし、その時彼は天窓を調達することができませんでした。

私は天窓を扱っている他の会社を探しており、今朝グリーンウッドにあるハードウェア・ショップに電話してみました。すると、彼らはちょうど天窓が入荷したところだと教えてくれました。あなたに取り付けの日程を決めていただきたいです。

敬具

ダイアン・ウォルシュ

□ **regarding** 〜について　　□ **replacement** 交換　　□ **leak** 漏れること
□ **identify** 〜を特定する　　□ **It appears that 〜** 〜のように見える　　□ **skylight** 天窓
□ **matter** 問題　　□ **mention that 〜** 〜ということに言及する　　□ **replace** 〜を取り換える
□ **source** 〜を調達する　　□ **search for 〜** 〜を探す　　□ **handle** 〜を取り扱う
□ **inform A that 〜** A に〜ということを知らせる　　□ **shipment** 出荷　　□ **installation** 取り付け

1 答え (B)

(A) I hope that you will be able to come earlier than we agreed.

(B) It was installed twenty years ago, so it's quite old.

(C) Also, the skylight you supplied seems to be faulty.

(D) I regret that I will not be using your business again.

(A) 約束の時間より早く来ていただきたいです。

(B) それは 20 年前に設置されたものなので、かなり古いのです。

(C) また、貴社が支給してくださった天窓は欠陥があるようです。

(D) 残念ですが、もう貴社を利用することはありません。

解説 空所に当てはまる文を、文脈から選びましょう。❶から、この E メールは水漏れについての内容だとわかります。続く❷では、「水は天窓から漏れているようだ」と水漏れの原因が天窓であることを伝えています。(B) の It が天窓を指していると考えると、「それ（＝天窓）は 20 年前に設置されたものなので、かなり古い」と、天窓に不具合がある理由を伝える文となり、話の流れに合います。よって (B) が正解です。(C) も天窓に言及していますが、前後の流れが不自然です。

2 答え (D)

(A) Similarly

(B) Accordingly

(C) Therefore

(D) However

(A) 同様に

(B) それに応じて

(C) それゆえに

(D) しかし

解説 選択肢にはつなぎ言葉が並んでいるので、空所前後を読んで適切なものを選びます。❸では、業者が来たとき、天窓をすぐに取り換える必要があると言われたと述べています。空所を含む❹では「その時彼は天窓を調達することができなかった」とあり、反対の内容が続いています。選択肢の中で、前の内容と反対の内容が続くことを示す語は (D) However です。「交換する必要があったが天窓を調達できなかった」という自然な流れになりますね。

3 答え (A)

(A) They
(B) You
(C) He
(D) She

(A) 彼らは
(B) あなたは
(C) 彼は
(D) 彼女は

解説 選択肢の代名詞が何を指しているのか、適切な語を文脈から選びましょう。❺では天窓を扱っているハードウェア・ショップに電話をしたとあります。空所を含む❻では、「------ がちょうど天窓が入荷したところだと教えてくれた」とあり、空所にはハードウェア・ショップのことを指す語が入ると考えられます。選択肢の中で、会社や組織などを指すことができる語は (A) They のみです。

4 答え (D)

(A) scheduling
(B) schedules
(C) scheduled
(D) schedule

(A)（動名詞または現在分詞）
(B)（動詞の 3 人称単数形）
(C)（動詞の過去形または過去分詞）
(D)（動詞の原形）

解説 選択肢には動詞 schedule「〜の日程を決める」のさまざまな形が並んでいます。文法の観点から解いてみましょう。空所前に注目すると、I would like you to *do* 〜「わたしはあなたに〜してほしい」という表現があります。これは to 不定詞を用いた表現なので、to のうしろには動詞の原形が続きます。(D) schedule を空所に入れると I would like you to schedule an installation date.「あなたに取り付けの日程を決めていただきたいです」という意味になり、文意も通るので正解です。

Questions 5-8 refer to the following notice.

Thank you for your purchase from All Ways Online Shopping. ❶ Your order will be shipped within the next 12 hours. ❷ At that time, you ---5.--- an e-mail from us with an estimated delivery time. ❸ In accordance with your directions, the item will be left by your front door if no one is there to accept the delivery. ---6.---.

As the total for this order ---7.--- $100, ❹ you have been awarded 1,000 All Ways points. ❺ You may use these to make future purchases or allow them to accumulate. If you choose the latter, please keep in mind that they ---8.--- after five years.

問題 5-8 は次のお知らせに関するものです。

オールウェイズ・オンラインショッピングでお買い上げいただきありがとうございます。ご注文の商品は 12 時間以内に発送されます。その際、弊社より配達予定時間の E メールをお送りいたします。お客様の指示に従い、配達を受け取る人がいない場合、商品は玄関のそばに置かれます。この希望はオールウェイズのスマートフォンアプリでいつでも変更できます。

今回のご注文の合計が 100 ドルを超えたため、1,000 オールウェイズポイントが付与されました。このポイントは次回以降のお買い物にお使いいただくか、お貯めいただくことができます。後者を選択した場合、ポイントは 5 年後に失効しますのでご注意ください。

● **重要語句**

purchase 購入	**order** 注文	**ship** ～を発送する	**estimated** 推定の
delivery 配達	**in accordance with ～** ～に従って		**award** ～を授与する
make a purchase 購入する	**allow A to do** A が～するのを許可する		
accumulate 累積する	**the latter** 後者	**keep in mind that ～** ～ということを覚えておく	

---

5 答え (C)

(A) received
(B) were receiving
(C) will receive
(D) are received

(A)（動詞の過去形または過去分詞）
(B)（過去進行形）
(C)（助動詞＋動詞の原形）
(D)（受動態）

解説 選択肢には動詞 receive「～を受け取る」のさまざまな時制の形が並んでいます。冒頭から、これはオンラインショッピングで購入をしたお客さんに宛てたお知らせだとわかります。❶で「注文品は 12 時間以内に発送される」とあるので、空所を含む❷の冒頭の At that time「その際」は、注文品が発送される時を指していると考えられます。注文品が発送されるのは未来のことだとわかるので、(C) will receive が正解です。

6 　答え (B)

(A) Unfortunately, we cannot give any indication about when to expect delivery.

(B) You can change this preference at any time using the All Ways smartphone app.

(C) We have processed your return and refunded the money to your credit card.

(D) As this is a second-hand item, we cannot offer you any All Ways points this time.

(A) 申し訳ございませんが、配達予定がいつになるかお伝えすることはできません。

(B) この希望はオールウェイズのスマートフォンアプリでいつでも変更できます。

(C) 私たちは返品処理を行い、あなたのクレジットカードに返金いたしました。

(D) こちらは中古品のため、オールウェイズポイントの付与はできません。

解説 文脈から当てはまる文を選びます。❸では「配達を受け取る人がいない場合、商品は玄関のそばに置かれる」とあります。空所に (B) を入れると、this preference「この希望」が不在の際の商品の配送についての希望を指すことになり、これをアプリ上でいつでも変更できると伝える自然な流れになるので、(B) が正解です。

＊重要語句

unfortunately 残念ながら	**indication** 指示	**preference** 好み
process 〜を処理する	**return** 返品	**refund** 〜を払い戻す	**second-hand** 中古の

7 　答え (D)

(A) exceeding
(B) exceedingly
(C) excessive
(D) exceeded

(A) 非常な、過度の
(B) 非常に、とても
(C) 度を越した、過度の
(D) 超えた

解説 選択肢にはさまざまな品詞が並んでいるので、文法的な観点から解いてみましょう。空所前後を見てみると、〈接続詞 (As)＋名詞句 (the total for this order)＋ ------- ＋名詞 ($100)〉となっています。接続詞がある場合、主語と動詞が必要です。主語となる名詞句の the total for this order はありますが、動詞がありません。空所には動詞が必要だとわかるので、動詞 exceed「〜を超える」の過去形である (D) exceeded が正解です。As the total for this order exceeded $100「今回のご注文の合計が 100 ドルを超えたため」となり、意味も通ります。

8 答え (A)

(A) expire	(A) 失効する
(B) occur	(B) 起こる
(C) arrive	(C) 到着する
(D) remind	(D) 〜を思い起こさせる

解説 選択肢には、同じ品詞のさまざまな語彙が並んでいます。文脈から空所に当てはまる語を選びましょう。❹から、お知らせを受け取ったお客さんは1,000ポイントを付与されたことがわかります。❺ではそのポイントを次回以降の買い物に使うか、貯めることもできると述べています。空所直前のtheyがポイントのことを指していると考えると、(A) expire「失効する」が正解です。they expire after five years「それら（＝ポイント）は5年後に失効する」となり、意味も通ります。

Questions 1-2 refer to the following e-mail.

E-mail

To:	Phil Birks <pbirks@musiceno.com>
❶ From:	Hilda Debussy <hdebussy@dockcafeowt.com>
Date:	October 8
Subject:	Grand opening

Dear Mr. Birks,

I was given your contact details by Vanessa Greene at the Lennon BD Hotel. She said that the live music you and your band performed at their recent event really impressed their guests. ❷ On November 12, my new restaurant Dockside Break Café at 167 Princes Street will have its grand opening. ❸ I am looking for a band to perform live from 6:00 P.M. to 10:00 P.M. The building was previously the Dalton Art Gallery, a venue at which I know you have performed in the past.

❹ I would like to arrange a meeting with you to discuss your rates and the playlist. We can meet at my office at the café, or online if that suits you better. I am generally available in the afternoons. I look forward to hearing from you.

Sincerely,

Hilda Debussy

問題 1-2 は次の E メールに関するものです。

受信者：フィル・バークス <pbirks@musiceno.com>
送信者：ヒルダ・ドビュッシー <hdebussy@dockcafeowt.com>
日付：10 月 8 日
件名：グランドオープン

バークス様

レノン BD ホテルのヴァネッサ・グリーンからあなたの連絡先を教えていただきました。彼女が、先日のイベントであなたとあなたのバンドが行った生演奏は、ゲストにとても感動を与えたと言っていました。11 月 12 日、プリンセス通りの 167 番地に、私の新しいレストランであるドックサイド・ブレイク・カフェがグランドオープンします。私は午後 6 時から 10 時までライブ演奏をしてくれるバンドを探しています。この建物は以前、ダルトン・アートギャラリーとして使われていたもので、あなた方が過去にライブを行ったことがある会場です。

料金やプレイリストについて話し合いをするために、あなた方と打ち合わせをしたいと思っています。私のオフィスのカフェでお会いするか、オンラインのほうがよろしければそちらでも構いません。私は基本的に午後が空いています。ご連絡をお待ちしております。

敬具

ヒルダ・ドビュッシー

1　**答え** (B)

What kind of business does Ms. Debussy own?　ドビュッシーさんはどんなビジネスを経営していますか。

(A) An art gallery

(B) A restaurant

(C) A hotel

(D) A theater

(A) アートギャラリー

(B) レストラン

(C) ホテル

(D) 劇場

解説 設問文には、Ms. Debussy「ドビュッシーさん」と人の名前があるので、これをキーワードに文書を読んでいきます。❶から、このEメールはドビュッシーさんが書いているとわかります。❷で「11月12日、プリンセス通りの167番地に、私の新しいレストランであるドックサイド・ブレイク・カフェがグランドオープンする」とあることから、ドビュッシーさんは自分のレストランを持っていることがわかります。よって、(B) が正解です。

2　**答え** (C)

What information does Ms. Debussy request?　ドビュッシーさんはどんな情報を求めていますか。

(A) A work schedule

(B) The contents of an exhibition

(C) Musicians' rates

(D) The agenda of a meeting

(A) 仕事のスケジュール

(B) 展覧会の内容

(C) ミュージシャンの料金

(D) 会議の議題

解説 Eメールの書き手であるドビュッシーさんが何の情報を求めているかを読み取りましょう。このEメールはドビュッシーさんが、とあるバンドに向けて書いたもの。❸で生演奏をしてくれるバンドを探していると述べたあと、❹で「料金やプレイリストについて話し合いをするために、打ち合わせをしたい」と書かれています。バンドの演奏料を知りたいのだとわかるので、(C) が正解です。求めていることを問う設問なので、I would like to 〜「〜したい」という表現を見つけることがポイントです。

⊙ 問題は本冊P.130

Questions 1-2 refer to the following memo.

MEMO

To: All Editorial Staff
From: Brian Dolby
Date: November 17
Subject: Publishing dates

Dear Editors,

❶I'm writing to inform you about an important update about our policies. Senior management has asked us to speed up our editing process. We typically take around nine months to get a book into bookstores. Many other publishers have been managing to complete the proofreading and fact-checking process in under four months. As this is becoming the industry standard, writers are starting to expect it. ❷From now on, once a manuscript has been received, it should be printed and shipped within four months.

To help you achieve this, we are encouraging the use of AI assistants such as CheckerBot and VeritAI. Polenova Publishing has purchased subscriptions to these services, and you will each receive the necessary login details later today. ❸On Friday, an expert from Dilbert Consultancy will be leading a workshop to show you how to make the most of these new tools.

問題 1-2 は次のメモに関するものです。

メモ

宛先：編集スタッフ一同
差出人：ブライアン・ドルビー
日付：11 月 17 日
件名：出版日

編集者の皆様

弊社の方針に関する重要な改訂についてお知らせいたします。上層部が我々に、編集作業をスピードアップするように求めてきました。弊社では通常、書籍が書店に並ぶまでに約 9 ヶ月を要します。他の多くの出版社は、校正と事実確認の作業を 4 ヶ月以内で完了させています。これが業界標準になりつつあるため、作家もこれを期待し始めています。これからは、原稿が受け取られたら、4 ヶ月以内にそれを出版し、発送されている状態にしないといけません。

これを達成するために、私たちは CheckerBot や VeritAI といった AI アシスタントの利用を奨励しています。ポレノヴァ出版社はこれらのサービスを定期購入し、皆さんは今日中に必要なログイン情報を受け取ります。金曜日に、ディルバート・コンサルタンシー社の専門家がワークショップを開催し、これらの新しいツールを最大限に活用する方法をご紹介します。

editor 編集者	**inform** 〜に知らせる	**update** 改訂、最新情報	**policy** 方針
senior 上級の	**speed up 〜** 〜を速める	**process** 一連の作業	**typically** 通常は
publisher 出版社	**proofreading** 校正	**fact-checking** 事実確認	
industry standard 業界標準	**from now on** これからは	**once** ひとたび〜したら	
manuscript 原稿	**print** 〜を出版する、〜を印刷する	**ship** 〜を発送する	
achieve 〜を達成する	**encourage** 〜を奨励する	**subscription** 定期購読	
necessary 必要な	**expert** 専門家	**make the most of 〜** 〜を最大限に活用する	

1　答え (B)

What is the purpose of the memo?　　　　メモの目的は何ですか。

(A) To explain a delay　　　　　　　　　　(A) 遅れた理由を説明するため

(B) To announce a new policy　　　　　　　(B) 新しい方針を発表するため

(C) To request volunteers　　　　　　　　　(C) ボランティアを依頼するため

(D) To recommend a publication　　　　　　(D) 出版物を推薦するため

解説 目的が問われているので、文書の冒頭に注目しましょう。❶の I'm writing to inform 〜「〜を知らせるために連絡している」という表現がポイントです。❶で an important update about our policies「弊社の方針に関する重要な改訂」についてのお知らせだと述べているので、(B) が正解です。inform「〜に知らせる」が announce「〜を発表する」に言い換えられています。

＊重要語句

explain 〜を説明する	**delay** 遅れ	**announce** 〜を発表する
recommend 〜を推薦する	**publication** 出版物	

2　答え (C)

What will take place on Friday?　　　　金曜日に何が行われますか。

(A) A performance evaluation　　　　　　　(A) 業績評価

(B) A celebration　　　　　　　　　　　　(B) 祝賀会

(C) A workshop　　　　　　　　　　　　　(C) ワークショップ

(D) A product launch　　　　　　　　　　(D) 製品の発売

解説 設問文にある Friday「金曜日」をキーワードに、起こると書かれていることを探しましょう。❸に、「金曜日に、ディルバート・コンサルタンシー社の専門家がワークショップを開催する」と書かれています。金曜日にワークショップが行われるとわかるので、(C) が正解です。

＊重要語句

evaluation 評価	**launch** 開始

Questions 1-2 refer to the following notice.

Porpoise Spit Community Center
0755 555 269 www.porpoisespitcomcent.com.au

Free Classes for August

❶Introduction to Film Photography: Learn how to take photographs using traditional film cameras. ❷This is a great experience for children who have grown up knowing only digital photography. August 11 and 12, from 6:00 P.M. to 8:00 P.M.

Indoor Gardening: An expert from Flowerview Garden Center will be teaching a beginners' class on indoor gardening. August 17 and 21, from 10:00 A.M. to 12:00 noon.

Woodworking: Learn some basic woodworking techniques from the Porpoise Spit Community Center's own, Ralph Barva. August 23 and 24, from 3:00 P.M. to 5:00 P.M.

NOTE: ❸You can register for any of these classes between July 19 and July 29. Visit the community center Web site for details.

問題 1-2 は次のお知らせに関するものです。

ポルポーズ・スピット・コミュニティ・センター
0755 555 269 www.porpoisespitcomcent.com.au

8月の無料クラス

フィルム写真入門：伝統的なフィルムカメラを使った写真の撮り方を学びます。デジタル写真しか知らずに育った子供たちにとって、これは素晴らしい経験になるでしょう。8月11日と12日の午後6時から8時まで。

屋内ガーデニング：フラワービュー・ガーデン・センターの専門家が室内ガーデニングの初心者クラスを教えます。8月17日と21日、午前10時から正午まで。

木工技術：ポルポーズ・スピット・コミュニティ・センターのラルフ・バーバラから基本的な木工技術を学びましょう。8月23日と24日の午後3時から5時まで。

注：これらのクラスは7月19日から7月29日の間にお申し込みいただけます。詳しくはコミュニティセンターのウェブサイトをご覧ください。

重要語句

introduction 入門、導入	photography 写真	traditional 伝統的な
indoor 屋内の	expert 専門家	beginner 初心者	woodworking 木工（技術）
note 注（釈）	register for ～ ～に申し込む、～に登録する	for details 詳しくは

---

1 答え (A)

What is indicated about the Introduction to Film Photography?

(A) It is intended for children.

(B) It will be held in the mornings.

(C) Participants will edit digital photographs.

(D) There is a minimal tuition fee.

フィルム写真入門について何が示されていますか。

(A) 子供向けである。

(B) 午前中に開催される。

(C) 参加者はデジタル写真を編集する。

(D) 少額の授業料がある。

解説 What is indicated about ～？という設問なので、選択肢に軽く目を通してから、英文の情報と照らし合わせて解きましょう。設問文中のキーワードである、the Introduction to Film Photography「フィルム写真入門」の説明は❶の項目にあります。❷で「デジタル写真しか知らずに育った子供たちにとって、これは素晴らしい経験になるだろう」とあります。ここから、子供もクラスの参加対象であるとわかります。よって、(A) が正解です。午後 6 時～ 8 時に開催と書かれているので、(B) は不正解。デジタル写真を使う講座ではないので (C) も不正解。授業料については書かれていないので (D) も不正解です。

重要語句

be intended for ～ ～に向けられている	participant 参加者
edit ～を編集する	minimal 最小限の	tuition fee 授業料

---

2 答え (D)

What will happen on July 19?

(A) Mr. Barva will teach a course.

(B) The Web site will be updated.

(C) The community center will be closed.

(D) Registration for classes will begin.

7 月 19 日に何が起こりますか。

(A) バルバさんが講義をする。

(B) ウェブサイトが更新される。

(C) コミュニティセンターが閉館する。

(D) クラスの申し込みが始まる。

解説 July 19 という日付を文書から探してみると、❸に「これらのクラスは 7 月 19 日から 7 月 29 日の間に申し込みできる」と書いてあります。7 月 19 日に申し込みが開始されるとわかるので、(D) が正解です。

重要語句

update ～を更新する	registration for ～ ～への登録、～への申し込み

Questions 1-2 refer to the following article.

The Next Step in Electric Vehicles
June 16

While most manufacturers are focused on expanding battery capacity, Winhall's Nextepp Auto has been working on vehicles that can run with sustainable energy. The Nextepp 500 is covered in solar panels. This means that the car can generate power to charge its batteries during the daytime.

❶Jeff Davies, the CEO of the company, left his senior teaching position at Lucas Forest University in Stanton to focus full-time on his designs for this vehicle. ❷He created three prototypes before coming up with the final design, which he revealed at the Townsend Motorshow in April this year. ❸It was there that he met Tina Isaacs from Issacs Technologies. She agreed to invest $30 million in the company with the condition that they build the manufacturing plant in Miami.

問題 1-2 は次の記事に関するものです。

電気自動車の次のステップ
6月16日

多くの製造業者がバッテリー容量の拡大に注力するなか、ウィンホールにあるネクステップ自動車は、持続可能なエネルギーを使って走る自動車の開発に取り組んできた。ネクステップ500はソーラーパネルで覆われている。これはつまり、この車は日中に発電してバッテリーを充電できるということだ。

同社のCEOであるジェフ・デイヴィスは、この車の設計にすべての時間を集中するために、スタントンにあるルーカス・フォレスト大学の上級教育職を降りた。彼は最終的な設計を思い付く前に3つのプロトタイプを作り、最終設計を今年4月のタウンゼント・モーターショーで公開した。そこで彼は、アイザック・テクノロジーズのティナ・アイザックスと出会ったのだ。彼女は、マイアミに製造工場を建設することを条件に、同社に3000万ドルを投資することに同意した。

> ★重要語句
>
> - **electric vehicle** 電気自動車　■ **manufacturer** 製造業者
> - **be focused on ～** ～に集中する　■ **expand** ～を拡大する　■ **capacity** 容量
> - **sustainable** 持続可能な　■ **cover** ～を覆う　■ **generate** ～を発生させる
> - **power** 電力　■ **charge** ～を充電する　■ **leave** ～を辞める、～を退く　■ **senior** 上級の
> - **prototype** 試作品、プロトタイプ　■ **reveal** ～を明らかにする　■ **invest** ～を投資する
> - **condition** 条件

1　答え (B)

What is implied about Nextepp Auto?

(A) It focuses on battery capacity.
(B) It is run by a former professor.
(C) It relies on solar energy for its offices.

(D) It employs students of Lucas University.

ネクステップ自動車について、何が示唆されていますか。

(A) バッテリー容量に注力している。
(B) 元教授によって経営されている。
(C) そのオフィスは太陽エネルギーに頼っている。

(D) ルーカス大学の学生を雇用している。

解説 Nextepp Auto「ネクステップ自動車」について、選択肢の中から当てはまるものを選びます。第1段落では、この会社は持続可能なエネルギーを使って走る自動車を開発していると書かれています。❶に、ネクステップ自動車のCEOはこの設計のために大学での上級教育職を降りた、とあるのでCEOは元教授であることが推測できます。つまり、この会社は元教授であるCEOによって経営されていると考えられるので、(B) が正解です。

＊重要語句

■ **run** 〜を経営する　■ **former** 元の、前の　■ **rely on 〜** 〜に頼る
■ **employ 〜** 〜を雇用する

2　答え (C)

Where did Mr. Davies meet Ms. Issacs?

(A) In Winhall
(B) In Stanton
(C) In Townsend
(D) In Miami

デイヴィスさんはどこでアイザックさんと知り合いましたか。

(A) ウィンホール
(B) スタントン
(C) タウンゼント
(D) マイアミ

解説 デイヴィスさんとアイザックさんについて書かれている箇所を探します。デイヴィスさんについては第2段落で説明があり、❷でタウンゼント・モーターショーで車の最終設計を公開したと書かれています。続く❸で「そこで彼は、アイザック・テクノロジーズのティナ・アイザックスと出会った」とあることから、2人はタウンゼント・モーターショーで出会ったとわかります。よって、(C) が正解です。

Questions 1-2 refer to the following article.

New York (February 16)—In a press release, Coleman Pharmaceuticals has announced that it is merging with Shitsu Tonnka. ❶ The CEO of Coleman Pharmaceuticals will be stepping down to allow Shitsu Tonnka chairperson Daisy Harrison to take charge. ❷ The company will be diversifying its product lineup to include health food and supplements. ❸ The Coleman Pharmaceuticals headquarters will be closed, and the staff will be relocated to Shitsu Tonnka's offices in Manhattan. On his morning radio show, Radio 6RT's ❹ business expert Robert Day claimed that the merger was necessary as Coleman Pharmaceuticals was losing market share year after year. "They need to change the way they run the business," Day explained. "The whole industry is changing and their old business model just doesn't work anymore."

問題 1-2 は次の記事に関するものです。

ニューヨーク（2月16日）―プレスリリースで、コールマン製薬会社は、シツ・トンカ社と合併することを発表した。コールマン製薬会社のCEOは退任し、シツ・トンカ社のデイジー・ハリソン会長に指揮を執らせることとなる。同社は今後、製品ラインナップを多様化させ、健康食品やサプリメントなども取り扱う予定だ。コールマン製薬会社の本社は閉鎖され、従業員はマンハッタンのシツ・トンカ社のオフィスに転勤となる。ビジネス専門家のロバート・デイは彼の朝のラジオ番組である、ラジオ6RTで、コールマン製薬会社は年々市場シェアを落としており、合併は不可避だったと主張した。「彼らは企業の経営の仕方を変える必要がある」とデイは説明した。「業界全体が変化しており、彼らの古いビジネスモデルはもう通用しないのだ」。

* 重要語句

- **press release** プレスリリース、報道発表　**pharmaceuticals** 製薬会社
- **announce** ～を発表する　**merge with ~** ～と合併する　**CEO** 最高経営責任者
- **step down** 身を引く、辞職する　**allow A to do** Aに～させる
- **take charge** 責任を持つ　**diversify** ～を多様化する　**include** ～を含む
- **supplement** サプリメント、栄養補助食品　**headquarters** 本社
- **relocate** ～を転勤・移転させる　**expert** 専門家　**claim that ~** ～だと主張する
- **merger** 合併　**industry** 産業

1 答え (A)

What change at Coleman Pharmaceuticals is NOT mentioned in the article?

(A) Its advertising strategy

(B) Its leadership

(C) Its product lineup

(D) Its location

コールマン製薬会社の変化で述べられていないものは何ですか。

(A) 広告戦略

(B) リーダーシップ

(C) 製品ラインナップ

(D) 所在地

解説 コールマン製薬会社の変化について述べられていないことを問う NOT 問題です。選択肢と照らし合わせながら、述べられている選択肢を一つずつ消去しましょう。❶で「CEO は退任し、シツ・トンカ社のデイジー・ハリソン会長に指揮を執らせることとなる」とあるので、(B) Its leadership「リーダーシップ」については述べられています。❷で「製品ラインナップを多様化させる」とあるので (C) Its product lineup「製品ラインナップ」も当てはまります。❸で本社の移転について述べられているので、(D) Its location「所在地」についても述べられています。よって、残る (A) Its advertising strategy「広告戦略」が正解です。

重要語句

☐ **strategy** 戦略

---

2 答え (B)

Who is Mr. Day?

(A) A television personality

(B) A business expert

(C) A pharmacist

(D) A business owner

デイさんは誰ですか。

(A) テレビタレント

(B) ビジネスの専門家

(C) 薬剤師

(D) 事業主

解説 デイさんについて書かれている箇所を探しましょう。❹で、「ビジネス専門家のロバート・デイ」とあることから、(B) A business expert「ビジネスの専門家」が正解だとわかります。

重要語句

☐ **personality** 著名人　　☐ **owner** 所有者

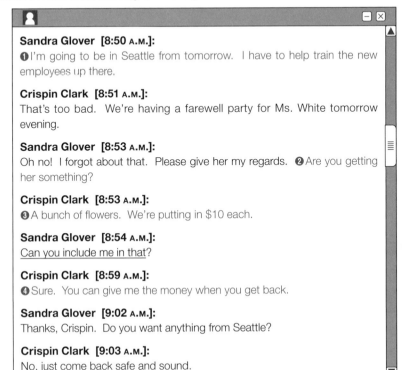

→ 問題は本冊P.146

Questions 1-2 refer to the following text-message chain.

Sandra Glover [8:50 A.M.]:
❶I'm going to be in Seattle from tomorrow. I have to help train the new employees up there.

Crispin Clark [8:51 A.M.]:
That's too bad. We're having a farewell party for Ms. White tomorrow evening.

Sandra Glover [8:53 A.M.]:
Oh no! I forgot about that. Please give her my regards. ❷Are you getting her something?

Crispin Clark [8:53 A.M.]:
❸A bunch of flowers. We're putting in $10 each.

Sandra Glover [8:54 A.M.]:
<u>Can you include me in that</u>?

Crispin Clark [8:59 A.M.]:
❹Sure. You can give me the money when you get back.

Sandra Glover [9:02 A.M.]:
Thanks, Crispin. Do you want anything from Seattle?

Crispin Clark [9:03 A.M.]:
No, just come back safe and sound.

問題 **1-2** は次のテキストメッセージに関するものです。

サンドラ・グローバー【午前 8 時 50 分】
私は明日からシアトルに滞在します。向こうの新入社員の教育を手伝わなければならないのです。

クリスピン・クラーク【午前 8 時 51 分】
それは残念です。私たちは明日の夕方に、ホワイトさんの送別会を開く予定なんです。

サンドラ・グローバー【午前 8 時 53 分】
ああ！ そのことを忘れていました。どうか彼女によろしくお伝えください。彼女に何かあげるのですか？

クリスピン・クラーク【午前 8 時 53 分】
花束です。10 ドルずつ出し合っています。

サンドラ・グローバー【午前 8 時 54 分】
私もその中に入れてもらえませんか。

クリスピン・クラーク【午前 8 時 59 分】
もちろん。お金はあなたが戻ってきたときに、私に渡してくれればいいですよ。

サンドラ・グローバー【午前 9 時 02 分】
ありがとう、クリスピン。シアトルで何か欲しいものはありますか。

クリスピン・クラーク【午前 9 時 03 分】
いいえ、無事に帰ってきてくれればよいですよ。

＊重要語句

　■ train　〜を教育する　　■ farewell party　送別会　　■ regards　（よろしくという）あいさつ
　■ bunch　束　　■ put in 〜　（金など）を費やす、寄付する
　■ safe and sound　無事に、けが１つなく

1　答え (C)

What will Ms. Glover do tomorrow?　　グローバーさんは明日何をしますか。

(A) Attend a concert　　　　　　　　　　　(A) コンサートに参加する

(B) Interview a job applicant　　　　　　　(B) 求職者と面接する

(C) Take a business trip　　　　　　　　　(C) 出張に行く

(D) Arrange a party　　　　　　　　　　　(D) パーティーを手配する

 tomorrow「明日」をキーワードに、グローバーさんが何をするか探します。❶から、グローバーさんは明日からシアトルに行って、新入社員の教育を手伝うことがわかります。このことを「出張に行く」と言い換えた (C) Take a business trip が正解です。

2　答え (D)

At 8:54 A.M., what does Ms. Glover mean when she writes, "Can you include me in that"?

午前 8 時 54 分に、"Can you include me in that" という発言で、グローバーさんは何を意図していると考えられますか。

(A) She hopes to attend a colleague's party.　(A) 彼女は同僚のパーティーに出席することを望んでいる。

(B) She expects to meet Ms. White in Seattle.　(B) 彼女はシアトルでホワイトさんに会うことを期待している。

(C) She knows Mr. Clark will accompany her on a trip.　(C) 彼女はクラークさんが旅行に同行することを知っている。

(D) She would like to help pay for some flowers.　(D) 彼女は花の支払いを手伝いたい。

解説 該当の発言は、Can you include me in that?「私もその中に入れてもらえませんか」です。何に入れて欲しいと言っているのか、前後の流れからつきとめましょう。グローバーさんは、❷でホワイトさんへのプレゼントについて尋ねています。クラークさんが❸で花束をあげると答え、続けて We're putting in $10 each.「10 ドルずつ出し合っている」と言っています。それに対して、グローバーさんは該当の発言をしているので、グローバーさん自身も花束の支払いの中に入れてくれないかと頼んでいるとわかります。正解は (D) です。❹で「お金は戻ってきたときに、渡してくれればいい」と言っていることもヒントになります。

Questions 1-2 refer to the following e-mail.

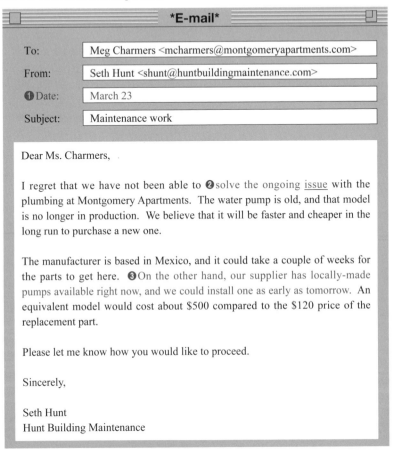

E-mail

To:	Meg Charmers <mcharmers@montgomeryapartments.com>
From:	Seth Hunt <shunt@huntbuildingmaintenance.com>
❶ Date:	March 23
Subject:	Maintenance work

Dear Ms. Charmers,

I regret that we have not been able to ❷ solve the ongoing <u>issue</u> with the plumbing at Montgomery Apartments. The water pump is old, and that model is no longer in production. We believe that it will be faster and cheaper in the long run to purchase a new one.

The manufacturer is based in Mexico, and it could take a couple of weeks for the parts to get here. ❸ On the other hand, our supplier has locally-made pumps available right now, and we could install one as early as tomorrow. An equivalent model would cost about $500 compared to the $120 price of the replacement part.

Please let me know how you would like to proceed.

Sincerely,

Seth Hunt
Hunt Building Maintenance

問題 1-2 は次の E メールに関するものです。

受信者：メグ・チャーマーズ <mcharmers@montgomeryapartments.com>
送信者：セス・ハント <shunt@huntbuildingmaintenance.com>
日付：3月23日
件名：メンテナンス作業

チャーマーズ様

残念ですが、モンゴメリーアパートで続いている配管の問題を解決できておりません。給水ポンプが古く、そのモデルがもう生産されていないのです。新しいものを購入した方が早いし、長い目で見れば安上がりにもなると考えています。

製造元はメキシコにあり、部品がここに届くまで数週間かかる可能性があります。一方、私たちのサプライヤーは現在、国内製のポンプを用意しており、早ければ明日にも設置できます。交換部品の価格が120ドルであるのに対し、同等のモデ

ルは 500 ドルほどです。

どのように進めたいか、ご希望をお聞かせください。

敬具

セス・ハント
ハント・ビル・メンテナンス

*重要語句

☐ **maintenance** メンテナンス、維持管理		☐ **ongoing** 進行中の		☐ **issue** 問題
☐ **plumbing** 配管	☐ **no longer** もはや〜ない		☐ **in production** 生産されている	
☐ **cheap** 安価な	☐ **in the long run** 長期的に見れば		☐ **purchase** 〜を購入する	
☐ **be based in 〜** 〜を本拠としている		☐ **on the other hand** その一方で		
☐ **available** 利用可能な	☐ **install** 〜を設置する、〜を取り付ける		☐ **equivalent** 同等の	
☐ **compared to 〜** 〜と比較して	☐ **replacement** 交換		☐ **proceed** 進む	

---

1 答え (D)

The word "issue" in paragraph 1, line 1, is closest in meaning to

(A) controversy

(B) result

(C) edition

(D) problem

第 1 段落・1 行目にある "issue" に最も意味が近いのは

(A) 論争

(B) 結果

(C) 版

(D) 問題

解説 issue は「問題」「(雑誌などの) 出版物」、「論争点」などの意味があります。本文中ではどんな意味で使われているのか確認しましょう。本文では❷solve the ongoing issue with the plumbing「続いている配管の issue を解決する」とあります。そして、このあとの E メール本文にも配管に関する問題やその解決策について述べられています。よって、この文脈に当てはまるのは (D) problem「問題」だとわかります。

---

2 答え (B)

According to the e-mail, when is the earliest Mr. Hunt's company could receive a pump?

(A) March 23

(B) March 24

(C) March 25

(D) March 26

E メールによると、ハントさんの会社がポンプを受け取ることができるのは最短でいつですか。

(A) 3 月 23 日

(B) 3 月 24 日

(C) 3 月 25 日

(D) 3 月 26 日

解説 「いつ」と聞かれているので、まずは文書中の日付を確認しましょう。❶から、この E メールは 3 月 23 日に送られたものだとわかります。❸では、国内産のポンプがあり、早ければ明日にも設置できると説明されています。ここでの「明日」は E メール送信日である 3 月 23 日の翌日なので、最短で 3 月 24 日に設置できるとわかります。よって、(B) が正解です。

⊃ 問題は本冊P.154

Questions 1-2 refer to the following article.

Home Hill (June 6)—The Home Hill City Council has just given approval for a new shopping mall to be built on the eastern shore of Lake McFly. —[1]—. The mall will contain a cinema, a gym, two department stores, and a large food court. —[2]—. There is also room for more than 100 specialty stores. ❶Residents are excited about the convenience the mall will bring and the job opportunities it will provide.

—[3]—. ❷In a speech announcing the decision, Mayor Ingrid Simpson said that she was excited about the business opportunities for local people. —[4]—. ❸Local businesses that are owned and operated within the community will be favored over national fast-food chains. Work on the project will start in August.

問題 1-2 は次の記事に関するものです。

ホームヒル（6月6日）―ホームヒル市議会は、マクフライ湖の東岸の新しいショッピングモールの建設を承認した。ショッピングモールには映画館、ジム、2つの百貨店、巨大なフードコートが入る。また、100以上の専門店が入るスペースもある。住民たちは、モールがもたらすだろう利便性とモールによって提供される雇用の機会に歓喜している。

この決定を発表したスピーチで、イングリッド・シンプソン市長は、地元の人々にとってのビジネスチャンスに歓喜していると述べた。*これらの多くはフードコートで生じるだろう。全国展開のファーストフードチェーン店よりも、地域内で所有・経営されている地元企業が優遇されることになる。プロジェクトの工事は8月から開始される予定だ。

＊重要語句

- **city council** 市議会
- **approval** 承認
- **shore** 岸、海岸
- **contain** ～が入る、～を含む
- **department store** 百貨店
- **specialty store** 専門店
- **resident** 住民
- **convenience** 利便性
- **opportunity** 機会
- **provide** ～を提供する
- **local** 地元の
- **own** ～を所有する
- **operate** ～を経営する
- **favor** ～を優遇する
- **national** 全国的な
- **work** 工事

1 答え (A)

According to the article, what are residents anticipating?

(A) Greater convenience

(B) Road improvements

(C) Better restaurants

(D) Population growth

記事によると、住民は何を期待していますか。

(A) 利便性の向上

(B) 道路の改善

(C) よりよいレストラン

(D) 人口の増加

解説 設問文の residents「住民」がキーワードです。この記事はある地域に建設予定の新しいショッピングモールについて書かれていることが冒頭からわかります。❶では「住民たちは、モールがもたらすだろう利便性と雇用の機会に歓喜している」とあり、住民が期待していることとして、the convenience「利便性」と the job opportunities「雇用の機会」の2つがあげられています。よって、(A) が正解です。

---

2 答え (D)

In which of the positions marked [1], [2], [3], and [4] does the following sentence best belong?

[1]、[2]、[3]、[4]と記載された箇所のうち、次の文が入るのに最もふさわしいのはどれですか。

"Most of these will be in the food court."

「これらの多くはフードコートで生じるだろう」

(A) [1]

(B) [2]

(C) [3]

(D) [4]

(A) [1]

(B) [2]

(C) [3]

(D) [4]

解説 挿入文が自然に入る箇所を [1] ～ [4] のなかから選びます。❷では、モールによってもたらされる地元の人々にとってのビジネスチャンスについて触れられています。この直後の [4] に挿入文を入れると、挿入文の these「これら」が❷の business opportunities「ビジネスチャンス」を指し、「ビジネスチャンスの多くはフードコートで生じるだろう」という意味になります。地元企業が全国展開のファーストフードチェーン店よりも優遇されるという❸以降の話の流れともつながります。よって (D) が正解です。

Questions 1-2 refer to the following e-mail and receipt.

====== *E-mail* ======

To:	Customer Service, Nileways Online Shopping
❶ From:	Anders Tannen
Date:	July 17
Subject:	My order

To whom it may concern,

I recently ordered some building equipment from Nileways Online Shopping. **❷** I was pleasantly surprised when my order arrived early the following day. Unfortunately, there were a couple of problems with the order. The gloves that I ordered were not included in the shipment. When I looked at the receipt included in the box, I noticed that they were not mentioned on it. Will they be arriving in a separate package?

❸ The second issue is the carpenter's hammer. I ordered a large one and a small one. The handle of the large one broke as soon as I tried to use it. I would like to return it for a refund.

Please let me know how I should begin the returns procedure.

Sincerely,

Anders Tannen

問題 1-2 は次の E メールと領収書に関するものです。

受信者：カスタマーサービス 、ナイルウェイズ・オンラインショッピング
送信者：アンダース・タネン
日付：7 月 17 日
件名：私の注文

関係者各位

先日、ナイルウェイズ・オンラインショッピングで建築機材を注文しました。注文した商品が早く翌日に届いたのは、うれしい驚きでした。残念なことに、注文にいくつか問題がありました。私が注文した手袋が発送品に入っていなかったのです。箱に入っていたレシートを見ると、手袋は記載されていないことに気が付きました。手袋は別の荷物に入って届くのでしょうか。

２つ目の問題は、大工用ハンマーです。私は大きいものと小さいものを注文しました。大きい方は使おうとした途端に柄が折れてしまいました。返金のために返品したいです。

どのように返品手続きを始めればよいか教えてください。

敬具

アンダース・タネン

INVOICE — Nileways Online Shopping

Thank you for shopping with Nileways.

The following items are included with this shipment. You can keep this receipt for your records.

Receipt: #748323
Receipt Date: July 16

Customer: Anders Tannen
17 Holmvic Way, East Columbine, Kentucky 46934

Product Code	Description	Quantity	Price per unit
UY8734	JKJ Wire cutters	1	$23.00
YT3731	ORLEY Carpenter's Hammer (small)	1	$38.00
❶ KF2932	ORLEY Carpenter's Hammer (large)	1	$42.00
MN0934	Kline Wood Treatment 2L	2	$18.00
		Tax:	$13.90
		Shipping and Handling:	$0
		Total:	$152.90

請求書 — ナイルウェイズ・オンラインショッピング

ナイルウェイズでお買い上げいただきありがとうございます。

この発送には以下のものが含まれています。この領収書は記録用に保管してください。

領収書：#748323

領収書の日付：7月16日

お客様：アンダース・タネン

17 ホルムビック・ウェイ、イースト・ロンバイン、ケンタッキー 46934

商品コード	品目	数量	単価
UY8734	JKJ ワイヤーカッター	1	23.00 ドル
YT3731	オーリー大工ハンマー（小）	1	38.00 ドル
KF2932	オーリー大工ハンマー（大）	1	42.00 ドル
MN0934	クライン木材保存剤 2L	2	18.00 ドル
		税：	13.90 ドル
		発送手数料：	0 ドル
		合計：	152.90 ドル

* 重要語句

■ **invoice** 請求書　■ **shipment** 発送　■ **receipt** レシート、領収書　■ **record** 記録
■ **per** 〜につき

1 答え (A)

According to the e-mail, what impressed Mr. Tannen about his order?

(A) The delivery speed
(B) The discount offer
(C) The shipping costs
(D) The product quality

Eメールによると、タネンさんは注文について何に感心していますか。

(A) 配達の速さ
(B) 割引の提供
(C) 送料
(D) 商品の品質

解説 設問に According to the E-mail「Eメールによると」とあるので、1文書目のEメールを参照して解く問題です。❶から、このEメールはタネンさんから送られたものだとわかります。Eメールの冒頭で、ナイルウェイズ・オンラインショッピングで品物を注文したと述べたあと、❷で「注文した商品が早く翌日に届いたのは、うれしい驚きだった」とあることから、商品の配達の早さを褒めているとわかるので、(A) が正解です。

＊重要語句
■ **impress** ～を感心させる　■ **quality** 質

---

2 答え (C)

Which item does Mr. Tannen intend to return?

(A) UY8734
(B) YT3731
(C) KF2932
(D) MN0934

タネンさんはどの商品を返品するつもりですか。

(A) UY8734
(B) YT3731
(C) KF2932
(D) MN0934

解説 1文書目の❸から、大きいほうの大工ハンマーを返品したいということがわかります。ただし選択肢には商品コードがかかれており、1文書目からだけでは大きな大工ハンマーの商品コードがわからず答えが選べません。そこで、2文書目の領収書を確認します。これはタネンさんがナイルウェイズ・オンラインショッピングで注文したときのものです。❶を見ると、ORLEY Carpenter's Hammer (large)「オーリー大工ハンマー（大）」に対応する商品コードは、KF2932だとわかります。よって、(C) が正解です。

⊙ 問題は本冊P.162

Questions 1-2 refer to the following article and e-mail.

FTN's New Reality Show is a Huge Hit

FTN's *Kitchen with Robins* is getting great reviews in the press. It follows a group of amateur cooks competing to win a position on the staff at Bridges, a multi-award-winning Los Angeles restaurant. ❶All of the contestants come from small Californian restaurants. Each week they are set a cooking task, and their dishes are evaluated by two celebrity chefs. *Kitchen with Robins* is broadcast on Thursday evenings from 7:30. Its popularity has affected sales of certain items at supermarkets across the nation. After last week's show, in which contestants competed to cook the best fried chicken, whole frozen chickens sold out at many supermarkets.

Next week's show is the final in the current series. Contestants will be trying to make the best original dessert. About ten percent of households are expected to tune in. ❷The show is filmed at Wilcox Convention Center in downtown Los Angeles.

問題 1-2 は次の記事と E メールに関するものです。

FTN の新しいリアリティ番組が大ヒット

FTN の『キッチン・ウィズ・ロビンズ』がマスコミで大評判だ。この番組は、アマチュアの料理人たちが、数々の賞を受賞しているロサンゼルスのレストラン、ブリッジズのスタッフの座を勝ち取ろうと競い合う姿を描いている。出場者は全員、カリフォルニアの小さなレストランから来ている。毎週、彼らは料理の課題を与えられ、その料理は 2 人の有名シェフによって評価される。『キッチン・ウィズ・ロビンズ』は木曜日の夜 7：30 から放送されている。その人気は、全国のスーパーマーケットでの特定の商品の売れ行きに影響を与えるほどである。出場者が最高のフライドチキンを作ろうと競った先週の番組のあと、多くのスーパーマーケットで冷凍の丸鶏が売り切れたのだ。

来週の番組は、現在のシリーズの最終回である。出場者は最高のオリジナルのデザート作りに挑戦する予定だ。世帯の約 10％が視聴すると予想されている。この番組はロサンゼルスの商業地区にあるウィルコックス会議場で撮影される。

***

＊重要語句

▪ **review** 評判	▪ **the press** マスコミ	▪ **amateur** アマチュアの	▪ **compete** 競い合う
▪ **contestant** 出場者	▪ **set** （課題など）を与える	▪ **evaluate** ～を評価する	
▪ **celebrity** 有名人	▪ **broadcast** ～を放送する	▪ **popularity** 人気	
▪ **affect** ～に影響を与える	▪ **certain** 特定の	▪ **across the nation** 全国で、国中で	
▪ **frozen** 冷凍の	▪ **sell out** （商品が）売り切れる	▪ **current** 現在の	▪ **household** 世帯
▪ **tune in** （放送局・番組などにチャンネルを合わせて）視聴する	▪ **film** ～を撮影する	
▪ **convention center** 会議場	▪ **downtown** 商業地区の		

To:	Racheal Sawyer
From:	Evander Tesch
Date:	August 12
Subject:	Congratulations

❶ Dear Ms. Sawyer,

❷ Congratulations on winning *Kitchen with Robins*. We are excited to start working with you next week. Please note that although we respect the talent and effort it took to win, we will require you to take part in an extensive training program before you are hired as a full-time chef.

We anticipate that this will take about two weeks to complete. As our main kitchen at Bridges is too busy to host training sessions, you will be trained using the facilities at Durant Cooking School at 16 Rudd Drive, East Durant. Please report there at 9:00 on Monday morning. The training officer will provide you with your uniform and a set of cooking utensils, so there is no need to bring anything from home.

Best regards,

Evander Tesch
Head Chef — Bridges

受信者：レイチェル・ソーヤー
送信者：エヴァンダー・テッシュ
日付：8月12日
件名：おめでとうございます

ソーヤー様

『キッチン・ウィズ・ロビンズ』での優勝おめでとうございます。来週からあなたと一緒に働けることを楽しみにしています。優勝に至るまでの才能と努力には敬意を表しますが、フルタイムのシェフとして採用する前に、あなたには広範囲な研修プログラムに参加していただく必要があることにご注意ください。

研修の完了までには約2週間かかると想定しています。ブリッジズのメインの厨房は忙しく、研修会を開催することができないため、イースト・デュラントのラッド・ドライブ16番地にあるデュラント・クッキング・スクールの設備を使って研修を受けていただきます。月曜日の朝9:00にそちらにお越しください。研修担当者がユニフォームと調理器具一式を用意しますので、自宅から何も持ってくる必要はありません。

敬具

エヴァンダー・テッシュ
料理長 ― ブリッジズ

---

1 答え (B)

Where is the television program filmed? テレビ番組はどこで撮影されていますか。

(A) At a television studio (A) テレビスタジオ

(B) At a conference center (B) 会議センター

(C) At a cooking school (C) 料理学校

(D) At a restaurant (D) レストラン

解説 1つ目の文書では、とある料理番組のことが書かれています。番組の撮影場所については、❷ で「この番組はロサンゼルスの商業地区にあるウィルコックス会議場で撮影される」と述べられています。Convention Center「会議場」を conference center「会議センター」と言い換えた (B) が正解です。

---

2 答え (C)

What is implied about Ms. Sawyer? ソーヤーさんについて何が示唆されていますか。

(A) She graduated from Durant Cooking School. (A) 彼女はデュラント料理学校を卒業した。

(B) She works at a television station. (B) 彼女はテレビ局で働いている。

(C) She is a resident of California. (C) 彼女はカリフォルニア州の住民である。

(D) She received some prize money. (D) 彼女は賞金を受け取った。

解説 Ms. Sawyer「ソーヤーさん」がキーワードです。2文書目の❶から、このEメールはソーヤーさんに送られているとわかります。❷から、ソーヤーさんは『キッチン・ウィズ・ロビンズ』という番組に出場し、優勝したということがわかります。また、1文書目の❶で、番組について「出場者は全員、カリフォルニアの小さなレストランから来ている」とあります。出場者であるソーヤーさんはカルフォルニア出身であることがわかるので、(C) が正解です。

Questions 3-4 refer to the following advertisement, survey, and memo.

BlueBay Horizon
The best seafood on the bay!

Our award-winning chefs choose only the best ingredients to ensure that you experience the most delicious meal Vibrant Bay has to offer. ❶There is a 20 percent discount for groups of 15 or more. We are open for lunch and dinner 7 days a week. Check out our delicious menu and amazing facilities on the Web site at www.captainstablevb.com. Call 555-3982 to make a reservation.

問題 3-4 は次の広告、アンケート、メモに関するものです。

ブルーベイ・ホライズン
この湾で最高のシーフード！

受賞歴のあるシェフが最高の食材を厳選し、バイブラント湾で最も美味しいお食事を保証いたします。15 名以上の団体様には 20％の割引がございます。ランチ、ディナーともに週 7 日営業しております。当店の美味しいメニューと素晴らしい設備はウェブサイト www.captainstablevb.com をご確認ください。ご予約は 555-3982 までご連絡ください。

*重要語句

■ **bay** 湾　■ **award-winning** 受賞歴のある　■ **ingredient** 材料
■ **ensure that ～** ～ということを請け合う、～を確かにする　■ **meal** 食事　■ **facility** 設備
■ **make a reservation** 予約する

Satisfaction Survey

BlueBay Horizon
23 Port Street
Vibrant Bay

The bay's most delicious seafood experience!

Thank you for choosing to dine at BlueBay Horizon. We hope you enjoyed your meal and will come and see us again soon.

Please take a moment to let us know how we did. While BlueBay Horizon takes great pride in its menu and customer service, we are always looking for ways to improve.

Was this your first time dining at BlueBay Horizon?: Yes _x_ No ___
Will you visit BlueBay Horizon again?: Of course.
Date: October 10   ❶Name: Francine Dyer

	Unsatisfactory	Satisfactory	Excellent
The helpfulness of the wait staff			✕
The location			✕
The dining room		✕	
The menu			✕

Additional comments: I was so grateful when you accepted such a big group without a reservation. ❷There were almost 20 of us, so we expected the meal to take a long time. That was not the case at all! When the server learned that it was my birthday, she even put candles on my dessert.

満足度調査

ブルーベイ・ホライズン
23 港通り
バイブラント湾

湾で最も美味しいシーフード体験！

この度はブルーベイ・ホライズンでお食事していただき誠にありがとうございます。お食事を楽しんでいただけていて、また近いうちにご来店いただけることを願っています。

どうぞ少しの時間を割いて、当店がどうだったかをお知らせください。ブルーベイ・ホライズンはメニューとカスタマーサービスに誇りを持っておりますが、常に改善の方法を探しております。

ブルーベイ・ホライズンでのお食事は初めてでしたか？　はい　X　いいえ＿＿
またブルーベイ・ホライズンをご利用になりますか？　もちろんです。
日付：10 月 10 日　氏名：フランシーヌ・ダイアー

	不満足	満足	素晴らしい
給仕係の親切さ			✕
立地			✕
ダイニングルーム		✕	
メニュー			✕

追加のコメント：予約なしでこのような大人数を受け入れてくれたことが、とてもありがたかったです。私たちは 20 人近くいたので、料理が来るのに時間がかかると思っていました。けれどそんなことはまったくありませんでした！　給仕の方が私の誕生日だと知ると、デザートにロウソクまでつけてくれました。

＊重要語句

- dine　食事をする　■ take a moment　少し時間を取る　■ take pride in ～　～に誇りを持つ
- look for ～　～を探す　■ improve　改善する　■ helpfulness　親切さ　■ location　所在地
- additional　追加の　■ grateful　ありがたく思う　■ accept　～を受け入れる
- reservation　予約　■ server　給仕をする人

MEMO

To: All Staff
From: Polly Cho
Date: October 12
Subject: Renovations

Dear All,

The surveys have shown that although our patrons are overwhelmingly satisfied with their dining experience at BlueBay Horizon, our dining room was identified as a weakness. ❶Management has decided that it is time for a renovation. Unfortunately, we will have to close the dining room for a week so that builders can come in and do the renovation work. ❷The work is scheduled to begin on October 24. Wait staff can start working on October 29.

Polly Cho
Manager — BlueBay Horizon

メモ

宛先：全スタッフへ
差出人：ポリー・チョー
日付：10月12日
件名：改装について

皆様へ

アンケートの結果、私たちのお客様はブルーベイ・ホライズンでの食事体験に大変満足しているものの、ダイニングルームが弱点だとわかりました。経営陣は改装の時期が来たと判断しました。残念ながら、建築業者の方々が中に入って改装工事を行うために、1週間ダイニングルームを閉鎖しなければなりません。作業は10月24日から始まる予定です。給仕スタッフは10月29日から働くことができます。

ポリー・チョー
マネージャー — ブルーベイ・ホライズン

3 　答え (B)

What is implied about Ms. Dyer?

(A) She regularly dines at BlueBay Horizon.

(B) She received a discount on her meal.

(C) She called the reservation number.

(D) She used to work at the restaurant.

ダイアーさんについて何が示唆されていますか。

(A) 彼女は定期的にブルーベイ・ホライズンで食事をする。

(B) 彼女は食事の割引を受けた。

(C) 彼女は予約番号に電話した。

(D) 彼女はかつてそのレストランで働いていた。

解説 複数の文書を参照して解く問題です。キーワードの Ms. Dyer「ダイアーさん」は、2文書目のアンケートの❶に登場します。❷からダイアーさんは 20 名ほどの団体でブルーベイ・ホライズンに来店したとわかります。1文書目の広告の❶で「15 名以上の団体様には 20%の割引がある」と書かれており、ダイアーさんはこの割引を受けたと考えられるので、(B) が正解です。

・重要語句

　regularly 定期的に　　**used to *do*** かつては〜していた

4 　答え (B)

When will the renovation work start?

(A) On October 12

(B) On October 24

(C) On October 29

(D) On October 31

改装工事はいつ始まりますか。

(A) 10 月 12 日

(B) 10 月 24 日

(C) 10 月 29 日

(D) 10 月 31 日

解説 renovation work「改装工事」をキーワードに正解を探します。3文書目の❶から改装工事が行われることがわかります。❷に、「作業は 10 月 24 日から始まる予定だ」とあることから (B) On October 24 が正解となります。❷の The work「作業」は前文の the renovation work「改装工事」を指しています。

⊙ 問題は本冊P.166

Questions 1-3 refer to the following advertisement.

PRIVATE SALE

❶A highly sought-after luxury sports car is available for purchase from a private seller. ❷The automobile is part of a private collection, which is housed in a warehouse located in South London. The vehicle, a Dalton T45, is in excellent condition and ready to drive away. Inspection is by appointment only. We request that only serious buyers respond.

❸The vehicle has been valued at $98,000 by an independent expert. If the price is close to that number, we can discuss the offers.

Interested people can call Roger at 555-8342 between 9:00 A.M. and 7:00 P.M., Monday through Friday.

問題 1-3 は次の広告に関するものです。

プライベートセール

非常に人気の高いラグジュアリー・スポーツカーが、個人出品者から購入可能です。この自動車はプライベートコレクションの一部で、南ロンドンにある倉庫に保管されています。当車両、ダルトン T45 のコンディションは素晴らしく、すぐにお乗りいただけます。視察は予約制です。本気の買い手の方のみご連絡ください。

この車は、独立した専門家によって 98,000 ドルと見積もられています。この数字に近い金額であれば、売り値について話し合うことができます。

ご興味のある方は、月曜日から金曜日の午前 9 時から午後 7 時の間に、ロジャーまで 555-8342 にお電話ください。

＊重要語句

sought-after 人気の高い	**luxury** ぜいたくな、豪華な	**available** 入手可能な
purchase 購入	**seller** 出品者、売り手	**automobile** 自動車
house 〜を保管する	**warehouse** 倉庫	**located in 〜** 〜にある	**vehicle** 車
excellent 素晴らしい	**condition** 状態	**drive away** 車で走り去る
inspection 視察	**appointment** 予約	**serious** 本気の	**buyer** 買い手
respond 反応する	**value** 〜を見積もる	**independent** 独立した	**expert** 専門家

1 答え (D)

What is being advertised?

(A) A bus

(B) A motorcycle

(C) A truck

(D) A car

何が広告されていますか。

(A) バス

(B) オートバイ

(C) トラック

(D) 車

解説 広告の冒頭を見ると、❶「非常に人気の高いラグジュアリー・スポーツカーが、個人出品者から購入可能」とあります。そのあともスポーツカーについての話が続いているので、sports car「スポーツカー」を car「車」と言い換えた (D) が正解です。

---

2 答え (D)

Where is the vehicle?

(A) At an office building

(B) In a parking lot

(C) At a private home

(D) In a storage facility

車はどこにありますか。

(A) オフィスビル

(B) 駐車場

(C) 個人宅

(D) 保管施設

解説 ❷でスポーツカーについて、「南ロンドンにある倉庫に保管されている」と述べられています。warehouse「倉庫」を storage facility「保管施設」と言い換えた (D) が正解です。

・重要語句

| | storage | 保管 | | facility | 施設 |

---

3 答え (B)

What is indicated about the price?

(A) It has been reduced once.

(B) Some negotiation is allowed.

(C) It will be decided at an auction.

(D) Shipping costs are included.

価格について何が示されていますか。

(A) 一度値下げされている。

(B) ある程度の交渉が許されている。

(C) オークションで決定される。

(D) 送料が含まれている。

解説 ❸から、自動車が 98,000 ドル相当の価値があるとわかります。続く文には「この数字に近い金額であれば、売り値について話し合うことができる」とあります。つまり、98,000 ドルに近い値段であれば、値段についての交渉を受け付けるということです。これを Some negotiation is allowed. と言い換えた (B) が正解です。

・重要語句

| | reduce | ～を減少させる | | negotiation | 交渉 | | allow | ～を許す、～を認める |
| | auction | オークション | | shipping cost | 送料 | | | |

Donna Seagal
Blacktail Furniture
45 Carleson Valley Road
Shannon CH8 2JY

Dear Ms. Seagal:

❶ I enjoyed meeting you at the Shannon Arts and Culture Festival event last year. We are glad it turned out to be a big success, ❷ even though it was our first attempt at organizing such an event. —[1]—.

❸ I am writing because we hope that you will once again make a donation for the event. This year, the Shannon Parks and Recreation Department is again in charge of organizing the festival. Last year, the generous donation we received from Blacktail Furniture made it possible for us to display the work of many young artists at Hill Gallery. —[2]—. The exhibition got a lot of attention and launched the careers of several of the artists.

❹ In June, Shannon City purchased the Vandelay Building on Leichardt Street for use as the Shannon City Community Art Center. ❺ For many years, the building housed the offices of prominent legal and financial firms. —[3]—. Its age and location have made it less attractive to such businesses, but it is perfect for our needs. ❻ We have created an exhibition space on the first floor and built studios on the upper levels for artists to learn skills from professional painters and sculptors. ❼ This year we will use the space on the first floor to hold an exhibition and an art contest for local art students. ❽ I would sincerely appreciate it if you could provide the prize money for the winner. —[4]—. To show our appreciation, we would be happy to name the contest in your honor.

I would love to meet with you to discuss the idea. Perhaps we could get together at the Shannon City Community Art Center, and I could show you around.

Sincerely,

Lex Kasparian

問題 4-7 は次の手紙に関するものです。

ドナ・シーガル
ブラックテール家具社
45 カーレソン・バレー・ロード
シャノン CH8 2JY

セガール様：

昨年のシャノン・アーツ＆カルチャー・フェスティバルのイベントで、あなたとお会いできて楽しかったです。このような
イベントを準備するのは私たちにとって初めての試みでしたが、大成功に終わってよかったです。

イベントのためにもう一度ご寄付をいただければと思い、連絡しております。今年もシャノン公園とレクリエーション局が
フェスティバルの運営を担当します。昨年は、ブラックテール家具社から寛大な寄付をいただいたおかげで、ヒル・ギャラ
リーで多くの若手アーティストの作品を展示することができました。この展覧会は大きな注目を集め、何人かのアーティス
トのキャリアをスタートさせました。

6月、シャノン市はライカールト通りにあるヴァンデレイ・ビルを、シャノン市コミュニティ・アート・センターとして使
用するために購入しました。長年、このビルには著名な法律事務所や金融会社のオフィスが入っていました。その老朽化と
立地から、そのような企業にとっては以前ほど魅力的な場所ではなくなりましたが、私たちのニーズにはぴったりです。私
たちは1階に展示スペースを設け、上層階にはアーティストがプロの画家や彫刻家から技術を学べるスタジオを作りました。
今年は1階のスペースを使って、地元の美大生を対象とした展覧会とアートコンテストを開催する予定です。優勝者への
賞金を提供していただけると大変ありがたいです。*この賞金には 5,000 ドルがふさわしいと考えています。私たちの感謝
を示すため、あなたに敬意を示してコンテストに名前をぜひ付けたいと思います。

この考えについて話し合うために、ぜひお会いしたいです。シャノン市コミュニティ・アート・センターでお会いするのも
よいかもしれません。そうしたら、私がご案内できます。

敬具

レックス・カスパリアン（署名）

＊重要語句

turn out to be ～ ～という結果になる	**success** 成功　**attempt** 試み
organize ～を準備する　**make a donation** 寄付する	**in charge of ～** ～を担当して
generous 寛大な　**display** ～を展示する	**exhibition** 展覧会
get attention 注目を集める　**launch** ～を始めさせる	**purchase** ～を購入する
house ～を収容する　**prominent** 著名な　**legal** 法律の	**financial** 金融の
firm 事務所、会社　**attractive** 魅力的な　**upper** 上の	**level** 階
professional プロの　**painter** 画家　**sculptor** 彫刻家	**sincerely** 心から
appreciate ～をありがたく思う　**name** ～に名前を付ける	
in one's honor ～に敬意を示して　**show ～ around** ～を案内する	

4 答え (C)

What is suggested about the festival?

(A) It attracts visitors from other states.

(B) It is featured in local news programs.

(C) It was held for the first time last year.

(D) It is funded entirely through donations.

このフェスティバルについて何がわかりますか。

(A) 他の州からの観光客を引き付ける。

(B) 地元のニュース番組で取り上げられる。

(C) 昨年初めて開催された。

(D) すべて寄付によって資金がまかなわれている。

解説 書かれている情報を基に、推測をする問題です。フェスティバルについて、❶からシャノン・アーツ＆カルチャー・フェスティバルが昨年開かれたとわかります。❷では「このようなイベントを準備することは私たちにとって初めての試みだった」と書かれています。ここから、イベントは昨年初めて開催されたと推測できるので、(C) が正解です。

●重要語句

☐ **attract** 〜を引きつける ☐ **state** 州 ☐ **feature** 〜を取り上げる
☐ **fund** 〜に資金提供をする ☐ **entirely** 完全に

---

5 答え (A)

What is the purpose of the e-mail?

(A) To ask for a contribution

(B) To choose the artists for the event

(C) To advertise the new merchandise

(D) To inform of a schedule change

E メールの目的は何ですか。

(A) 寄付をお願いすること

(B) イベントのアーティストを選ぶこと

(C) 新しい商品を宣伝すること

(D) スケジュールの変更を知らせること

解説 目的を問う設問です。❸の I am writing 〜に続く内容がポイントです。「イベントのためにもう一度寄付をいただければと思う」とあることから、寄付を頼んでいることがわかります。make a donation「寄付をする」を contribution「寄付」に言い換えている (A) が正解です。

●重要語句

☐ **contribution** 寄付（金） ☐ **merchandise** 商品

6　答え (A)

What is NOT implied about the Vandelay Building?

(A) It is the headquarters for the organizing committee.
(B) It is the venue for some art classes.
(C) It was previously an office building.
(D) It was purchased by the city.

ヴァンデレイ・ビルについて示唆されていないことは何ですか。

(A) 組織委員会の本拠地である。
(B) 美術教室の会場である。
(C) 以前はオフィスビルだった。
(D) 市によって購入された。

解説 ヴァンデレイ・ビルについて、選択肢と照らし合わせながらひとつずつ見ていきましょう。imply の問題なので、推測も必要です。❹に、「シャノン市はヴァンデレイ・ビルを購入した」とあるので、(D) は推測できます。❺から、「このビルには著名な法律事務所や金融会社のオフィスが入っていた」とあるので (C) も推測できるため、不正解です。❻では「アーティストがプロの画家や彫刻家から技術を学べるスタジオを作った」とあり、美術教室の会場になっていると推測できるため、(B) も不正解です。(A) の内容は述べられていないので、(A) が正解となります。

- **重要語句**
  - **headquarters** 本拠地、本部　**committee** 委員会　**venue** 会場
  - **previously** 以前に

7　答え (D)

In which of the positions marked [1], [2], [3], and [4] does the following sentence best belong?

[1]、[2]、[3]、[4] と記載された箇所のうち、次の文が入るのに最もふさわしいのはどれですか。

"We think that $5,000 would be adequate for this prize."

「この賞金には 5,000 ドルがふさわしいと考えています」

(A) [1]
(B) [2]
(C) [3]
(D) [4]

(A) [1]
(B) [2]
(C) [3]
(D) [4]

解説 挿入文の代名詞を含む語句、for this prize「この賞金」をヒントに、話の流れから当てはまる箇所を選びます。❼から、地元の美大生のための展覧会とアートコンテストが開催されるとわかります。続く❽には「優勝者への賞金を提供していただけると大変ありがたい」と賞金について述べています。[4] に挿入文を入れると、for this prize「この賞金」がアートコンテストの優勝者への賞金を指すことになり、話の流れに自然につながるので、(D) [4] が正解です。

Barrington's Stationery

289 Old Mill Road, East Sunbury, Wisconsin 53247
Tel: (608) 555-3432 Fax: (608) 555-3433

Dear Ms. Kim,

❶ We have enclosed a copy of our summer brochure with our monthly preferred customer newsletter. In addition to our already low prices, ❷ we are offering preferred customers a discount of 15 percent on all orders placed through our Web site, www.barringtonsstationery.com. ❸ To take advantage, input the coupon code BA358 at the checkout when ordering goods totaling $200 or more. Please note that this offer does not apply to items already on sale. Please take advantage of this offer before May 1, when it expires.

❹ We have recently expanded our range, based on customer feedback. Please see the following additions to our product line:

❺ • **Windowed envelopes from Horizon (WE3058):**
Ideal for high-volume mailing.
One case (5,000 envelopes) .... $35.00.
• **Colored heavyweight paper from Unity (HP1059):**
A set of six different colors.
One pack (200 sheets) .... $9.00.
• **White printable adhesive labels from Vertico (YT5312):**
One box contains 2 sheets .... $30.00.
• **Black ballpoint pens from Zenith (KU6853):**
One box contains 20 pens .... $10.00.

Thank you for choosing to shop at Barrington's Stationery. We look forward to serving you again soon.

Sincerely,

Dan Axelrod
Head of Sales — Barrington's Stationery

バリントンの文房具

オールドミル通り 289 番地、イーストサンベリー、ウィスコンシン州 53247

電話：(608) 555-3432 ファックス：(608) 555-3433

キム様

月刊優先顧客ニュースレターに夏のパンフレットを同封いたしました。すでにお安くご提供している価格に加え、優先顧客の皆様には、弊社のウェブサイト www.barringtonsstationery.com を通じてご注文いただいたすべての商品について、15％の割引をご提供しております。こちらを利用するには、合計 200 ドル以上の商品をご注文の際、クーポンコード BA358 をお会計時にご入力ください。このオファーは、すでにセール中の商品には適用されませんのでご注意ください。有効期限の 5 月 1 日までにご利用ください。

この度、お客様からのご意見をもとに、品揃えを充実させました。以下の商品を追加しましたのでご覧ください：

・ホライズン社の窓付き封筒（WE3058）：
大量郵送に最適。
1 ケース（5,000 枚）……………35.00 ドル。
・ユニティ社のカラー厚紙（HP1059）：
異なる 6 色セット。
1 パック（200 枚）……………9.00 ドル。
・ヴェルティコ社の印刷可能な白の粘着ラベル（YT5312）：
1 箱 2 枚入り……………30.00 ドル。
・ゼニス社の黒ボールペン（KU6853）：
1 箱 20 本入り……………10.00 ドル。

バリントンの文房具をご利用いただきありがとうございます。またのご利用を心よりお待ちしております。

敬具

ダン・アクセルロッド
営業部長—バリントンの文房具

＊重要語句

stationery 文房具	**enclose** ～を同封する	**brochure** パンフレット
preferred 優先の	**newsletter** ニュースレター、会報	**in addition to ～** ～に加えて
place an order 注文する	**take advantage (of ～)** （～を）利用する	
input ～を入力する	**checkout** 会計、精算	**total** 総計して～になる
apply to ～ ～に適用される	**expire** 有効期限が切れる	**recently** つい最近
expand ～を拡大する	**range** 品揃え	**based on ～** ～に基づいて
feedback 意見	**addition** 追加分	**envelop** 封筒	**ideal** 理想的な
printable 印刷できる	**adhesive** 粘着性の	**contain** ～を含む
ballpoint pen ボールペン	**look forward to *doing*** ～することを楽しみにする	

To:	Customer Service
From:	Jemima Kim
Date:	April 27
Subject:	My order (Preferred Customer #487822)

❶ Yesterday, I placed an order using Barrington's Web site. However, I have not received an order confirmation.

The order was as follows.

Reference Number	Item	Quantity	Unit Price	Subtotal
YT5312	White printable adhesive labels	4	$12.00	$ 48.00
GC8738	Copier paper A4 500 sheets	3	$21.00	$ 63.00
NM8322	HANS Long-arm stapler	1	$23.00	$ 23.00
LP3893	FDT Printer ink cartridge (Black)	3	$19.00	$ 57.00
			❷ TOTAL	$191.00

In order to take advantage of the 15 percent discount offer, I used the coupon code provided in the letter when making the order.
❸ Please let me know whether or not the order has been processed and shipped.
❹ It is important that these items are delivered by Tuesday, April 29 as we will be preparing for a training seminar the following day.

Sincerely,

Jemima Kim

受信者：カスタマーサービス
送信者：ジェミマ・キム
日付：4月27日
件名：私の注文（優先顧客 #487822）

昨日、バリントンのウェブサイトで注文をしました。しかし、注文確認書が届いていないのです。

注文内容は以下の通りです。

参照番号	品物	数量	単価	小計
YT5312	印刷可能な白の粘着ラベル	4	12.00 ドル	48.00 ドル
GC8738	コピー用紙 A4 500 枚	3	21.00 ドル	63.00 ドル
NM8322	ハンス中綴じ用ホッチキス	1	23.00 ドル	23.00 ドル
LP3893	FDT プリンターインクカートリッジ(黒)	3	19.00 ドル	57.00 ドル
			合計	191.00 ドル

15%割引の特典を利用するため、手紙に記載されていたクーポンコードを注文時に使用しました。
注文が処理され、発送されたかどうか教えてください。次の日に研修セミナーの準備を行う予定ですので、これらの商品が4月29日（火）までに届くことが大事なのです。

敬具

ジェミマ・キム

　＊重要語句

- **confirmation** 確認書　■ **as follows** 次の通りで　■ **stapler** ホッチキス
- **ink cartridge** インクカートリッジ　■ **in order to do** 〜するために
- **provide** 〜を提供する　■ **make an order** 注文する　■ **process** 〜を処理する
- **ship** 〜を発送する　■ **deliver** 〜を配達する　■ **training seminar** 研修セミナー

8　答え (D)

What is mentioned about the brochure?　パンフレットについて何が述べられていますか。

(A) It is printed in color.　(A) カラーで印刷されている。

(B) It is only provided to first-time customers.　(B) 初めての顧客にのみ提供される。

(C) It is updated every month.　(C) 毎月更新される。

(D) It was sent with the newsletter.　(D) ニュースレターと一緒に送られた。

解説 brochure「パンフレット」について文書に述べられている内容と、選択肢を照合しながら解きましょう。1文書目の❶で「月刊優先顧客ニュースレターに夏のパンフレットを同封した」とあります。同封されたということを「一緒に送られた」と言い換えた (D) が正解です。

＊重要語句

- **print** 〜を印刷する　■ **update** 〜を更新する

9　答え (C)

What is implied about the windowed envelopes mentioned in the newsletter?

(A) They are only listed in the online catalog.

(B) They were manufactured by Barrington Stationery.

(C) They have been stocked at the request of customers.

(D) They will only be available during April.

ニュースレターで述べられている窓付き封筒について、何が示唆されていますか。

(A) オンラインカタログにのみ掲載されている。

(B) バリントンの文房具で製造された。

(C) 顧客の要望で在庫が入った。

(D) 4 月中のみ販売される予定だ。

解説 windowed envelopes「窓付き封筒」について推測できることを答えます。1 文書目の❹より、顧客からの意見をもとに、品揃えを充実させたと書いてあります。追加した商品の中に、❺で「ホライズン社の窓付き封筒」があります。このことから、窓付き封筒は顧客からの要望を元に追加された商品であるとわかるので、(C) が正解です。

・重要語句

　list　〜を載せる　　**manufacture**　〜を製造する　　**stock**　〜を仕入れる
　available　入手可能な

10　答え (B)

Why might Ms. Kim's discount be denied?

(A) She did not provide the coupon code.

(B) She did not reach the required payment amount.

(C) She made her order after the deadline.

(D) She has shopped at Barrington Stationery before.

キムさんの割引が拒否される可能性があるのはなぜですか。

(A) 彼女はクーポンコードを入力しなかった。

(B) 彼女は必要な支払額に達していなかった。

(C) 彼女は期限を過ぎてから注文した。

(D) 彼女は以前にもバリントンの文房具で買い物をしたことがある。

解説 1 文書目と 2 文書目を参照して解く問題です。キムさんに割引が適用されない可能性があるのはなぜかを聞いています。割引については、1 文書目の❷に書かれています。続いて❸に、「合計 200 ドル以上の商品をご注文の際、クーポンコード BA358 をお会計時にご入力ください」と割引を利用する際の条件が述べられています。そこで 2 文書目のキムさんが書いた E メールを見ると、❷の注文の合計欄の金額が 191.00 ドルなので、割引の条件である 200 ドル以上に達していないことがわかります。よって、正解は (B) です。

・重要語句

　deny　〜を拒否する　　**reach**　〜に達する　　**payment**　支払い　　**amount**　総額、量
　deadline　期限

11 答え (A)

What does Ms. Kim request?

(A) An order confirmation

(B) A membership upgrade

(C) Some printing advice

(D) Some packaging instructions

キムさんは何を要求していますか。

(A) 注文確認書

(B) メンバーシップのアップグレード

(C) 印刷に関するアドバイス

(D) 梱包についての指示

解説 2文書目の❶でキムさんは、サイトで注文をしたが注文確認書が届いていない、と問題を伝えています。❸では「注文が処理され、発送されたかどうか教えてください」と注文について教えてほしいと書いているので、キムさんが欲しいのは (A) An order confirmation「注文確認書」だとわかります。

upgrade アップグレード、更新　**instructions** 指示

12 答え (D)

According to the e-mail, when will a training seminar be held at Ms. Kim's company?

(A) On April 27

(B) On April 28

(C) On April 29

(D) On April 30

Eメールによると、キムさんの会社で研修セミナーが開かれるのはいつですか。

(A) 4月27日

(B) 4月28日

(C) 4月29日

(D) 4月30日

解説 training seminar「研修セミナー」をキーワードに探していくと、2文書目の❹に、商品が4月29日までに届いてほしい理由が「翌日の研修セミナーの準備のため」であると書いてあります。よって、4月29日の翌日である (D) On April 30「4月30日」が、研修セミナーが開かれる日です。

Questions 13-17 refer to the following Web site and e-mails.

http://www.foxcampingequipmentconvention.com

| HOME | Photographs | Map | Floor Plan |

Fox Camping Equipment Convention

❶ The Fox Camping Equipment Convention has been held once a year for the last 10 years.
❷ This year it will be held from December 12 to December 15 at the Valentine Convention Center in Downtown Cincinnati, the same location as last year. Many major United States manufacturers and retailers including Portlandia Fashion, Logan Gear, and FCX Tents, have already reserved booths.

❸ There are still a small number of vendor spaces available. Contact event organizers by sending an e-mail to info@fceconvention.com to discuss rates and booth sizes.

問題 13-17 は次のウェブサイトとＥメールに関するものです。

http://www.foxcampingequipmentconvention.com

ホーム　　写真　　地図　　間取り図

フォックスキャンプ用品コンベンション

フォックスキャンプ用品コンベンションは、過去 10 年間、年に一度開催されています。今年は 12 月 12 日から 15 日まで、昨年と同様の場所であるシンシナティ・ダウンタウンのバレンタイン・コンベンション・センターで開催されます。ポートランディア・ファッション、ローガン・ギア、FCX テントなど、多くのアメリカの大手メーカーや小売店がすでにブースを予約しています。

販売スペースにまだ若干の空きがあります。料金やブースのサイズについては、イベント主催者のＥメールアドレスinfo@fceconvention.com までお問い合わせください。

❶ To: Sam Hartford <shartford@eastridge.com>

From: Cathy Ruthers <cruthers@portlandiafashion.com>

Date: November 23

Subject: Re: Possible Collaboration

Dear Mr. Hartford,

❷ Thank you for contacting me to discuss a possible collaboration between our two businesses. ❸ We have never allowed another company to rebrand our goods in the past. Of course, Portlandia Fashion has a huge customer base, and we understand the sales potential. ❹ I would be interested in having a face-to-face meeting to get a better <u>idea</u> of what you have in mind. ❺ I will be visiting the Portlandia Fashion booth on the final day of the Fox Camping Equipment Convention. I noticed on your Web site that East Ridge also has a booth. ❻ Perhaps we could get together at the convention center restaurant to chat.

Sincerely,

Cathy Ruthers
Head of Planning — Portlandia Fashion

受信者：サム・ハートフォード <shartford@eastridge.com>
送信者：キャシー・ラザーズ <cruthers@portlandiafashion.com>
日付：11月23日
件名：Re：コラボレーションの可能性

ハートフォード様

このたびは、私どもの2つの事業間のコラボレーションの可能性についてご連絡いただき、ありがとうございます。私どもは過去に一度も他社に私どもの商品を再ブランディングさせたことはありません。もちろん、ポートランディア・ファッション社は巨大な顧客基盤を持っており、売り上げの見込み量も理解しています。あなたが何を計画しているのか、考えをよりよく知るために、直接お会いする機会を持ちたいと思っています。フォックスキャンプ用品コンベンションの最終日にポートランディア・ファッションのブースを訪れる予定です。貴社のウェブサイトで気が付いたのですが、イースト・リッジもブースを出しているのですね。もしかしたら、コンベンションセンターのレストランで一緒にお話できるかもしれません。

敬具

キャシー・ラザーズ
企画部長—ポートランディア・ファッション

* 重要語句

☐ **collaboration** コラボレーション   ☐ **allow A to do** Aが～することを許可する
☐ **rebrand** （製品など）の名称を変更する   ☐ **in the past** 過去に   ☐ **huge** 巨大な
☐ **base** 基盤   ☐ **potential** 可能性、見込み   ☐ **face-to-face** 対面の
☐ **have A in mind** Aを計画中である   ☐ **notice** ～に気が付く   ☐ **get together** 集まる、会う
☐ **chat** おしゃべりする

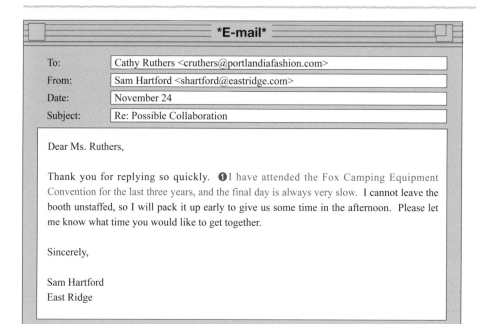

受信者：キャシー・ラザーズ <cruthers@portlandiafashion.com>
送信者：サム・ハートフォード <shartford@eastridge.com>
日付：11月24日
件名：Re：コラボレーションの可能性

ラザーズ様

迅速にお返事いただきありがとうございます。過去3年間、フォックスキャンプ用品コンベンションに参加していますが、たいてい最終日はとても暇しています。ブースを無人にしておくわけにはいかないので、早めに終えて午後の時間を確保しようと思います。ご一緒できるご都合の良い時間をお知らせください。

敬具

サム・ハートフォード
イースト・リッジ

* 重要語句

reply 返答する	quickly 速く、すぐに	attend ～に参加する
slow （商売などが）活気のない	unstaffed スタッフのいない
pack up ～ （仕事など）を終える	get together 集まる、会う

13 答え (A)

What is indicated about the Fox Camping Equipment Convention?

(A) It is an annual event.
(B) It has had a change of name.
(C) It advertises on the radio.
(D) It visits different towns.

フォックスキャンプ用品コンベンションについて何が示されていますか。

(A) 年に一度のイベントである。
(B) 名前が変わった。
(C) ラジオで宣伝している。
(D) さまざまな町を訪問している。

解説 Fox Camping Equipment Convention「フォックスキャンプ用品コンベンション」について書かれていることを探します。1文書目のウェブサイトの❶を見ると、過去10年間、年に一度開催されているとわかります。よって、(A) が正解です。

☐ **annual** 一年に一度の、毎年恒例の　☐ **advertise** 宣伝する

---

14 答え (C)

How are businesses directed to contact organizers?

(A) By filling out an online form
(B) By calling a telephone number
(C) By sending an e-mail
(D) By visiting the convention center

企業はどのようにして主催者にコンタクトを取るよう指示されましたか。

(A) オンラインフォームに記入することによって
(B) 電話番号に電話することによって
(C) Eメールを送ることによって
(D) コンベンションセンターを訪れることによって

解説 イベントの主催者への問い合わせの方法が書かれている箇所を探します。1文書目のウェブサイトの❸の1文目「販売スペースにまだ若干の空きがある」は、ブースを出そうとしている企業に向けた文です。2文目には「料金やブースのサイズについては、イベント主催者のEメールアドレス info@fceconvention.com までお問い合わせください」とあることから、(C) が正解です。

☐ **direct A to do** Aに〜するよう指図する　☐ **fill out 〜** 〜に記入する

15 答え (D)

In the first e-mail, the word "idea" in paragraph 1, line 5 is closest in meaning to
(A) example
(B) plan
(C) theory
(D) understanding

1 通目の E メールの第 1 段落・5 行目にある "idea" に最も意味が近いのは
(A) 例
(B) 計画
(C) 理論
(D) 見解

解説 idea には「考え」「理念」「目的」などの意味があります。2 文書目の E メールの❷には、ハートフォードさんの会社から事業コラボを持ち掛けられたことへのお礼が述べられています。続いて、❸で「過去に一度も他社に私どもの商品を再ブランディングさせたことはない」と述べ、続く❹で、「あなたの idea をよりよく知るために、直接お会いする機会を持ちたい」と述べられています。再ブランディングについて、ハートフォードさんがどのような意見を持っているのか話し合いをしたいのだとわかるので、(D) understanding「見解」が正解です。idea と understanding を入れ替えても意味が通じることを確認しましょう。

---

16 答え (D)

When does Ms. Ruthers suggest she and Mr. Hartford meet?
(A) On December 12
(B) On December 13
(C) On December 14
(D) On December 15

ラザーズさんはハートフォードさんといつ会おうと提案していますか。
(A) 12 月 12 日
(B) 12 月 13 日
(C) 12 月 14 日
(D) 12 月 15 日

解説 2 文書目の❶から、この E メールはラザーズさんからハートフォードさんへ送られているのだとわかります。❺では、「フォックスキャンプ用品コンベンションの最終日にブースを訪れる」と述べ、❻ではレストランで話をしようと誘っています。しかし、肝心の日付がわからないので、ほかの文書を見てみましょう。1 文書目のウェブサイトの❷には、12 月 12 日から 15 日まで開催されるとあり、コンベンションの最終日は 12 月 15 日だとわかります。12 月 15 日に会おうと提案していることが 2 つの文書の情報から読み取れるので、正解は (D) です。

17 答え (D)

What is implied about Mr. Hartford?

(A) He has hosted an event before.

(B) He will be absent from the event this time.

(C) He has not reserved the booth yet.

(D) He spent some time in Cincinnati last year.

ハートフォードさんについて、何が示唆されていますか。

(A) 彼は以前イベントを主催したことがある。

(B) 彼は今回イベントを欠席する予定である。

(C) 彼はまだブースを予約していない。

(D) 彼は昨年シンシナティに滞在した。

解説 ハートフォードさんについて示唆されていることを推測する問題です。3文書目のEメールの❶から、ハートフォードさんは過去3年間、フォックスキャンプ用品コンベンションに参加していたことがわかります。さらに、1文書目のウェブサイトの❷では、去年の開催地はシンシナティ・ダウンタウンのバレンタイン・コンベンション・センターだったことが書かれています。よって、ハートフォードさんは去年イベントの参加のためにシンシナティ・ダウンタウンを訪れたと考えられるので、(D) が正解です。

| host ～を主催する | be absent from ～ ～を欠席する | reserve ～を予約する |

NOTE